그리스도를 본받아

The Imitation of Christ
by Tomas à Kempis, 1380-1471

This Korean Translation Copyright © 2011 Agape Culture
Publishing Company
254-9 Sadang-Dong, DongJak-Gu, Seoul, Korea

본 저작물의 한국어판 저작권은 아가페문화사가 소유합니다.
신저작권법에 의거하여 한국 내의 보호를 받는 저작물이므로 무단 전제와 무단 복제를 금합니다.

그리스도를 본받아

지은이 : 토마스 아 켐피스
옮긴이 : 이은경
드로잉 : 이보경
초판 발행 : 2011. 9. 30.
등록 번호 : 제3-133호(1987. 12. 11)
등록된 곳 : 서울시 동작구 사당 4동 254-9
발행처 : 아가페문화사
영업부 : 3472-7252 / Fax : 523-7254
출판부 : 3472-7253

책값은 뒷표지에 있습니다.

ISBN 978-89-8424-112-1 03230 무선
ISBN 978-89-8424-116-9 03230 양장

▶ 이 땅에 소망된 주님의 나라 임재와
　진정한 문서 목회의 실현을 위해
　아가페문화사가 존재합니다.

그리스도를 본받아

토마스 아 켐피스 지음
조신권 감수 | 이은경 옮김 | 이보경 드로잉

아가페문화사

서 문

 이 책 『그리스도를 본받아』의 간행을 준비하면서 우리의 목표는, 세상의 여타 다른 책들에 견줄 바 없는 이 책에 남다른 애정을 가지고 있는 독자들에게 하나님의 진리를 올바로 전하고 성도들의 마음을 주님께로 이끌 수 있는 꾸밈없고 읽기 쉬운 본문으로 완성하는 것이었다.

 이런 이유로, 대부분의 기독교 고전 번역문들이 그러하듯이 독자들의 이해에 방해가 되곤 하는 모호하고 낡은 용어보다는 오늘날 사용되는 영어로 본문을 번역하려고 노력하였다. 그 결과 우리는 현대를 살아가는 성도들에게 쉽게 읽혀질 수 있는 직접성과 간결함을 이뤄냈다고 생각한다.

 두 번째로, 우리는 원문을 비롯한 다른 많은 번역문에서 사용한 간략한 서술 형식이나 운문 형식에서 벗어나 현대인들에게 친숙한 신문의 단편 기사 형식을 사용했다. 이는 본문 내용이 보다 쉽게 읽힘으로써 독자들로 하여금 흥미를 갖게 하고, 단일 문장 간의 연결을 더욱 분명히 하기 위함이었다.

그 동안 현존하는 이 책의 많은 영어 번역서에 대해 어떠한 문학적인 우수성을 주장하지도 않았고, 이 책의 원작자 문제에 대한 수많은 논란을 해결하려는 어떠한 시도도 없었다.

그 당시의 가장 대중적인 학설은 이 책 『그리스도를 본받아』의 원작자는 14세기 후반에 네덜란드에서 조직된 성직자 연합인 공동생활 형제단(Brethren of Common Life)의 회원 두세 명일 것으로 생각했다.

현재 이 책의 원작자로 알려진 켐펜(Kempen)이라는 작은 마을에서 태어난 토마스 하메르켄(Thomas Hemerken) 또는 토마스 아 켐피스는 본래 '영적 일기'였던 그들의 혼합작을 원작 언어인 네덜란드어에서 라틴어로 번역하여 학자들에 의해 총괄적으로 허가를 받았다.

약 1380년에 태어난 토마스 아 켐피스는 공동생활 형제단에서 교육을 받고 그 공동체에 참여하기 위해 이사했으며 수도사로 임명되었다.

그 후 그의 생애는 영적 온전함을 위한 권고를 실행으로 옮겼고, 학교를 위하여 필사본을 만드는 등 헌신적인 생활을 했다. 그는 평생 동안 이 두 가지를 몸소 수행함으로써 『그리스도를 본받아』를 발전시켰던 것이다.

그는 편집자로서, 그리고 번역가로서 전혀 손색이 없었다. 그 덕분에 이 책 『그리스도를 본받아』는 성경 다음으로 세계에서 가장 널리 읽히는 책으로 남게 되었던 것이다.

이 책은 그의 간행본으로 원작의 어느 한 부분도 삭제함이 없이 영어로 번역되었다. 왜냐하면, 아직도 이 책의 원작자에 대한 불확실성이 존재하고, 문체에서 상이한 부분이 있으며, 얼마간의 다른 정당한 이유들이 있기 때문이다.

하지만 한 가지 중요한 변화가 있다. 토머스 아 켐피스가 『성례전』(*Holy Communion*) 논문에서는 3권으로 구분해 놓았던 것을 여기에서는 4권으로 구분하였다는 것이다. 이러한 조처가 전체적으로 더욱 논리적인 순서를 만들고, 대부분의 편집자의 생각에 일치하기 때문이다.

Aloysius Croft / Harold Bolton

『그리스도를 본받아』에 대하여

　『그리스도를 본받아』의 저자가 누구냐에 대해서는 의견이 구구하지만 일반적으로 토마스 아 켐피스(Thomas à Kempis, 1380-1471)를 저자로 보고 있다. 토마스 아 켐피스의 본명은 토마스 하메르켄이다. 그는 가난하고 비참한 가정에서 태어나 고향인 켐펜(Kempen) 문법학교에서 교육을 받다가 열세 살 되던 해 게르하르트 그루테(Gerhard Groote)가 창설한 형제단에 가담하여 큰 감화를 받으며 생활했다.
　그가 살았던 1380년대 유럽은 전쟁의 소용돌이에 휘말려 있었고 교회는 적대적인 두 교황의 다툼으로 분열되어 있었다. 하나는 로마의 베드로 성당 교황 성좌에 앉아서, 다른 하나는 아비뇽에서 적대적인 통치를 시행했다. 백 년 전쟁이 진행 중이었고, 흑사병이 도시의 뒷골목을 휩쓸고 있었다. 부패와 불안과 환멸 속에서 성장한 토마스는 수도원에 들어가 고요한 개혁자로서 거의 한평생인 70년 이상을 수도원의 작은 골방에서 보냈다.
　그가 교직을 받은 것은 서른 세 살 되던 해였다. 그는 "누구든지 나를 따라오려거든 자기를 부인하고 자기 십자가를 지고 나를 따를 것이니라"(마태복음 16: 24)라는 말씀대로 살 결심을 하고 교직을 받았던 것이다. 그렇게 큰 학식은 없었지만 성경에 대한 해박한 지식은 그의 영적인 향기가 되었다. 그는 한 마디로 성경 안에서 믿음의 삶을 산책하며 그리스도의 품을 거닐었던 수도승이었다. 그는 한평생 성경을 네 번이나 필사하고 여러 저서를 손으로 옮겨 적었다. 그리고 1420년 경 '기독교 문학 가운데 가장 영향력을 발휘하는 책'으로 손꼽히는 책 『그리스도를 본받아』라는 책을 집필하게 된다. 수도원 문학의 전형적인 작품으로서 세상에서 두 번째로 많이 인쇄·판매되고 읽힌 중세경건문학의 금자탑을 이룬 책이다.

이 감동적인 작품은 전 4권 113장으로 구성되었는데, 각 권마다 표제가 붙어 있다. 제1권은 '영적 생활을 위한 유익한 권고', 제2권은 '내면적 삶을 위한 권고', 제3권은 '내적 위로를 위한 권고', 제4권은 '성찬으로의 초대'로 되어 있다.

제1권은 내적 생활을 발전시키는 데 필요한 방법으로 육체적 욕망의 제어를 제시한다. 또한 우리 속에 있는 자만심을 극복하고 겸손한 생활을 하라고 한다. 특히 언어 생활을 조심하라고 한다. 토마스는 너무나 헛되고 허무한 이 세상의 순간적인 기쁨을 추구하는 어리석음을 범하지 말라고 다음과 같이 권면하고 있다.

"잠시 후에 사라져 버릴 이 세상의 부를 위하여 맹목적으로 노력한다거나 명예를 탐하는 것, 또는 육신의 쾌락과 순간적인 기쁨을 추구하는 것은 너무도 헛된 일이다. 왜냐하면, 지상의 삶이 끝난 후에 사람은 누구나 엄하고 무서운 심판을 받아야 하기 때문이다. … 그러므로 우리는 항상 눈을 보아도 족함이 없고 귀는 들어도 가득하지 아니하도다(전도서 1:8)라는 말씀을 가슴 속 깊이 명심해야 한다. 눈에 보이는 것만을 사랑하려는 당신의 마음을 돌이켜 눈에 보이지 않는 것을 사랑할 줄 알아야 할 것이다. 자신의 인간적인 본능과 감정만을 따르는 사람은 자신의 양심을 더럽히고 하나님의 은총을 잃어버리기 때문이다."

"자신을 올바르게 알고 스스로 겸손한 마음을 지니는 것은 이 세상에서 가장 고귀하고 유익한 배움이다. 더 나아가 자신을 과대평가하지 않고 다른 사람을 더 높게 여기고 공손하게 대접하는 일은 가장 훌륭한 지혜이며 완전과 하나님의 은총을 향하는 지름길이다."

토마스는 신령한 생활을 추구하는 사람들에게 무엇보다 먼저 이 세상에 속한 모든 것을 쓰레기같이 생각하라고 권고한다. 그러나 이 지상에 붙어 살아가고 있는 한 인간은 여러 가지 시험과 유혹을 피할 수가 없다. 왜냐하면, 유혹의 원인은 외재하는 것이 아니라 우리 자신 속에 내재하기 때문이다. 우리는 사실상 악의 경향을 누구나 지니고 있으므로 신령한 생활을 위해서는 이런 악과 싸워 나가지 않으면 안 된다는 것이다. 마치 배에 키가 없으면 물결에 휩쓸려

떠내려 가게 되는 것과 같이 우리 인간도 키와 같은 어떤 인생의 지표가 없으면 세파에 떠내려 갈 수밖에 없다고 한다. 소위 열이 강철을 만들어 내듯이 인간도 금 그릇 같은 가능적 존재가 되려면 세파를 헤치고 나갈 수 있는 용기와 인내를 소유하여야 한다.

"이 세상에 사는 어느 누구도 이따금 유혹을 받지 않을 만큼 완전하고 경건하지는 못하기 때문에 완전히 그런 것들로부터 벗어날 수는 없다. 그러한 시험이나 유혹은 괴롭고 고통스러운 일이지만 일단 그것을 극복하기만 하면 우리에게 매우 유익한 것이다. 그로 인하여 사람은 겸손해지고, 깨끗이 정화되며, 많은 것을 배우기 때문이다. 모든 성자들은 수많은 유혹과 시험을 극복해 냄으로써 많은 유익을 얻는다. 그러나 유혹을 이겨내지 못하여 이에 굴복되는 사람은 하나님으로부터 버림받고 영원한 죄인이 되고 만다."

다시 토마스는 사람들이 지식을 구하는 것은 자연스러운 일이나 하나님을 경외함이 없이 가지는 지식은 무익할 뿐이라고 한다.

"당신이 성경 전체를 암송하고 있고 철학자의 말들을 모두 알고 있을지라도 하나님을 사랑함이 없다면 무슨 유익이 있겠는가?··· 분명히 말하지만, 단지 행성의 운행을 연구하느라 자신의 영혼에 무관심한 교만한 철학자보다 하나님을 섬기는 겸손한 농부가 더 낫다."

하나님을 겸손히 섬기는 한 농부가 별들의 움직이는 길은 알면서도 자기 영혼의 살 길은 전혀 알지 못하는 교만한 지식인보다 훨씬 더 하나님을 기쁘게 할 수 있다는 것이다. 그래서 그는 신령한 생활을 하려면 지적인 교만심과 내적인 자고심을 버리라고 충고한다. "참으로 자기를 알아 겸손해지는 일은 이 세상의 모든 공부 중 가장 높고 또 가장 가치 있는 일이다"라 하였다.

보다 적극적으로 그는 영적 성장을 위해 자신의 결점을 수정해 나가는 끈기와 진보에의 열의를 가지는 것이 바람직하다고 본다. 그러므로 우리의 덕성을 함양하고 한결같게 선을 행해 나가는 버릇을 들이는 것이 중요하다고 한다. 그는 이에 대해 이렇게 말하였다.

"우리가 만일 자선 행위나 어려운 형제를 돕기 위하여 늘 해 오던 영적 훈련을 때때로 빠뜨린다면 이는 쉽게 회복될 수 있을 것이다. 그러나 태만과 부주의로 영적 훈련을 소홀히 하고 빠뜨린다면 이는 진실로 책망을 받아 마땅하며 우리의 영혼은 상처를 입게 될 것이다.

할 수 있는 대로 모든 일에 최선을 다하도록 하자. 우리는 여러 가지 일에 곧잘 실패하기 쉽지만(전도서 7:20) 분명한 목표를 세우고 열심히 노력하여야 하며, 특히 우리의 영적 발전에 방해되는 일을 하지 않도록 노력하여야 할 것이다. 우리는 항상 부지런히 내적 생활과 외적 생활을 살펴보고 규모 있게 다듬어야 한다. 이러한 것들은 모두 우리의 영적 진보에 무척 중요하기 때문이다."

제2권에서는 내적인 생활의 발전은 높은 미덕을 교훈하는 훈계와 더불어 이루어진다고 보았다. 그러자면 무엇보다 겸손하여야 하는데, 그 겸손은 소박함과 순결함을 수반하는 것이어야 한다. 순박하고 순결한 것에 접해서 늘 자기 자신을 반성하고 다른 사람을 폄론하지 않는 생활을 하도록 권고한다.

만일 어떤 개인이 내적 평화를 원한다면, 그는 순종과 인내로써 늘 하나님을 깊이 사랑하는 반면에 이 세상의 모든 것을 무가치한 것으로 보아야 한다. 그는 이 내적 평화에 대해 다음과 같이 말하였다.

"스스로 마음이 평화로운 사람은 다른 사람들과 또한 평화롭게 지낼 수 있다(로마서 12:18 ; 고린도후서 13:11). 그러나 자기 자신 속에 평화를 지니지 못한 사람들은 다른 사람들과도 평화롭게 살아가지 못한다. 이런 사람들은 다른 사람들에게 괴로움을 주며 자기 자신에게는 언제나 더욱 더 큰 괴로움이 겹치게 된다. 자기의 마음이 평화로운 자는 다른 사람들에게도 평화를 가져다주고자 노력할 것이다. 그러나 이 세상에서 얻을 수 있는 모든 평화는 역경을 벗어남으로써 얻어지기보다는 겸손한 인내에서 얻을 수 있다. 어떻게 인내하는지를 가장 잘 알고 있는 사람은 누구든지 크나큰 평화를 유지할 수 있다. 이런 사람은 자기 자신을 이긴 사람이고 세계를 정복한 주인이며 그리스도의 친구요 하늘나라의 상속자가 되는 것이다."

또한 자기의 관심을 끄는 것이 무엇이든 그러한 자기이익을 추구하는 길에서 벗어나야 한다. 왜냐하면, 그리스도에 대한 진정한 사랑은 그러한 자기사랑에서 자유로울 때에만 이루어지기 때문이다. 언제나 자기관심은 교만을 낳고 다시 그 교만은 자기부정의 생활과 십자가를 지는 생활을 멀리하도록 하는 요인이 되는 것이다. 다시 말해서 신앙인의 목표는 영원한 세계에 조화를 이룰 수 있는 제2의 품성을 인식하고 그것을 가꾸어 나가는 데 두어야만 한다는 것이다. 그는 내적 생활의 성장을 원하는 사람들에게 이렇게 권면하면서 제2권을 끝맺는다.

"당신은 날마다 죽는 생활을 해야 한다는 것을 명심하라(시편 44:22). 또한 우리의 자아가 죽으면 죽을수록 하나님께 대해서는 더욱 살게 된다는 것을 기억하라(로마서 6:28). 그리스도를 위하여 수많은 역경을 감내하고 자기 자신을 순종시키지 않는 한 어느 누구도 하늘의 일들을 이해하지 못할 것이다. 그리스도를 위하여 즐겁게 고난을 받는 일처럼 하나님께 영광이 되고 자기 자신에게 유익한 일은 없다.

만일 당신에게 그리스도를 위하여 어느 하나를 선택하라고 한다면 많은 위로를 받고 즐거워하기보다는 오히려 그분을 위하여 많은 고난 받기를 택해야 한다. 이렇게 함으로써 당신은 더욱 그리스도께 가까워지며 또 그분의 본을 받을 수 있기 때문이다. 우리의 가치와 영적인 진보는 많은 위로나 즐거움을 찾는 데 있지 아니하고 크나큰 고난과 어려움을 끝까지 참고 견디는 데 있다."

그는 하나님과 하나 되는 최고의 목적에 이르는 유익한 길은 "십자가에 달리신 그리스도에게 헌신하는 것, 거룩한 십자가의 왕도를 따르는 것"이라고 하였다. 그를 연구한 루이스 박사는 "의심할 여지없이 『그리스도를 본받아』는 예수가 하늘로부터 이 땅으로 가져온 빛을 가장 완벽하게 반사하고 있으며 최고 수준의 그리스도교 철학을 전개하고 있다"고 하였다.

그는 "만일 예수님을 사랑하는 것이 무엇인가를 이해하고 예수님을 위해 자신을 무시한다면 그 사람은 복이 있다. 예수님을 사랑하기 위해서는 그 이외의 세상적인 것들로부터 떠나야 한다. 이는 이 세상의 모든 것보다도 예수님이 사랑 받으실 만한 분이시기 때문이다. 피조물에 집착하는 사람은 그 피조물이 망할 때 함께 망할 것이요 예수님을 품은 사람은 영원히 굳게 살 것이다. 예수님을 사랑하고 그분을 당신의 친구로 삼으라"라고 우리 믿는 사람들에게 권고하고 있다.

제3권은 네 권 중에서 가장 길다. 그래서 따로 분리해서 출판되는 경우도 있다. 하여튼 제3권에서도 그는 내면 생활의 최고의 미덕인 순종과 인내를 발전시키는 것이 급선무라고 강조하는 동시에 내면적 평화를 통하여 얻는 위안을 말하고 있다. 따라서 그는 참된 자유와 평화를 이룩할 수 있는 네 가지 방안을 제시한다.

첫째, 자기의 뜻보다는 다른 사람의 뜻대로 하려고 노력하라.

둘째, 늘 더 가지려고 하지 말고 덜 가지려고 노력하라.

셋째, 필요하다고 인정되고 중요하다고 생각하는 일에 대해서는 자신을 희생하고 더 낮은 위치에 처하기를 힘써라.

넷째, 매사에 언제든지 우리에게서 하나님의 뜻이 온전히 이루어지기를 소망하라.

이러한 네 가지 원칙을 따르는 자는 하늘의 위로와 항구적 평화를 소유할 수 있을 것이라 한다. 그래서 그는 신자들에게 이렇게 기도하라고 권고한다.

"오, 자비하신 예수님, 당신의 빛을 내 마음에 밝히 비추시고 내 마음의 지성소에서 모든 흑암을 몰아내소서. 여러 곳으로 방황하는 내 생각의 고삐를 당신이 잡아 주시고 포악함으로 나를 둘러싸고 있는 모든 유혹을 물리쳐 주소서. 당신의 힘이 내 싸움의 원동력이 되어 주시고, 이 육체에서 악한 짐승처럼 나를 괴롭히고 속이는 욕망들을 이기게 하소서. 당신의 힘으로 내게 평화를 회복시키시고(시편 122:7), 깨끗한 심령의 전에 당신의 노래만이 가득하게 하소서."

자기에 대한 사랑을 저버리고 오직 정결한 마음과 하나님의 지혜를 간구하라는 것이다. 또한 그는 주의 말씀을 속으로 듣고(사무엘상 3:9), 그 말씀 속에서 위로를 받으라고 한다.

"내 말을 너희 마음속에 기록하고 부지런히 묵상하도록 하라. 그리하면 너희가 시험을 받을 때에 많은 도움이 되리라. 너희가 이 말씀을 읽을 때에 이해 못 하는 것은 내가 재림하는 날에 다 알 수 있으리라. 나는 두 가지 방법으로 내가 택한 자들을 찾는다. 즉 환난을 주는 일과 위로를 주는 일이다."

그러나 이 말씀은 이지(理智)와 이해로 헤아릴 수 있는 것이 아니라 오직 침묵 속에서만 들을 수 있고 겸손과 사랑을 가진 마음만이 받을 수 있다. 위에서 인용한 "내 말을 너희 마음속에 기록하고 부지런히 묵상하도록 하라"는 뜻이 여기에 있다. 그 목적은 세상의 모든 선의 근원되시는 하나님만을 최고의 목적으로 삼자는 것이다. 그때 하나님은 택한 사람을 찾으신다. 그 찾으시는 방법은 두 가지인데, 하나는 '환난'이요 다른 하나는 '위로'라는 것이다.

참된 위로와 평화는 영원한 것을 사모하는 데서 오는 것이다. 아무리 선한 것이라 해도 세상의 선한 것이 결코 인생을 만족시킬 수 없는 것이니, 그것은 인생이란 근본적으로 그러한 것을 즐기고 만족할 수 있도록 만들어진 존재가 아니기 때문이다. 영원한 것을 사모하는 사람들의 구체적인 방법은 네 가지인데, 그것은 이미 위에서 언급한 바 있다.

제4권에서 그는 성도의 경건한 신앙 생활을 강조하고 그 경건한 신앙 생활의 불가결한 요소의 하나로 '성례전'을 들고 있다. 성례전의 영적, 정신적 의미를 살펴 볼 때 하나님과 인간이 신비적으로 연합되는 계기가 곧 성례전이라는 것이다.

『그리스도를 본받아』는 그리스도의 인격 속에 구현된 생활 모형

즉 순종과 겸손 그리고 회개를 모방하자는 내용으로 꾸며진 매우 감동적인 문학서다. 비록 수많은 교훈과 훈계로 가득 차 있기는 하지만 토마스 아 켐피스의 문학적 역량을 가볍게 평가할 수만은 없다. 그는 철학적 논리나 분석력은 소유하지 못했지만 위대한 문학자에 뒤지지 않는 구성력과 문학적 재능을 갖춘 교직자였다. 매우 간결하고도 감동적인 문체나 그 내용은 이 책을 읽는 사람들의 영혼에 실로 놀라운 감화와 유효한 양식을 주었다.

  크리스토퍼 도슨이 말한 대로 역사를 창조하는 자는 역사적 사건의 표면에 노출되는 정치가나 혁명가는 아니다. 그들은 다만 나타난 사실의 종에 불과하다. 그런 의미에서 역사의 주체자는 세상에는 널리 알려지지 않지만 창조의 원동력이 되는 정신적 인간이라 할 수 있을 것이다. 토마스 아 켐피스도 그런 인물 중의 하나로 본다면 『그리스도를 본받아』는 매우 중요한 책임에 틀림없다. 비록 이 책이 오래된 고전이기는 하지만, 그래서 잘들 읽지 않고 있지만, 오늘날에도 그것은 여전히 정신적 양식이 될 만한 양서다. 왜냐하면, 토마스 아 켐피스는 하나님을 향한 불타는 사랑과 깊은 겸손, 성경에 대한 해박한 지식, 인간성에 대한 통찰력과 너그러운 이해심으로 인생의 참된 목적을 알고 그것을 성취하려는 사람들에게 슬기롭고 신뢰할 만한 조언자가 되기 때문이다.

감수   조신권 교수

Contents

서문 · 4
『그리스도를 본받아』에 대하여 · 7

제1부 | 영적 생활을 위한 유익한 권고

1 우리의 삶 속에서 그리스도를 본받음 · 29
2 겸손한 마음을 가짐 · 32
3 진리의 가르침 · 34
4 신중한 생각과 행동 · 39
5 성경 읽기 · 40
6 무절제한 애정 · 42
7 헛된 소망과 피해야 할 교만 · 43
8 사려 깊은 친밀한 교제 · 45
9 겸손한 순종 · 46
10 불필요한 대화의 절제 · 48
11 평화와 영적 성장의 열망 · 50
12 역경의 유익 · 53
13 시험의 극복과 대처 · 55
14 성급한 판단을 삼가라 · 60
15 사랑의 선행 · 62
16 타인의 허물에 대한 용납 · 64

17 신앙 생활의 자세 · 66
18 믿음의 조상의 모범 · 68
19 경건한 신앙인의 영적 훈련 · 72
20 고독과 침묵의 사랑 · 76
21 마음의 참회 · 81
22 인간의 불행 · 85
23 죽음의 명상 · 90
24 심판과 형벌 · 95
25 삶을 바로잡는 열심 · 101

제2부 | 내면적 삶을 위한 권고

1 내면적 삶의 풍요로움 · 111
2 겸손 · 116
3 선하고 평화로운 사람 · 118
4 순수한 마음과 단순한 목적 · 121

Contents

5 자아 성찰 · 123
6 선한 양심이 주는 기쁨 · 125
7 오직 예수님만을 사랑하기 · 128
8 예수님과의 친밀한 교제 · 131
9 위로의 하나님 · 135
10 하나님 은혜에 대한 감사 · 140
11 주님의 십자가를 사랑하는 사람들 · 144
12 거룩한 십자가의 길 · 148

제3부 | 내적 위로를 위한 권고

1 신실한 영혼과 대화하시는 그리스도 · 159
2 고요한 내면에 들리는 세미한 말씀 · 161
3 말씀을 겸손히 듣고 새김 · 164
4 진실과 겸손으로 사는 삶 · 168
5 사랑의 놀라운 효과 · 171

6 그리스도를 사랑하는 자의 증거 · 176
7 겸손하게 은혜를 숨기는 일 · 180
8 주님 앞에서 자신을 비천하게 여김 · 184
9 모든 것을 하나님께 맡기라 · 187
10 하나님을 섬기는 행복한 삶 · 189
11 다스려야 할 마음의 소욕 · 193
12 인내를 얻고 정욕을 극복하라 · 196
13 그리스도를 본받는 겸손한 순종 · 199
14 교만하여 선을 자랑하지 말라 · 201
15 열망하는 것에 대한 기도 · 204
16 오직 하나님과 동행하는 행복 · 207
17 온전히 하나님만을 신뢰하기 · 210
18 세상의 고난을 인내함 · 213
19 고난을 견디는 참된 자세 · 215
20 고난 속에서 자신의 연약함에 대한 인정 · 218
21 하나님을 의지함으로써 얻는 안식 · 222
22 셀 수 없는 은혜 기억하기 · 226
23 마음의 평안을 주는 네 가지 길 · 230

Contents

24 타인의 삶에 대한 헛된 호기심 · 234
25 마음의 확고한 평안과 참된 영적 성장의 원리 · 236
26 간절한 기도로써 얻는 자유 · 239
27 선한 것을 위협하는 자기 사랑 · 241
28 다른 사람에 대한 비방 · 245
29 환난 때의 하나님 찬양 · 246
30 하나님께 도우심을 간구하기 · 248
31 창조주를 찾는 것 · 252
32 자기 부인(否認)과 욕망의 포기 · 255
33 변덕스러운 우리의 마음 · 258
34 자신을 사랑하는 자들을 기뻐하시는 하나님 · 260
35 세상에서 피할 수 없는 시험 · 263
36 인간의 헛된 판단 · 265
37 순전하고 완전한 자아 포기 · 267
38 위기 때의 하나님 · 270
39 주님의 일에 대한 지나친 염려 · 272
40 사람은 선한 것도 자랑할 만한 것도 없다 · 274
41 세상의 영광에 휘둘리지 말라 · 277

42 사람들을 평안의 근거로 삼지 말라 · 278
43 세상의 헛된 지식 · 280
44 세상일에 염려하지 말라 · 283
45 인간의 말에 현혹되지 말라 · 284
46 비난보다 하나님 신뢰하기 · 289
47 영생을 위한 고난 · 293
48 영원한 날과 삶의 괴로움 · 296
49 영생에 대한 소원과 약속된 상급 · 301
50 하나님의 손에 황폐한 자신을 맡기기 · 306
51 자신에게 주어진 일에 최선을 다하기 · 312
52 자신을 마땅히 징계 받을 자로 여김 · 314
53 하나님의 은혜가 없는 세상에의 집착 · 317
54 본성과 은혜의 차이 · 320
55 본성의 부패와 하나님 은혜의 효험 · 327
56 자기 희생과 십자가를 지는 그리스도를 본받음 · 332
57 과오를 범했을 때 낙심하지 않기 · 335
58 하나님의 은밀한 심판에 대한 자세 · 338
59 하나님만 의지하는 소망과 믿음 · 345

Contents

제4부 | 성찬으로의 초대

1. 그리스도의 초대 · 352
2. 성찬에서 나타난 하나님의 사랑 · 360
3. 성찬을 자주 행함으로써 얻는 유익 · 365
4. 경건히 성찬에 임하는 자에게 주는 은혜 · 369
5. 성찬식의 위엄과 성직자의 역할 · 373
6. 성찬식을 위한 영적 준비 · 376
7. 양심을 살피고 변화하려는 결심 · 378
8. 그리스도에게 드리는 자기 희생 · 381
9. 성찬의 참여와 중보기도 · 383
10. 거룩한 성찬을 기쁘게 여겨야 함 · 386
11. 신실한 영혼에게 꼭 필요한 두 가지 · 391
12. 정성스럽게 준비해야 하는 성찬 · 397
13. 그리스도와 하나로 연합되는 성찬 · 400
14. 성찬에 대한 경건한 자들의 열망 · 403
15. 겸손과 자기 부인으로 얻는 경건한 은혜 · 405
16. 우리의 필요와 은혜의 간구 · 408

17 사랑과 열망을 통한 그리스도 영접 · 410
18 그리스도를 본받음과, 계명을 따라 사는 것이 복 · 414

제1부
영적 생활을 위한 유익한 권고

제1부는 내적 생활을 발전시키는 데 필요한 방법으로 육체적 욕망의 제어를 제시한다. 또한 우리 속에 있는 자만심을 극복하고 겸손한 생활을 하라고 한다. 특히 언어 생활을 조심하라 하고, 너무나 헛되고 허무한 이 세상의 순간적인 기쁨을 추구하는 어리석음을 범하지 말라고 권고하고 있다.

1 우리의 삶 속에서 그리스도를 본받음

진정으로 그리스도를 따르는 길은 세상의 물질적인 것과 명예적인 것을 추구하는 것이 아닙니다. 거룩하고 정결한 삶, 그것이 그리스도를 본받는 참된 지혜입니다.

1 주님은 "나를 따르는 자는 어둠에 다니지 아니하고 생명의 빛을 얻으리라"(요한복음 8:12)고 말씀하셨다. 그리스도의 이 말씀은, '우리가 진정 깨우침을 받기 원하고 마음의 모든 무지함으로부터 벗어나기 원한다면 마땅히 그리스도의 삶과 태도를 본받아야 한다'는 충고이다. 그러므로 우리는 예수 그리스도의 삶을 연구하고 본받는 일에 심혈을 기울여야 한다.

2 그리스도의 가르침은 다른 어떤 성인(聖人)들의 가르침보다도 위대하며, 따라서 그의 성령과 함께하는 자는 숨겨진 만나를 발견하게 될 것이다.
실제로, 그리스도의 복음을 자주 듣는 사람은 많지만 성령과 동행하지 못하므로 큰 감화를 받지 못하는 상황이다.
그리스도의 말씀을 온전히 이해하고자 하는 사람이라면 누구든지 그리스도의 삶을 전적으로 본받기 위해 노력해야 한다.

3 당신이 성삼위(聖三位)에 대해 학문적으로 안다고 할지라도 겸손이 결여되어 있어 성삼위를 기쁘게 하지 못한다면 무슨

소용이 있겠는가?

분명히 말하지만, 사람을 거룩하고 올바르게 만드는 것은 학문이 아니라 정결한 삶이다. 이 정결한 삶이 자신을 하나님 앞에서 만족스럽게 한다. 나는 양심의 가책이란 말을 정의하는 법을 알기보다 가책을 느끼는 편을 택하겠다. 만약 당신이 성경 전체를 암송하고 있고 철학자의 말들을 모두 알고 있을지라도 하나님을 사랑함이 없다면 무슨 유익이 있겠는가? 하나님에 대한 사랑과 그를 위한 봉사 외에는 모든 게 다 헛되고 헛된 것이다.

세상을 초월하여 천국을 추구하는 것, 이것이 가장 훌륭한 지혜이다.

4 그러므로 썩어 버릴 부(富)를 추구하고 의지하는 것은 헛된 일이며, 명예를 추구하고 오만함으로 우쭐대는 것 역시 헛되다.

육체의 소욕을 따르며 장차 더 크고 가혹한 처벌을 초래하는 것들을 갈망하는 것은 헛되며, 오래 살기만을 바라고 제대로 사는 데에 무관심한 것은 헛된 일이다.

오직 현재의 삶만을 염려하고 장차 올 일을 예비하지 않는 것은 헛된 일이며, 속히 지나가 버리는 것들만 사랑하고 영원한 기쁨이 거하는 곳을 사모하지 않는 일은 헛되다.

5 "눈은 보아도 족함이 없고 귀는 들어도 가득 차지 아니하도

다"(전도서 1:8)라는 말씀을 자주 되새기라. 더 나아가 당신의 마음을 보이는 것들에 대한 사랑에서 돌이켜, 보이지 않는 것들을 향하게 하라. 그들 자신의 악한 정욕을 따르는 자들은 양심을 더럽히고 하나님의 은혜를 잃게 되기 때문이다.

2 겸손한 마음을 가짐

많은 지식과 깨달음을 얻을수록 오히려 더 겸손한 마음을 가지도록 노력해야 합니다. 다른 사람을 자신보다 더 낫다고 본성에서 인정하는 것이 참된 겸손입니다.

1 모든 인간은 본래 지식을 추구한다(전도서 1:13). 그러나 하나님께 대한 경외심 없는 지식이 무슨 유익이 있겠는가? 분명히 말하지만, 단지 행성의 운행을 연구하느라 자신의 영혼에 무관심한 교만한 철학자보다 하나님을 섬기는 겸손한 농부가 더 낫다. 자기 자신을 잘 아는 자는 스스로 겸손하며, 사람들에게 칭찬받을 때 기뻐하지 않는다. 만약 내가 세상의 모든 것을 안다 해도 사랑이 없으면, 내 행위에 따라 심판하실 하나님 앞에서 그런 지식이 무슨 유익이 있겠는가?

2 과도한 지식욕을 금하라. 그 안에는 혼란과 미혹이 많기 때문이다. 박학다식한 지식인들은 다른 사람들에게 유식하게 보이고 지혜롭다 칭함 받기를 좋아한다(고린도전서 8:1). 하지만 아무리 많은 지식을 알아도 영혼을 구원하는 데는 별로 쓸모가 없다. 자신을 구원으로 이끄는 것보다 다른 것들에 관심을 갖는 자는 매우 어리석다. 많은 말들은 영혼을 만족시키지 못하지만, 선한 삶은 마음을 평안하게 하고 순결한 양심은 하나님에 대한 큰 믿음을 갖게 한다.

3 더 많이 알고 깨달을수록 당신의 삶이 그만큼 거룩해지지 않는다면 혹독한 심판을 받게 될 것이다. 그러므로 학문이나 기술에 대해 아는 것을 자랑스러워하지 마라. 오히려 당신에게 주어진 재능을 통하여 더욱 겸손하고 조심하라.

당신이 많은 것을 충분히 잘 알고 있고 또 깨달았다고 생각한다면, 그만큼 알지 못하는 것들이 훨씬 더 많다는 사실도 깨달아야 한다.

그러므로 스스로 현명한 체하지 말고, 오히려 당신의 무지를 인정하라(로마서 12:16). 당신보다 더 박식하고 교양 있는 사람들이 많은데 왜 당신은 다른 사람보다 자신을 더 과시하는가? 만약 가치 있는 무언가를 배우거나 지향하고 싶다면, 자신이 사람들에게 알려지는 것과 존경받는 것을 포기하라.

4 진정 자기 자신을 알고 겸손하게 생각하는 것은 가장 귀하고 유익한 배움이다. 스스로를 과대평가하지 말고 다른 사람을 더 높게 여기고 공손하게 생각하는 것이야말로 가장 훌륭하고 완전한 지혜이며 하나님의 은총을 향하는 지름길이다.

만약 누군가가 공공연히 죄를 짓고 심각한 범죄를 저지르는 것을 본다 해도 자신이 그들보다 더 낫다고 생각하지 마라. 왜냐하면, 당신이 얼마나 오랫동안 선한 상태를 유지할 수 있을지 알 수 없기 때문이다.

모든 사람은 연약하다. 하지만 당신 자신보다 더 연약한 사람은 하나도 없다는 것을 인정하라.

3 진리의 가르침

인간의 귀에 들리고 눈에 보이는 말이나 상징에 의해서, 때로는 자신의 감각이나 생각에 의해서가 아니라 올바른 이성의 판단에 의해서 하나님을 추구하고 함께 거하는 순결한 마음이 필요합니다.

1 사라져 버릴 상징이나 말에 의해서가 아니라 실제 진리에 의해서 교훈을 얻는 자는 행복하다. 우리의 생각이나 감각은 종종 우리를 현혹하여 분별력을 잃어 잘못된 길로 이끌어 간다. 감춰지고 난해한 것들에 대해 토론한다 한들 무슨 유익이 있겠는가? 그런 것들을 무시한다고 해서 심판 날에 책망을 받을 리는 없을 것이다.

유익하고 필요한 것들을 무시하고, 호기심에 이끌려 부적절하고 해로운 것들에 대해 쓸데없이 관심을 갖는 것이야말로 매우 어리석은 일이다. 우리 인간은 눈이 있어도 제대로 보지 못한다.

2 우리가 철학 문제와 무슨 상관이 있는가? 영원한 진리의 말씀을 듣는 자는 형상화하고 이론화(理論化)하는 것으로부터 자유롭다. 말씀에서 만물이 나왔기 때문에 모든 만물은 우리에게도 말씀하시는, 곧 태초이신 하나님께 대해 말한다.

말씀 없이는 아무도 올바르게 깨닫고 판단하지 못한다. 말씀이 만물이 되었다는 것을 알고 모든 것을 말씀에서 찾는 자, 말씀 안에서 모든 것을 보는 자는 평안한 마음을 가지고 하나님과 함께 화평에 거할 것이다.

오! 진리이신 하나님, 저를 영원한 사랑 안에서 주님과 함께 거하게 하소서. 제가 듣고 읽는 많은 것이 저를 자주 지치게 합니다. 하지만 주님은 저의 전부요, 제가 간절히 바라고 원하는 모든 것입니다. 주님의 진리 앞에 학자들을 잠잠하게 하시고, 모든 피조물이 침묵하게 하소서. 오직 주님만이 저에게 말씀하소서.

3 사람은 명상할수록, 그리고 마음이 순전해질수록 더 쉽게 숭고한 것들을 넓고 깊게 깨닫는다. 위로부터 지성의 빛을 받기 때문이다. 순결하고 순전하고 안정된 영혼의 소유자는 많은 일에 시달려도 괴로워하지 않으며 흔들림이 없다. 왜냐하면, 그 영은 하나님의 영광을 위해 일하기 때문이다. 그리고 내적 평화를 누리기 때문에 모든 것에서 이기적인 경향을 추구하지 않는다.

과연 무엇이 당신 마음속에 있는 통제되지 않은 욕망보다 더 많은 근심과 고통을 주는가?

선하고 경건한 사람은 자신이 해야 할 일을 악한 성향을 떠나 올바른 이성의 지시에 따라 마음에서 정리한다. 일들이 악한 경향의 열망에 따라 그를 이끌어가는 것이 아니라 올바른 이성의 방향에 따라 일들을 조정한다.

세상에 자기 자신을 극복하려고 노력하는 자보다 더 고군분투하는 자가 누구겠는가? 스스로를 정복하고 매일 더욱 강해지며 선행으로 성장하는 것, 바로 이것이 우리의 목적이 되어야 한다.

4 이 세상의 모든 완전에는 약간의 흠결이 섞여 있듯이 우리의 지식도 어느 정도의 무지를 갖고 있다. 학문에 대한 열렬한 연구보다 자신을 내어놓고 겸손하게 아는 것이 하나님께 나아가는 더욱 확실한 길이다.

그렇다고 학문과 지식을 악으로 간주해서는 안 된다. 학문 자체는 선한 것이고 하나님께서 인정하신 것이다. 하지만 항상 정직한 양심과 선한 삶이 그에 선행되어야 한다. 많은 사람이 제대로 살기보다는 지식을 얻기 위해 노력하기 때문에 종종 실수를 범하고 미미한 결실만을 얻거나 아무 것도 성취해 내지 못한다.

5 만일 우리가 여러 문제에 대해 의논하는 것만큼이나 악을 뿌리 뽑고 덕을 심는 데 관심을 가졌더라면 세상의 죄악과 추악한 소문은 지금보다 훨씬 적었을 것이고 수도원에서 수많은 방종도 없었을 것이다. 진실로 심판 날에는 우리가 무슨 책을 읽었는지가 아니라 무엇을 행해 왔는지에 대해 추궁을 받게 될 것이고, 얼마나 말을 잘하였는가가 아니라 얼마나 선하게 살았는지에 따라 판단을 받게 될 것이다.

이제 말해 보라. 당신이 잘 알고 지냈던 학식으로 유명해진 모든 학자와 박사는 지금 어디에 있는가? 이미 다른 사람들이 그들의 자리를 차지하고 있다. 그들이 그 전임자에 대해 생각이나 하는지 모르겠다. 생전에는 그들이 대단해 보였지만 지금은 거의 기억되지도 않는 것이 사실이다.

6 세상의 영광은 얼마나 빠르게 지나가는가! 그들의 삶이 자신의 학식과 보조를 맞춰 왔다면 그들의 연구와 독서가 가치 있었을 것이다. 그러나 하나님을 섬기는 데는 관심이 없고 이

세상의 헛된 학문만을 추구하다 멸망하는 사람이 얼마나 많은가.

그들은 겸손하기보다 교만하여 유명해지기를 선택했기 때문에 헛된 망상에 빠지게 된다. 하나님의 자비를 가진 자가 진정 위대한 사람이다. 스스로 작다고 여기고 최고 위치의 영광이 무의미하다고 생각하는 자가 진정 위대한 사람이다. 그리스도를 얻기 위해 세상의 모든 것을 어리석음으로 여기는 자가 진정 지혜로운 사람이다. 그리고 자신의 뜻을 부인하고 하나님의 뜻을 행하는 자가 진정 박식한 자이다.

4 신중한 생각과 행동

충동이나 유인에 의하여 경솔하게 행동하거나 자기 의견에 집착하지 말고 신중하고 지혜롭게 행동해야 합니다.

1 우리는 어떤 충동이나 유인에 유혹되지 말고 인내와 조심성을 가지고 하나님의 뜻 안에서 사물을 분별해야 한다. 불행하게도 우리는 너무나 연약해서 매우 자주 다른 이들의 선함보다는 악함을 믿고 또 말한다. 하지만 온전한 사람은 나쁜 소문을 퍼뜨리는 사람을 쉽게 믿지 않는다. 왜냐하면, 인간은 연약하여 쉽게 악에 빠지고 말에 실수가 많음을 알기 때문이다.

2 경솔하게 행동하거나 자기 의견을 고집스럽게 집착하는 것은 지혜롭지 못하며, 사람들에게 들은 것을 모두 믿거나 누군가에게 들은 가십거리를 다른 사람에게 퍼뜨리고 폭로하는 것은 또한 지혜롭지 못한 것이다.

지혜롭고 성실한 사람을 찾아가 자문을 구하라. 자신의 경향을 따라 선호하기보다는 당신보다 나은 이의 가르침을 찾으라. 선한 삶은 하나님을 따르기에 사람을 지혜롭게 하며 많은 일에 있어서 유익한 경험을 부여한다. 스스로 더욱 겸손하고 하나님께 진정으로 복종할수록 모든 일에 있어 더욱 지혜로워질 것이며 더 많은 평화를 누리게 될 것이다.

5 성경 읽기

성경을 읽을 때 겸손함과 단순함, 그리고 믿음을 가지고 진지하게 경청하고, 무엇을 말씀하는지 주목하여 들어야 합니다.

1 성경 안에서 찾아야 할 것은 눈에 익은 명언(名言)이나 명구(名句)가 아니라 참된 진리이다. 우리는 성경의 각 부분을 그것을 기록한 영 안에서 읽어야 한다. 성경 안에서 품위 있는 화법보다는 유익을 찾고자 애써야 한다. 또한 고상하고 심오한 책뿐 아니라 단순하고 경건한 책들도 마땅히 읽어야 한다. 저자가 문학적 능력이 있든 무식한 사람이든 간에 저자의 학식과 권위에 휘둘려서는 안 되며, 오직 순수한 진리에 대한 열광과 사랑으로 인하여 독서를 하라. 그리고 '누가 말했는지' 묻지 말고, '무엇을 말하는지' 주목하라.

2 인간은 죽어 사라져 버리지만 주님의 진리는 영원할 것이다. 하나님은 사람을 의식하지 않고 여러 방법으로 우리에게 말씀하신다. 우리의 호기심은 종종 우리가 성경을 이해하고자 할 때, 단순하게 읽고 지나가도 되는 것에 심사숙고하게 함으로써 성경 읽기를 방해한다.

만약 당신이 성경으로부터 유익을 얻으려 한다면, 겸손함과 단순함, 그리고 믿음을 가지고 성경을 읽으라. 절대로 성경 지식이 박식하다는 명성을 얻으려고 하지 마라. 항상 성인들의 말을 찾아서 그들의 말에 귀를 기울여라. 믿음의 선조들의 격언은 쓸데없이 만들어진 것이 아니므로 진지하게 경청하라.

6 무절제한 애정

욕망과 탐욕을 지나치게 추구하고 충족시키는 것에 조심해야 합니다. 이러한 것은 참된 평안과는 거리가 멀기 때문입니다.

1 사람이 어떤 것을 지나치게 갈망할 때 그 순간 그는 불안하게 된다. 교만한 자와 탐욕스러운 자는 결코 쉼을 얻지 못하나 심령이 가난하고 겸손한 자는 온전한 평화 가운데서 살아간다. 정욕을 절제하지 못하는 사람은 작고 하찮은 일에도 쉽게 유혹 당하고 시험에 빠진다. 영적으로 연약하고 육적인 생활 방식에 젖어 관능적인 것에 치우친 사람은 세상의 욕망에서 완전히 벗어나기 어렵다. 이런 욕망들을 떼어 버려야 하는 것이 그를 괴롭게 하고, 만약 꾸짖음을 당하면 쉽게 분노하게 된다.

2 만약 그런 사람이 자신의 욕망을 충족시킨다면 곧 양심의 가책이 그를 압박하여 불안해지고 만다. 그런 굴복은 자신의 욕정에 따랐기 때문에 자신이 추구하는 평안을 찾는 데 아무런 도움이 되지 않는다.

그러므로 마음의 참된 평안은 우리의 욕정을 충족시키는 것이 아니라 그것에 저항함으로써 얻어진다. 이와 같이 평화는 육적인 사람이나 헛된 매력을 가진 사람에게는 찾을 수 없으며 오직 열정적이고 영적인 사람에게만 존재한다.

7 헛된 소망과 피해야 할 교만

사람이나 물질이 우리를 보장하지 못함을 잊지 마시기 바랍니다. 겸손함에 평안이 있고 기쁨이 있습니다.

1 사람이나 피조물에 의지하는 사람은 허망하고 어리석다. 예수 그리스도의 사랑으로 남을 섬기는 것을 부끄러워 말며, 이 세상에서 가난한 것처럼 보이는 것 또한 부끄러워하지 말라. 자기 만족을 추구하지 말고 당신의 믿음의 소망을 하나님께 두라. 당신의 힘으로 할 수 있는 것을 하라. 그리하면 하나님께서 당신의 선한 의도를 도와주실 것이다. 자신의 지식을 신뢰하지 말고 그 어떤 사람의 교묘함에도 의지하지 말라. 그보다는 겸손한 자를 도우시고 교만한 자를 낮추시는 하나님의 은혜에 의지하라.

2 재물을 가진 부자나 권력 있는 친구가 있다고 해서 자랑하지 말고 영광스러워하지 말라. 오직 모든 것을 주시며 무엇보다도 그분 자신을 주기 바라시는 하나님 안에서 영광스러워하라. 작은 질병에도 쉽게 망가지고 추해지는 당신의 육체적인 아름다움을 자랑하지 말라. 당신의 재능이나 능력으로 인해 오만하지 말라. 당신이 가진 타고난 재능은 모두 하나님의 것이요 하나님의 덕이다.

3 자신이 다른 사람들보다 더 훌륭하다고 생각하지 말라. 사람의 마음속에 무엇이 있는지 다 아시는 하나님 앞에서는 당신이 더 나쁘게 평가될지도 모른다. 어떤 일을 잘했다 하여 자랑하지 말라. 하나님은 인간의 판단과 전혀 다르기 때문에, 사람을 즐겁게 하는 것이 종종 하나님을 노엽게 한다. 당신 안에 선한 것이 있으면 다른 사람들 안에 있는 더 많은 선한 것을 보라. 그러면 계속 겸손함을 유지할 수 있을 것이다. 자신을 모든 사람보다 더 낮춘다 하여 해롭게 되지는 않지만, 어느 한 사람보다도 자신이 더 낫다고 생각하면 크게 해롭게 된다. 겸손한 삶은 영원한 평안에 거하지만 교만한 자의 마음에는 시기와 잦은 분노만이 있을 뿐이다.

8 사려 깊은 친밀한 교제

다른 사람들과의 교제에 경계하고 조심해야 합니다. 잘못된 교제는 상처와 실망과 고통을 가져올 뿐입니다.

1 당신의 마음을 아무에게나 열어 보이지 말라. 대신 지혜롭고 하나님을 경외하는 자들과 의논하라. 젊은이나 낯선 자와 더불어 너무나 많은 대화를 하지 말라. 부자에게 아첨하지 말고, 거물 인사들과 애써 어울리려고 하지 말라. 겸손하고 단순한 자들, 경건하고 덕 있는 자들과 사귀며, 그들과 덕을 높이는 일들에 대해 대화하라. 아무 여인과 친하게 지내지 말고, 그저 훌륭하고 선량한 여인들을 모두 하나님께 인도하기만 하라. 오직 하나님과 그의 천사들과 함께 친밀하기를 힘쓰고 사람들과의 사귐은 조심하도록 하라.

2 우리는 모든 사람을 사랑해야 하지만 모든 사람과 교제할 필요는 없다. 우리가 알지 못하는 어떤 사람이 좋은 평판 덕분에 훌륭하게 여겨지다가도 실제로 그를 만나 행동거지를 보면 실망하는 경우가 많다. 우리는 때때로 다른 사람을 즐겁게 하고 있다고 생각하고 있지만, 우리의 부적절한 행동으로 그보다는 그들이 우리 안에 있는 결점을 발견하면서 불쾌감을 주는 경우도 있다.

9 겸손한 순종

자신의 필요나 어찌할 수 없어서 순종하지 말고 진실하고 순전한 마음으로 순종하는 법을 배우십시오. 다른 사람의 견해에 귀를 기울인다면 겸손한 순종에 어려움이 없을 것입니다.

1 우리가 우리 자신의 주인이 되지 않고 윗사람 밑에서 순종하는 것이 좋다. 권위를 가지고 지배하는 것보다 순종하는 것이 훨씬 더 안전하기 때문이다. 많은 사람이 하나님을 사랑해서가 아니라 필요에 의해 어쩔 수 없이 순종하며 산다. 그러한 순종에는 만족함이 없고 하찮은 구실들로 낙담하며 불평한다. 누구든지 하나님의 사랑으로 진실로 자신을 겸손히 순종시키지 않으면 결코 마음의 평안을 얻을 수 없다. 당신 마음대로 가고 싶은 곳을 가면 더 행복하리라고 생각하지만, 곧 하나님 외에 다른 곳으로부터 행복을 찾는다는 것이 착각이었음을 깨닫게 된다.

2 모든 사람이 자신의 취향에 맞는 일을 하기 바라고, 자기와 같은 생각을 가진 사람들에게 이끌려 가는 경향이 있다. 그러나 하나님이 우리 가운데 계시다면 우리는 때때로 복된 평안을 위해 자신의 의견을 포기해야 한다. 만물에 대한 완전한 지식을 가지고 있을 만큼 지혜로운 사람이 과연 있을까? 그러므로 자신의 견해를 너무 확신하지 말고 다른 사람의 견해에도

기꺼이 귀를 기울일 필요가 있다. 만약 당신의 생각이 훌륭하다 해도 하나님의 사랑을 나타내기 위해 그 생각을 버리고 다른 사람의 의견을 따른다면, 그로 인해 당신은 그 이상의 유익을 받게 될 것이다.

3 내가 충고를 하는 것보다 충고를 듣고 받아들이는 편이 더 안전하다(잠언 12:15). 각자의 의견이 모두 훌륭할 수도 있다. 그러나 상대방의 생각을 받아들일 특별한 이유나 원인이 있는데도 상대의 의견에 동의하기를 거부하는 것은 오만과 고집을 드러내는 것이다.

10 불필요한 대화의 절제

세상사와 관련한 모임을 절제하십시오. 여기에서의 불필요하고 실수하는 말들은 자신의 영적인 성장에 태만과 나쁜 습관들을 양산하게 하여 삶에 커다란 장애가 될 것입니다.

1 가능하면 모임을 피하라. 세상사에 대한 이야기는 비록 그것이 진실한 생각에서 나왔다 할지라도 우리는 헛된 것에 의해 쉽게 허영에 물들고 사로잡히므로 큰 장애가 되기 때문이다. 때때로 우리는 말을 하고 나서 '종종 침묵을 지켰어야 했는데'……, '모임에 참석하지 말아야 했어' 라고 후회할 때가 많다. 왜 우리는 양심의 상처를 내기 전까지 입을 다물지 않고 기를 쓰고 서로 이야기하려고 하는가? 우리가 그렇게 말을 하려고 하는 이유는 서로 대화함으로써 위로를 얻고 여러 생각으로 인해 피곤해진 마음을 편안하게 하고 싶기 때문이다. 우리는 주로 자신이 매우 좋아하는 것들이나 아주 싫어하는 것들을 즐거이 말하고 생각한다.

2 그러나 유감스럽게도 이런 대화는 헛되고 아무 소용도 없다. 왜냐하면, 외적인 위로는 하나님께서 우리에게 주신 내적인 신령한 위로를 적잖게 손상시키기 때문이다. 그러므로 우리는 시간을 안일하게 보내지 않기 위해 깨어 기도해야 한다 (마태복음 26:41).

만약 말하는 것이 옳고 말할 기회가 주어진다면 덕을 세우는 데 필요한 말을 하라(에베소서 4:49). 영적 성장에 대한 태만과 나쁜 습관에 대한 방치는 말을 제대로 통제할 수 없게 된다. 그러나 영적인 일에 대한 경건한 대화는 우리의 영적 성장에 큰 기여를 한다. 특히 같은 마음과 생각을 지닌 사람들이 하나님 안에서 함께 모여 대화할 때 더욱 그러하다(사도행전 1:14 ; 로마서 15:5-6).

11 평화와 영적 성장의 열망

다른 사람들의 말과 행동에 너무 관여하면 자신의 평화와 영적 성장에 제한이 됩니다. 오히려 철저한 침묵과 묵상이 자신과 이웃의 평안에 영적 초석이 될 것입니다.

1 만일 우리가 자신과 아무 관련 없는 다른 사람들의 말과 행동에 관여하지 않는다면 우리는 더욱 많은 평화를 누릴 수 있을 것이다. 다른 사람의 일에 대해 쓸데없는 참견을 하고, 주위에서 일어나는 모든 일에 참견할 기회만을 정신없이 찾느라 자신의 내면에 대하여 묵상하는 일이 거의 없는 사람이 어떻게 오랫동안 평안을 유지할 수 있겠는가?
마음이 온유한 사람이 복이 있나니, 이는 그가 많은 평화를 누릴 것이기 때문이다.

2 몇몇 성자들이 그렇게 철저하게 묵상을 했던 이유가 과연 무엇이었는가? 이는 그들이 스스로 세상적인 모든 욕망을 완전히 끊고자 노력했기 때문이다. 그럼으로써 그들은 전심으로 하나님께 매달릴 수 있었고, 자유롭게 자신의 가장 깊은 내면에 집중할 수 있었다.
우리는 너무나 자신의 변덕과 공상에 사로잡혀 있고, 지나가 버릴 것들에 대해 지나친 관심을 두고 있다. 또한 우리는 어느 한 가지의 악습도 완전히 극복하기 어려우며, 매일 영적으로 더 성장하려는 열망도 없다. 따라서 우리는 차갑고 미지근한 상태에 머무르고 있는 것이다.

3 만약 우리가 자신을 극복하여 자신의 생각에서 자유로워진다면, 우리는 보다 더 신령한 것을 맛보고 천국의 일을 경험할 수 있게 될 것이다.
실제로 가장 큰 유일한 장애는 우리가 정욕과 욕망에서 벗어나지 못하는 것이며, 성자들이 걸어간 것처럼 온전한 길로 나아가려는 노력을 하지 않는다는 점이다. 조그만 역경이라도 닥치면 우리는 너무나 빨리 낙담하고 인간의 위로를 구하려고 한다.

4 만약 우리가 용감하게 전쟁터의 용사처럼 자신과의 싸움에서 참고 견딘다면, 분명 하늘로부터 오는 하나님의 도움이 우리를 지원해 주실 것이다. 그 이유는 우리에게 승리할 전투의 기회를 주신 그분은, 하나님의 은혜에 소망을 두고 담대히 싸우는 자들을 도우실 준비가 되신 분이시기 때문이다.
만약 우리의 신앙 생활의 진보가 형식적인 계율만을 중시하고 의식만 중시한다면 우리의 신앙은 금방 끝나고 말 것이다.
그러므로 정욕의 뿌리를 잘라 모든 욕망으로부터 벗어남으로써 우리 영혼이 평안을 갖게 하자 (마태복음 3:10).

5 만약 매년 하나의 악덕을 뿌리 뽑는다면 우리는 곧 온전한

사람이 될 것이다. 그러나 반면에 신앙 생활의 연륜이 쌓인 지금보다 처음 회심했을 때가 더 선하고 순수했다는 사실을 종종 깨닫게 된다.

우리가 덕을 행함에 있어서 열정과 성장은 매일 더 커져야 한다. 그러나 지금은 처음 지녔던 열정의 일부라도 유지할 수 있느냐 하는 것이 더 중요하다. 만약 우리가 처음에 스스로에게 다잡고 엄격하게 했다면, 그 후에는 모든 일을 쉽고 즐겁게 성취할 수 있었을 것이다.

6 오래된 습관들을 떨쳐버리기란 쉽지 않은 일이지만, 더욱 어려운 것은 우리의 의지를 거스르는 일이다. 만약 당신이 작고 쉬운 일들을 극복하지 못한다면 어떻게 더 어려운 일들을 극복할 수 있겠는가?

처음부터 당신의 욕망에 저항하고 악한 습관들을 버리라. 그렇지 않으면 조금씩 그것들이 더 큰 난관을 몰고 올 것이다. 만일 당신이 자신의 성결한 삶이 자신에게 얼마나 큰 내적 평화를 안겨 주고 다른 사람들에게도 얼마나 큰 기쁨을 주는지 깨닫는다면 자신의 영적 성장에 대해 좀 더 관심을 가질 거라 믿는다.

12 역경의 유익

때때로 고난과 시련은 하나님의 은혜와 필요성을 절실히 깨닫게 하며 자신을 정화시켜 하나님과 진실히 동행하게 만들어 줍니다.

1 고난과 시련을 만나는 것은 때때로 좋은 일이다. 왜냐하면, 그로 인해 사람들은 자기 성찰을 하게 되며 세상의 아무 것도 의지해서는 안 된다는 것을 상기시켜 주기 때문이다.

선한 동기에서 행한 일일지라도 때때로 우리의 의도대로 일이 진행되지 않는다. 또한 다른 사람에게 나쁘게 혹은 부당하게 여겨지는 경우가 있다. 이런 일들은 우리로 하여금 겸허함을 갖게 하고 헛된 영광으로부터 우리를 지켜 준다. 왜냐하면, 그렇게 외부에 의해 신뢰를 잃고 아무런 공로를 인정받지 못할 때 우리의 내면을 보시는 하나님을 찾기 위해 더욱 귀를 기울이게 되기 때문이다. 그러므로 우리는 하나님께 전적으로 자신을 의뢰해야 하며, 인간에게 위로를 구할 필요가 없다.

2 선한 사람이 시험과 고난을 당할 때 하나님이 필요하다는 사실을 절실하게 깨닫게 되며, 하나님 없이는 선한 일을 하나도 행할 수 없음을 인식하게 된다. 그는 갑작스러운 참변과 고통으로 인해 슬퍼하고 탄식하고 기도에 의지한다. 그러면 현세의 삶에 회의를 느끼고 세상을 떠나 그리스도와 함께 거하

기를 소원하게 된다. 그리하여 그는 이 세상에서는 완전한 보장과 온전한 평화를 얻을 수 없음을 충분히 깨닫게 된다.

13 시험의 극복과 대처

 시험을 당할 때에 무서워하거나 낙심하거나 도망치지 마십시오. 모든 시험은 우리를 연단하고 강하게 만들며 하나님의 사랑과 은총을 드러내 주는 통로이기도 합니다.

1 우리가 이 세상에 사는 한 환난과 시험을 벗어날 수는 없다. 욥이 "세상에 있는 인생에게 힘든 노동이 있지 아니하겠느냐 그의 날이 품꾼의 날과 같지 아니하겠느냐"(욥기 7:1)라고 말했듯이 이 땅에서의 우리 인간의 삶은 시험의 삶이다. 모든 사람은 시험에 반해 자기를 지켜야 하고 마귀가 속임수를 쓸 수 없도록 깨어 기도해야 한다. 마귀는 잠을 자지 않으며 주야로 속이고 잡아 삼킬 자들을 찾아 헤맨다. 아무리 온전하고 거룩한 사람이라 할지라도 때로는 시험을 받는다. 그러므로 사람은 시험으로부터 자유로울 수 없다.

2 시험은 고통스럽고 서럽지만 이를 극복하면 종종 우리에게 유익을 주기도 한다. 시험 속에서 인간은 겸손해지고 정화되며 깨우침을 얻는다. 모든 성자는 많은 환난과 시험을 겪었으며 그것들을 통해 유익을 얻었다. 반면, 시험을 견디지 못한 자들은 하나님께 버림 받고 타락해 버렸다. 시험과 역경이 없는 거룩한 수도회도 없고 그 어떤 비밀스러운 장소도 없다.

3 세상에 사는 한 시험에서 완전히 벗어나 있는 사람은 아무도 없다. 왜냐하면, 우리는 태어날 때부터 이러한 근원적인 요소를 지닌 채 태어나기 때문이다. 한 가지 환난이나 시험이 지나가면 또 다른 시험이 찾아온다(야고보서 1:14). 우리는 본래의 축복 상태를 잃어버렸기 때문에 항상 고난이나 시험으로 고통을 받는다.

많은 사람이 시험에서 도망치려다가 오히려 더 깊은 시험에 빠져 타락하곤 한다. 단지 도피만으로는 시험을 이길 수 없으며, 오직 인내와 참된 겸손으로써 우리는 모든 시험의 대적보다 더 강해질 수 있는 것이다.

4 시험을 겉으로만 잘라내고 그 뿌리를 근절하지 않는 사람은 나아지는 것이 거의 없다. 나아지기는커녕 시험은 금방 다시 찾아와서 예전보다 더 강력하여 비참한 상태에 빠지게 된다. 자신의 조급함과 완력으로 시험에 맞서기보다는 하나님의 도우심을 통한 인내로써만이 시험을 쉽게 이겨낼 수 있게 된다. 시험 중에 있을 때는 자주 조언을 구하고, 시험 당하고 있는 사람을 모질게 대하지 말라. 그에게 위안을 주되 당신이 시험 당했을 때 다른 사람에게 기대했던 바와 같이 하라.

5 모든 악한 시험의 시작은 '불안한 마음'과 '하나님에 대한 불신'이다. 사공이 없는 배가 표류하여 이리저리 파도에 요동하는 것과 같이 무심하고 결단력이 없는 사람은 수많은 시험

으로 고통을 받게 된다.

불은 철을 연단하고 시험은 의인을 강하게 만든다. 종종 우리는 자신의 능력을 알지 못하지만 시험은 우리가 어떤 사람인지를 보여 준다. 무엇보다도 우리는 시험이 시작될 때 특별히 경계해야 한다. 왜냐하면, 만약 적이 침투를 위해 노크할 때 마음 문에 들어오는 것을 거절하여 들어오지 못하게 하면 시험은 보다 쉽게 정복된다.

로마의 시인 오비디우스(Ovidius)는 "악은 초기에 막아라. 악이 힘을 얻었을 때는 이미 치료하기에 너무 늦다"라고 말했다. 처음에는 마음에 단순히 생각이 떠오르고, 그 다음에 그 생각은 강력한 상상이 되어 부풀려져서 그 생각을 하는 것이 즐거워지면서 악한 충동이 된다.
초기에 저항하지 않았기 때문에 사탄은 완전히 우리 안에 쉽게 들어오게 된다. 사람이 저항을 게을리 하면 할수록 그는 내부적으로 매일 나약해지는 반면, 그를 대항하는 적의 힘은 점점 더 강력해진다.

6 어떤 사람들은 회심 초기에 크나큰 시험을 당하고, 어떤 사람들은 생의 마지막 즈음에 시험을 당한다. 평생 동안 끊임없이 고난을 당하는 이들도 있다. 한편, 어떤 사람들은 그들의 형편과 능력을 저울질하시고 택하신 자들의 구제를 위해 모든 것을 준비하시는 하나님께서 정하신 공의와 지혜에 순종해 비교적 쉬운 시험을 당하기도 한다.

7 우리는 시험 당할 때 낙심하지 말고 더욱 열심히 하나님께 나아가 기도해야 한다. 그러면 하나님은 사도 바울의 말처럼, 시험 당할 즈음에 또한 피할 길을 내사 우리로 능히 감당하게 하심으로써 모든 환난 중에서 우리를 도우실 것이다(고린도전서 10:13).
그러므로 모든 환난과 시험을 당할 때 우리의 영혼을 하나님의 손아래 두고 겸손히 내려놓자. 그러면 하나님께서는 심령이 겸손한 자를 구원하시고 높이실 것이다(누가복음 1:52).

8 사람이 시험과 고난을 당할 때, 그가 전에 얼마나 많은 공과

덕을 쌓아 왔는지 더욱 분명하게 드러나게 된다.

아무 고난이 없을 때 열심을 내고 독실해지는 것은 어렵지 않다. 그러나 역경의 시기에 이를 잘 견뎌낸다면 영적으로 성장하고 소망 가운데 은총을 얻게 된다.

어떤 이들은 의식적으로 큰 시험을 당하지 않으려고 조심하는데, 그들은 종종 일상 생활에서 일어나는 조그만 시험도 극복하지 못한다. 이것은 작은 문제조차 이겨내지 못한 자신의 약함을 알고 겸손하게 함으로써 그들 자신의 힘으로는 큰 시험이 생길 때 주제넘게 생각하지 못하도록 하기 위함이다.

14 성급한 판단을 삼가라

다른 사람을 판단하고 비판하는 것을 삼가십시오. 그러한 자세는 종종 자신을 실수와 죄와 욕정에 빠지게 만듭니다. 오히려 스스로 자신을 경계하고 반성하는 것이 유익을 가져오게 합니다.

1 당신의 눈을 자신에게로 돌리고, 다른 사람의 행위를 비판하지 말라(마태복음 7:1 ; 로마서 15:1). 남을 비판하는 자는 헛되이 수고하나니, 그는 종종 실수하고 쉽게 죄에 빠진다(마태복음 12:25 ; 누가복음 12:51). 그러나 자신을 경계하고 반성하는 자는 언제나 큰 유익을 얻게 된다.

우리는 종종 사물을 자기 주관적인 느낌을 통해 판단함으로써 올바른 시각을 잃어버린다. 만약 하나님이 우리 소망의 유일한 목적이라면, 우리는 자신의 의견을 제어함으로써 쉽게 마음에 동요되지 말아야 한다.

2 그러나 때때로 우리 내면에 숨어 있거나 외부로부터 일어나는 무엇인가가 우리를 끌어당긴다.

많은 사람이 무의식중에 스스로의 유익을 추구하는 행동을 한다. 그들은 모든 일이 자기의 바람과 기호에 따라 이뤄질 때 진정으로 마음의 평안을 누리는 것처럼 보인다. 그러나 그들이 원하는 대로 이루어지지 않으면 그들은 금방 마음의 동요를 일으키고 슬퍼한다.

지각과 견해의 차이는 종종 친구들과 이웃 사이, 심지어 신실한 성도들 사이를 갈라놓는다(전도서 3:16).

3 이는 오랫동안 형성해 온 기질은 쉽게 깨뜨릴 수 없으며(예레미야 13:23), 자신이 볼 수 있는 것보다 더 멀리 객관적으로 내다볼 수 있는 의지를 가진 사람이 없기 때문이다.

만약 당신이 예수 그리스도에게 복종하는 것보다 당신의 지성과 노력에 더 의존한다면 어떤 경우에도 정확한 사리판단은 어렵게 된다. 왜냐하면, 하나님은 우리가 그에게 온전히 순종하기를 원하시고, 그의 뜨거운 사랑을 통해 우리로 하여금 인간의 지혜를 뛰어넘도록 하시기 때문이다.

15 사랑의 선행

사랑이 결여된 선행과 사역은 아무런 가치가 없습니다. 진실한 사랑의 선행은 자신의 욕망과 상급을 벗어나 하나님의 기쁨과 사랑을 추구하게 합니다.

1 세상적인 일 때문에 혹은 인간의 사랑 때문에 악한 행동을 해서는 안 된다(마태복음 18:8). 하지만 궁핍에 처한 사람을 위해 고의적으로 선행이 보류되거나 또는 더 좋은 것을 위해 대체되는 경우가 있다. 이러한 경우는 선행이 상실되는 것이 아니라 더 나은 선행으로 승화하는 것이다.

사랑이 없는 외적인 선행과 사역은 아무 가치도 없다(누가복음 7:47 ; 고린도전서 13:3). 그러나 사랑으로 행해지는 것은 무엇이든지, 보기에는 아무리 미미하고 보잘것없을지라도, 하나님께서 사람의 행위보다는 그 사랑에 중심을 두고 있기 때문에 그 사랑으로 말미암아 온전한 열매를 거두게 된다. 결국 많이 사랑하는 자가 많은 일을 행하고 실천한 사람이다.

2 좋은 일을 행하는 사람이 일을 많이 한 사람이다. 자신의 흥미를 위해 일하는 자보다 공동의 선을 위해 봉사하는 사람이 훌륭한 일을 한 사람이다(빌립보서 2:17).

사랑처럼 보이는 것이 실제로는 세속적인 정욕인 경우가 종종 있다. 그 동기로는 본성적 욕망, 자기 의지, 상급을 바라는 마음, 이기적인 성향이 없을 때가 아주 드물기 때문이다.

3 이에 반해 진실하며 온전한 사랑을 가진 사람은 결코 자기를 추구하지 않는다(고린도전서 13:5; 빌립보서 2:21). 그는 모든 일에 있어 오직 하나님의 영광이 높이 드러나는 것만을 바랄 뿐이다. 또한 그 누구도 시기하지 않는다. 왜냐하면, 그는 사적인 유익을 구하지도 않고 자기 안에서 나오는 기쁨을 바라지도 않기 때문이다. 그보다는 모든 것을 넘어서는 하나님의 더 큰 영광 안에서 기쁨을 누리기를 원한다(시편 17:15; 24:6). 그는 좋은 것을 사람의 것으로 여기지 않으며, 전적으로 삼라만상의 근원이신 하나님께 돌린다. 모든 성도가 그 안에서 안식과 최상의 결실을 얻게 된다.

참사랑의 불꽃을 한 점이라도 간직하고 있는 열성 있는 사람은 세상의 모든 것이 헛것으로 가득 차 있음을 분명히 깨달을 수 있으리라.

16 타인의 허물에 대한 용납

타인의 허물과 약점을 무리하게 바로잡으려고 하지 마십시오. 오히려 하나님께서 바로잡아 주시기를 끈기와 인내로 간구해야 합니다. 할 수 있거든 서로가 짐을 나눠 지는 슬기로운 자세도 필요합니다.

1 자기에게 혹은 다른 사람들에게 인간으로서 도저히 바로잡을 수 없는 것이 있다면 하나님께서 바로잡으실 때까지 끈기 있게 견뎌내야 한다. 어쩌면 그것이 당신의 인내심을 시험해 보고 당신을 연단해 보는 것에 있어 더 좋은 일이 될 수 있다고 생각하라. 인내와 시련 없이는 당신의 온전한 가치를 인정받을 수 없기 때문이다. 어려움에 처했을 때에는 그런 어려움을 침착하게 감당할 수 있도록 도와 달라고 하나님께 간절히 기도하라(마태복음 6:13 ; 누가복음 11:4).

2 만약 누군가 한두 번의 충고에도 행동을 바로잡지 않으면 그와 논쟁하지 말라. 악을 모두 선으로 바꾸시는 하나님께 맡겨라. 그의 뜻과 영광이 그의 종들 가운데서 더욱 높아지도록 하라.

다른 사람들이 어떤 약점과 허물을 갖고 있든지 인내를 가지고 참으려고 노력하라. 왜냐하면, 당신 역시 다른 사람들이 참아 주어야 할 많은 약점을 가지고 있기 때문이다(갈라디아서 6:1 ; 데살로니가전서 5:14). 만약 나를 내가 원하는 모습으로 만들 수 없다면 어떻게 다른 사람들을 내가 바라는 모습으로 바꿀 수 있겠는가? 우리는 다른 사람들이 온전케 되기를 원하면서 자신의 허물은 바로잡으려고 하지 않는다.

3 우리는 다른 사람들의 잘못을 호되게 야단치며 바로잡으려 하지만 자기의 잘못은 올바르게 바로잡지 않는다. 다른 사람들이 제멋대로 하면 불쾌해 하면서도 자신의 욕구는 거부 당하지 않으려고 한다. 다른 사람들을 법 아래 묶어두려 하면서 자신은 아무 데도 속박 당하려 하지 않는다.
이와 같이 우리는 다른 사람과 자신을 공평하게 생각하는 경우가 매우 드물다. 만약 모든 사람이 완벽하다면, 우리가 하나님을 위해 다른 사람에게 고통 받아야 할 필요가 무엇이겠는가?

4 하지만 하나님께서는 우리가 서로의 짐을 지는 일을 배우라고 명하셨다(갈라디아서 6:2).
허물이 없는 사람은 없고, 짐 없는 사람도 없고, 충분한 힘과 지혜를 가진 사람도 없기 때문이다. 그러므로 우리는 서로 감당하며 서로 위로하고 돕고 충고하며 서로를 권면해야 한다(고린도전서 12:25 ; 데살로니가전서 5:14).
모든 사람의 덕의 정도는 극한 역경의 때에 가장 잘 드러난다. 역경은 사람을 약하게 만드는 것이 아니라 그가 어떤 사람인지를 보여 주는 중요한 계기가 된다.

17 신앙 생활의 자세

 수도복과 삭발이 사람을 변화시키지 않습니다. 신앙인은 순례자이며 하나님과 자기 영혼의 구원을 추구하는 자입니다. 그러므로 항상 자기를 기꺼이 연단하고 영적 가치를 현실화하기 위해 최선을 다해야 합니다.

1 만약 당신이 다른 사람들과 평안과 화합을 이루기 원한다면 많은 일에 있어서 자신의 의지를 굽히는 법을 배워야 한다(갈라디아서 6:1). 교회 혹은 신앙 공동체 안에서 불평 없이 지내고, 죽을 때까지 신실하게 신앙을 유지한다는 것은 작은 일이 아니다(누가복음 16:10). 그곳에서 잘 살면서 행복한 임종을 맞는 사람은 실로 축복받은 사람이다.

만약 신앙 생활에서 계속 온전함을 구하고 싶다면 자신을 이 땅의 유랑자이며 순례자로 여겨야 할 것이다(베드로전서 2:11). 그리고 만일 신앙 생활을 잘 해나가기를 바란다면, 당신은 그리스도를 위해 어리석은 자로 여겨지는 것을 감수해야 한다.

2 수도복을 입는 것과 머리를 삭발하는 것은 사람을 변화시키지 못한다. 생활 태도가 변하고 욕망을 완전히 근절시켜야만 진정한 신앙인이 되는 것이다.

오직 하나님과 자기 영혼의 구원을 추구하지 않고 다른 것을 구하는 자는 근심과 슬픔만이 있을 것이다(전도서 1:17-18). 모든 사람 중에서도 가장 작은 자가 되고 모든 이의 종이 되고자 하는 자만이 오랫동안 평안을 누릴 수 있다.

3 당신은 남을 다스리기 위해 온 것이 아니라 섬기기 위해 온 것이다(마태복음 20:26). 부르심 받은 이유도 빈둥거리면서 잡담이나 하라는 것이 아니라 참고 수고하라는 것임을 명심해야 한다.
용광로에서 금을 단련하는 것처럼 신앙 공동체 안에서 하나님은 사람을 연단하신다. 하나님 앞에서 자신을 낮추어 전심전력으로 구하지 않는 사람은 그 누구도 신앙 공동체에서 남을 수가 없다.

18 믿음의 조상의 모범

그리스도를 따랐던 수많은 믿음의 조상들은 온갖 고통과 괴로움을 감수하면서까지 믿음을 위해 모든 것을 포기했습니다. 세상에서는 이방인이었지만 하나님의 친구였고 고귀하고 사랑스런 존재들이었습니다.

1 진정한 온전함과 신앙의 본을 가진 거룩한 믿음을 가진 조상들의 삶을 기억하라(히브리서 11장). 그러면 우리의 삶이 얼마나 미미하고 보잘것없는지 알 수 있을 것이다.

아! 그들과 비교할 때 우리의 삶은 어떠한가! 성자들과 그리스도의 사도들은 굶주림과 목마름, 추위와 헐벗음, 노동과 피로, 철야와 금식, 기도와 경건한 명상, 수많은 핍박과 환난 속에서도 하나님을 섬겼다.

2 아! 그리스도의 발자취를 따르기 위해 사도와 순교자, 독실한 신자, 동정녀, 그 외 신앙인들이 얼마나 많고 엄격한 시련을 당했는가! 그들은 영생을 위해 이 세상에서의 모든 생애를 바쳤다(요한복음 12:25).

아! 거룩한 그들이 광야에서 얼마나 엄격한 자기를 부인하는 삶을 살았던가!(마태복음 7:14) 얼마나 오랫동안 고통스런 시험을 참았던가! 얼마나 자주 적의 공격을 당했던가! 하나님께 얼마나 자주, 얼마나 뜨겁게 기도를 드렸던가! 그들이 얼마나 철저

한 금욕 생활을 하였던가! 영적 부흥을 위해 얼마나 많은 열정과 애정을 쏟았던가! 악한 기질을 극복하기 위해 얼마나 처절하게 투쟁하였던가! 하나님을 향한 그들의 목적이 얼마나 순수하고 강직했던가!

그들은 낮에는 일을 했고 밤에는 끊임없이 철야 기도를 드렸다. 물론 일을 할 때도 삶의 기도, 정신적 기도를 그친 것은 아니었지만 말이다.

3 그들은 모든 시간을 유익하게 사용했지만 하나님께 드릴 수 있는 시간이 부족하다고 느꼈다. 그리고 묵상 중에 느끼는 감미로움이 너무나 커서 쉬는 것과 먹는 것조차도 잊어버렸다.

그들은 모든 부귀와 권위, 명예, 친구와 친척도 포기했다(마태복음 19:29). 세상에 속한 것은 아무 것도 원하지 않았다. 생활에 필요한 것들도 거의 취하지 않았다. 그들은 육체를 위해 할 수 없이 행하는 일조차 애석해 했다. 그랬기 때문에 그들은 세속적으로는 가난했지만 은총과 덕에 있어서는 부유했다. 외적으로는 지극히 빈곤했지만 내적으로는 은총과 하나님의 위로로 가득 차 있었다.

4 그들은 세상에서는 이방인들이었지만 하나님의 친근한 친구들이었다(야고보서 4:4). 그들은 스스로 아무 것도 아닌 것처럼 보였고 세상으로부터 멸시를 받았으나 하나님 눈에는 고귀하고 사랑스런 자들이었다. 그들은 진정한 겸손을 가지고 살았으며, 단순한 순종의 생활을 하고, 사랑과 인내로 나아갔다. 그리하여 영적인 삶의 길에서 매일 진보했으며 하나님 앞에서 큰 은총을 입었다.

그들은 모든 신앙인의 본이 되었다. 그리고 우리가 온전하게 되도록 자극하는 그들의 힘은, 미지근하고 안이한 삶으로 우리를 유혹하는 힘보다 더욱 크게 여겨져야 한다.

5 믿음의 조상들이 거룩한 교회가 시작될 때 그 열성은 얼마나 뜨거웠던가! 기도의 열심과 덕에 대한 경쟁심이 얼마나 대단했던가! 그때 번영했던 규율은 얼마나 훌륭했던가! 윗사람의 지도 아래 모든 일을 얼마나 잘 순종하고 존경했던가! 그들

이 남긴 발자취는 지금까지 남아 그들이 용감하게 싸워 세상을 정복한, 진실로 거룩하고 온전한 사람이었음을 말해 주고 있다.

그런데 지금은 그저 계율을 범하지 않고 자신의 의무를 참을성 있게 견딜 수만 있으면 위대한 자로 인정을 받는다. 이 얼마나 열의가 없고 태만한가. 우리는 이렇게 빨리 옛 열정을 잃어버렸으며, 영적 나태함으로 인해 우리 삶은 심히 권태로워진 것이다. 경건한 신앙인들의 많은 본을 봐 온 당신만은 덕의 열망이 잠들어 버리지 않기를 바란다!

19 경건한 신앙인의 영적 훈련

성찰, 훈련, 영적인 의지와 추구, 선함으로의 충만은 경건한 신앙인의 자세입니다. 오직 하나님이라는 확고한 목적의 추구는 본질의 이탈과 좌절을 예방합니다.

1 경건한 신앙인의 삶은 온갖 선한 것으로 충만해야 한다(마태복음 5:48). 그래야만 외적으로나 내적으로 동일한 인격을 갖추게 된다.

사실 외적으로 드러나는 것보다 내적으로 더 많은 덕을 갖추어야 한다. 하나님께서는 우리의 내면의 중심을 보시기 때문이다(시편 33:13 ; 히브리서 4:12-13). 우리는 자신이 어디에 있든지 하나님께 최고의 경배를 드려야 하며 천사들처럼 하나님 앞에 정결하게 행해야 한다(시편 15:2).

우리는 마치 매일이 우리가 회심한 첫날인 것처럼 삶의 목표를 새로이 하고 더 큰 열정을 품도록 자신을 일깨워야 한다. 그리고 이렇게 말해야 한다.

"나의 하나님! 제가 당신을 섬기려는 선한 목표를 가지고 있사오니 저를 도우소서. 제가 그 동안 해 온 일은 무가치하오니, 바로 오늘을 온전히 새로 시작할 수 있도록 허락하소서."

2 우리에게 의지가 있다면 영적 성장도 있을 것이다. 따라서 온전함을 원하는 사람은 부단히 노력해야만 한다. 확고하게

목표를 잡은 사람도 종종 실패하는데, 하물며 작은 목표도 세우지 않고 결심마저 허약한 사람이 무엇을 할 수 있겠는가?
우리의 목표가 좌절되는 데는 많은 이유가 있겠지만, 영적 훈련을 소홀히 여겨 행하지 않을 때는 목표의 본질을 상실하게 된다. 의인들은 목표를 이루는 데 있어서 자신의 지혜에 의지하지 않고 하나님의 은혜에 의지한다. 그들은 모든 일을 하나님께 아뢰고 늘 하나님을 의지한다.
사람이 계획을 세울지라도 이루시는 이는 하나님이시다(잠언 16:9). 하나님의 뜻대로 이루시는 길은 사람이 뜻하는 길과 다른 것이다.

3 우리가 만일 자선 행위나 어려운 형제를 돕기 위하여 늘 해오던 영적 훈련을 이따금 빠뜨린다면 이로 인한 영적 침체는 쉽게 회복될 수 있을 것이다. 그러나 태만과 부주의로 영적 훈련을 소홀히 하고 빠뜨린다면 이는 실로 책망을 받아 마땅하며 우리의 영혼은 상처를 입게 될 것이다.
할 수 있는 대로 모든 일에 최선을 다하도록 하자. 우리는 여러 가지 일에 곧잘 실패하기 쉽지만(전도서 7:20) 분명한 목표를 세우고 열심히 노력하여야 한다. 특히 우리의 영적 발전에 방해되는 일을 하지 않도록 노력하여야 할 것이다. 우리는 항상 부지런히 내적 생활과 외적 생활을 살펴보고 규모 있게 다듬어야 한다. 이러한 것들은 모두 우리의 영적 진보에 무척 중요하기 때문이다.

4 만약 당신이 계속적으로 자신에 대한 성찰을 할 수 없다면, 적어도 하루에 한 번 곧 아침이나 저녁에라도 하라. 아침에는 선한 목표를 굳게 세우고, 밤에는 자신이 무엇을 하였는지, 무슨 말과 행동과 생각을 했는지 반성하라(신명기 4장). 당신이 한 말과 행동과 생각들이 하나님과 이웃을 노하게 했을지도 모르기 때문이다.

마귀의 공격에 맞서 담대히 대비하라(에베소서 6:11). 당신의 식욕을 절제하라. 그러면 육체의 모든 욕망을 제어할 수 있을 것이다. 절대 빈둥거리지 말라. 독서를 하거나 글을 쓰거나 기도나 묵상을 하며, 공동의 선을 위해 무엇인가 하도록 하라.

5 육체적 수련은 신중하게 행해져야 한다. 분별없이 모든 사람에게 동일한 수련이 행해져서는 안 된다.

모두가 공동으로 참여하지 않는 개인적인 믿음의 수련 활동은 공개적으로 드러나서는 안 된다. 이런 개인적인 수련 활동은 은밀하게 하는 것이 좋다. 게다가 개인적인 수련 활동에 치중함으로써 공동의 신앙 활동에 무관심하지 않도록 주의해야 한다. 하지만 당신이 마땅히 해야 할 모든 훈련을 충실하고 온전하게 마친 후라면, 시간적 여유가 있을 때 신앙적 암시에 따라 개인적인 수련 활동을 하라.

모든 사람에게 동일한 수련이 적용될 수는 없다. 어떤 사람에게는 이 훈련이 알맞고 다른 사람에게는 저 훈련이 맞을 수 있다. 마찬가지로, 여러 가지 수련은 저마다 적당한 때가 있다.

어떤 수련은 축제에 잘 어울리고, 어떤 수련은 주 중에 더욱 적합하다. 어떤 훈련은 시험 때에 필요하고, 어떤 훈련은 휴식을 취하는 평안한 날에 필요하다. 또 어떤 훈련은 우리가 슬플 때 적당하고, 어떤 훈련은 주님 안에서 기뻐할 때가 적당하다.

6 주요 절기에 즈음해서는 바른 신앙 훈련을 함으로써 새로운 출발을 해야 하며 그 어느 때보다도 더욱 간절히 기도해야 한다. 절기와 절기 사이에는 우리가 곧 이 세상을 떠나 하늘나라의 영원한 잔치에 참예하러 가리라는 자세로 선한 결심을 해야 한다. 그러므로 거룩한 절기 동안 우리는 세심하게 우리 자신을 준비해야 하며, 머지않아 하나님의 손에서 우리 수고에 대한 상급을 받을 것이라는 자세로 더욱 경건하게 살고 우리의 지켜야 할 바를 더 엄격히 준수해야 한다.

7 만약 하나님의 상급이 지연된다면, 이는 우리가 충분히 준비되지 않았으며, 마땅한 때에 우리에게 드러날 큰 영광을 누릴 자격이 부족하다고 여겨야 한다(로마서 7:18). 우리 앞에 드러내게 될 그때를 위해 더욱 훌륭하게 자신을 준비하려고 노력하자.
누가복음은 이렇게 말한다.
"주인이 이를 때에 그 종의 그렇게 하는 것을 보면 그 종은 복이 있으리로다 내가 참으로 너희에게 이르노니 주인이 그 모든 소유를 그에게 맡기리라"(누가복음 12:43-44 ; 마태복음 24:46-47).

20 고독과 침묵의 사랑

사람들은 온갖 소란과 어울림을 즐겨합니다. 그러나 혼자만의 시간을 자주 갖고 묵상을 통하여 하나님과 영적 소통을 즐겨야 합니다. 그럼으로써 신앙이 성장하고 성경의 비밀을 깨닫는 놀라운 은혜를 경험하게 됩니다.

1 당신 혼자만이 누릴 수 있는 적당한 시간을 찾아서 자주 하나님의 은혜에 대해 묵상하라(로마서 7:18). 하찮고 사소한 호기심은 버리고 흥미로운 책보다는 영혼에 찔림을 주고 참회를 줄 수 있는 책을 읽어라. 쓸데없는 잡담이나 빈둥거리고 돌아다니는 것, 근거 없는 소문에 귀 기울이는 것으로부터 벗어난다면 당신은 거룩한 묵상을 위한 적당하고 충분한 시간을 찾을 수 있을 것이다.

위대한 신앙인들은 가능한 한 사람들과의 모임을 피해(히브리서 11:38) 은밀한 곳에서 하나님을 섬기는 일을 택했다.

2 철학자 세네카(Seneca)는 이렇게 말했다.
"사람들 사이에 있으면 있을수록 나는 전보다 더 모자란 사람이 되어 되돌아온다."
우리가 사람들과 어울려 대화를 할 때 이 철학자의 말이 사실임을 알게 된다. 꼭 필요한 말을 하는 것보다 말을 한 마디도 하지 않는 것이 더 쉽다. 집에 혼자 있는 것보다 밖에 있는 동안 자신을 단속하는 것이 더 어렵다. 그러므로 내적이고 영적인 삶을 살기로 마음먹은 사람은 예수님처럼 군중들을 떠나 한적한 곳으로 가야 한다(마태복음 5:1).

사람들 앞에서 안전한 사람은 오로지 집에 머물기를 소망하는 사람이다. 침묵하기를 좋아하면 안전하게 말할 수 있다(전도서 3:7). 다스림을 기꺼이 받는 사람만이 다른 사람들을 다스릴 수 있다. 순종하는 법을 잘 아는 사람만이 다른 사람을 지배할 수 있다.

3 자기 안에 선한 양심에 대한 확신이 없으면 누구도 진정한 기쁨을 누릴 수 없다.

성자들은 항상 하나님께 대한 온전한 경외로 가득했다. 그들은 큰 덕과 특별한 은총이 뛰어나다 해서 오만하거나 신앙에 경솔하지 않았다. 그에 반해 악인은 교만과 허세로 자기 보장을 삼으며, 결국 그것으로 인해 멸망한다.

당신이 지금 비록 훌륭한 신앙인이며 독실한 신자처럼 보일지라도 이 세상에서 살고 있는 한 결코 완전한 안정을 찾을 수는 없다.

4 다른 사람에게서 훌륭한 평판을 받는 사람들이 지나친 자신감 때문에 종종 매우 심각한 위험에 빠지는 경우가 있다. 그러므로 많은 사람에게 있어서 시험 당하는 것이 유익할 수 있다. 왜냐하면, 지나치게 안심해 오만해지거나 세속적으로 안락에 젖어들기 쉽기 때문이다.

만약 우리가 일시적인 쾌락에 빠지지 않고 세속적인 일에 얽매이지 않으면 얼마나 선한 양심을 가지게 될까? 모든 헛된 근심을 끊어 버리고 오직 하나님에 관한 일만 생각하며 영혼의 유익을 구하고 하나님께 모든 신뢰를 둔다면 놀라운 마음의 평온과 안식을 얻게 될 것이다.

5 성스럽고 거룩한 회개로 스스로를 끊임없이 수련하고 정화하지 않는 사람은 천국의 위로를 받을 자격이 없다. 마음의 진정한 참회를 원한다면 "자리에 누워 심중에 말하고 잠잠할지어다"(시편 4:4)라는 성경 말씀대로 세상의 모든 소란에서 벗어나 당신만의 골방으로 들어가라. 세상에 있을 때 너무나도 자주 잃어버렸던 것들을 골방에서 찾을 수 있을 것이다.

골방을 자주 찾으면 찾을수록 당신은 그곳에서 기쁨을 얻게 된다. 골방을 덜 찾으면 덜 찾을수록 그 골방이 싫어지고 지겹게 느껴질 것이다. 만약 당신이 그리스도를 믿기 시작할 때 골방에 있기를 좋아했다면 계속해서 그렇게 하라. 그러면 골방은 당신의 사랑스러운 친구요 지극히 큰 위안의 장소가 될 것이다.

6 경건한 신앙인은 고요히 묵상하는 가운데 신앙이 성장하고 성경의 숨겨진 비밀들이 깨달아진다. 그 안에 영혼은 강 같은 눈물을 흘리며 매일 밤 자신의 영혼을 씻어 정결케 할 수 있다 (시편 6:6). 그리고 세상의 온갖 소란으로부터 더 멀리 벗어남으로써 창조주 하나님과 더욱 친밀하게 될 수 있다.

이처럼 세상의 교제와 친구들로부터 자신을 멀리하는 사람은 하나님께서 거룩한 천사들을 통해 하나님께로 가까이 이끄실 것이다.

세상에서 아무리 놀라운 기적을 행한다 할지라도 자기의 영혼을 소홀히 여기는 사람은 홀로 살면서 자신을 돌보는 사람보다 나을 게 없다. 신앙인이 사람들 눈에 띄지 않고 만나고 싶어하지도 않는 것은 칭찬 받을 만한 일이다.

7 왜 당신은 소유하기를 그렇게 집착하는가? 세상은 지나가 버리며 모든 욕망도 그러하다. 감각적 욕망은 우리를 유혹하고 방황하게 만든다. 시간이 지나 집으로 돌아올 때면 불안한

양심과 지친 마음밖에 남는 것이 없다. 즐거운 외출은 종종 우울한 귀가를 가져오며, 유쾌한 밤은 비통한 새벽을 맞게 한다 (잠언 14:13). 이처럼 모든 육체적 쾌락은 달콤하게 시작되지만 결국 양심의 가책과 죽음을 가져온다.

골방에서는 찾을 수 없고 굳이 밖에서만 볼 수 있는 것이 과연 무엇인가?(전도서 1:10) 하늘과 땅과 모든 요소들을 보라! 만물은 결국 이 요소들에서 만들어진 것뿐이다.

8 태양 아래 영원토록 존속하는 것을 본 적이 있는가? 스스로 완전한 만족을 얻으리라 생각하지만 결코 그럴 수 없다. 현재 당신의 눈앞에 있는 모든 것은 다만 헛된 환상에 불과하다(전도서 3:2).

눈을 들어(시편 121:1) 지극히 높은 곳에 계신 하나님을 바라보라. 자신의 죄와 결점을 용서해 주시기를 기도하라. 헛된 일은 그를 좇는 자들에게 맡기고, 당신은 하나님이 명하신 일에만 전념하라. 방문을 닫고(마태복음 6:6) 당신이 사랑하는 예수님을 부르라. 예수님과 함께 당신의 골방에 거하라. 그리하면 다른 어느 곳에서도 찾지 못할 큰 평안을 얻게 된다. 당신이 무익한 소문에서 자유롭다면 더 큰 마음의 평안을 지킬 수 있다. 하지만 허황된 이야기를 즐기면 마음의 불안을 겪어야 하는 것이다.

21 마음의 참회

우리의 영혼이 활력 있고 생동감 넘치기를 원한다면 무엇보다도 자신의 마음을 살펴야 합니다. 마음을 살핌으로써 자신의 잘못을 깨닫게 되고 참회함으로써 진정한 주의 길을 걸어갈 수 있게 됩니다.

1 영적으로 성장하기를 바란다면 끊임없이 하나님을 경외하고 지나친 자유는 구하지 마라(잠언 19:23). 감정을 절제하여 어리석은 쾌락에 자신을 내어주지 마라. 진심으로 회개하는 마음을 가지라. 그리하면 경건함을 얻게 될 것이다. 참회는 큰 축복으로 이끄는 길을 열어 주지만 방종은 모든 것을 멸망시킨다.
자신의 버림 받은 상태와 자기 영혼을 둘러싼 수많은 위험을 진지하게 생각하고 고찰해 본 사람이 이 세상에서 온전히 행복할 수 있을지는 의문이다.

2 우리는 자신의 결점에 대해 가볍게 생각하고 무관심해져 영혼의 병을 발견하지 못한다. 또한 울어야 할 때 웃음으로 넘기는 경우가 있다. 참된 자유의 진정한 기쁨은 선한 양심과 하나님께 대한 경외심에서 비롯된다.
모든 무거운 근심을 던져 버리고 경건한 회개의 명상에 잠기는 사람은 복이 있다. 양심에 부담을 주거나 더럽히는 모든 것을 끊어 버릴 수 있는 사람은 복이 있다.

대장부답게 맞서 싸워라. 악한 습관은 선한 습관으로 극복될 수 있다. 만약 당신이 다른 사람들의 일에 간섭하지 않는다면 그들 역시 당신이 해야만 하는 일에 대해 간섭하지 않을 것이다.

3 다른 사람과 관련된 일에 나서지 말며, 윗사람들의 일에 공연히 얽히지 마라. 먼저 자신을 살피고, 친구들을 권고하는 대신에 스스로를 권고하는 데 힘쓰라.

당신이 사람들로부터 호감을 얻지 못한다 해서 슬퍼하지 마라(갈라디아서 1:10). 오직 하나님의 종이 되고 독실한 신앙인이 되는 데 소홀한 점이 없었는지 진지하게 생각하라.

세상에서는 사람들로부터 많은 위로를 받지 않는 편이 오히려 낫고 안전하다. 특히 위로가 육체적인 것인 경우에는 더욱 그러하다(시편 76:5).

우리가 하나님의 위로를 받지 못했다면 그 잘못은 우리에게 있다. 이는 우리가 진정한 참회를 하지 않고 외적인 헛된 위안을 완전히 버리지 않았기 때문이다.

4 우리는 하나님의 위로를 받을 자격이 없고 오히려 많은 환난을 당해야만 마땅하다는 사실을 명심하라. 사람이 온전히 참회하면 이 세상은 서글프고 쓰디쓴 곳으로 여겨진다(사사기 2:4 ; 20:26 ; 열왕기하 13장).

선한 사람은 애통하고 슬퍼할 충분한 이유를 발견한다. 자기 자신이나 이웃의 형편을 생각해 보면 시련 없이는 살 수 없음을 알기 때문이다.

사람은 자신을 성찰하면 할수록 슬픔은 더욱 깊어진다. 우리의 죄와 사악함은 천국의 일을 생각할 수 없게끔 얽어맨다. 그러므로 우리의 죄는 진정한 슬픔과 내적 참회의 대상이 되어야 한다.

5 만일 오래 사는 것보다 죽음을 더 자주 생각한다면(전도서 7:1-

2), 의심의 여지없이 열심히 자신의 허물을 바로잡기 위해 노력할 것이다. 만약 죽어서 받을 지옥의 고통을 진지하게 생각한다면(마태복음 25:41), 이 세상에서의 어떠한 수고나 어려움도 기꺼이 견디고 엄격한 고난도 두려워하지 않으리라 확신한다. 우리가 이런 생각들을 마음에 새겨두지 않고 여전히 유쾌한 일들만 좋아하기 때문에 신앙적으로 차갑고 무관심한 상태에 머무르게 되는 것이다.

6 우리의 육체가 쉽게 피곤해지는 것은 우리의 영혼이 생명력을 잃었기 때문이다. 그러므로 진정으로 겸손하게 주님께 기도하여 회개의 영을 주시도록 간구하라. 그리고 선지자와 같이 말하라. "주께서 그들에게 눈물의 양식을 먹이시며 많은 눈물을 마시게 하셨나이다"(시편 80:5).

22 인간의 불행

인간에게 있어서 세상의 재물은 필요하지만 그것은 하나일 뿐 전부는 아닙니다. 인간의 불행은 눈에 보이는 세상이 전부라고 판단하는 오류에 기인한 것입니다. 세상을 영적인 눈으로 보는 자세가 절실하게 요구됩니다.

1 당신이 어디에 있든지 어느 곳으로 가든지 하나님께로 향하지 않으면 불행은 면할 수 없다. 왜 자신이 바라는 대로 일이 이뤄지지 않았다고 해서 괴로워하는가? 자신의 소원대로 모든 일을 이룰 수 있는 사람이 어디 있는가?(전도서 6:2) 나도, 당신도, 지구상에 있는 어느 누구도 그렇지 못하다. 왕이나 주교라 할지라도 환난과 갈등을 전혀 겪지 않는 사람은 세상에 아무도 없다. 그렇다면 다른 사람들보다 더 행복한 사람은 누구인가? 바로 하나님을 위해 고난을 당할 수 있는 사람이다.

2 연약한 사람들은 흔히 이렇게들 말한다. 보라! 저 사람은 얼마나 행복하게 살고 있는가!(누가복음 12:19) 얼마나 부유하고, 얼마나 훌륭하며, 얼마나 강하고 위대한가!
그러나 눈을 들어 천국의 부요함을 보라. 세상의 모든 재물이 아무 것도 아님을 깨닫게 될 것이다. 세상의 재물은 소유하면 불안과 두려움이 끊이지 않으며 불확실하고 오히려 짐이 될 뿐이다.
인간의 행복은 세상 재물을 많이 소유하는 데 있지 않다(잠언

19:1). 약간의 필요한 소유만 있으면 충분하다. 사실, 이 세상에 사는 것 자체가 불행이다(욥기 14:1 ; 전도서 1:17).

사람이 신령한 삶을 열망하면 할수록 세상의 삶은 더욱 더 쓰디쓰다. 왜냐하면, 인간 타락의 허물들이 더욱 선명히, 더욱 절실히 드러나 보이기 때문이다. 먹고 마시는 것, 자고 깨는 것, 일하고 쉬는 것, 그 외 다른 인간의 필요에 굴복하는 것은 모든 죄에서 벗어나기 원하는 신앙인에게는 분명 크나큰 불행이요 고통이다.

3 영적인 사람은 사실상 육신적 필요 때문에 크게 괴로워한다. 그러므로 선지자는 그런 욕구에서 벗어나기를 간절히 기도한다.

"……나를 고난에서 끌어내소서"(시편 25:17).

자신의 불행을 알지 못하는 사람에게는 화가 있을 것이다. 비참하고 타락한 삶을 사랑하는 자에게는 더 큰 화가 있으리라 (로마서 8:22).

노동이나 구걸을 통해 간신히 필요한 것들을 얻으며 살면서도 세상을 너무나 사랑하는 사람들이 있다. 그들은 이 세상에서 항상 살 수만 있다면 하나님 나라에 대해서는 전혀 신경 쓰지 않을 것이다.

4 아, 이 세상에 깊이 빠져 육체적인 것 외에 기쁨을 누리지 못하는 사람은 얼마나 어리석고 불신이 가득한 자인가!(로마서

8:5) 그들은 참으로 불행하게도, 결국에는 자신이 사랑한 것들이 얼마나 천하고 무가치한지를 후회하며 깨닫게 될 것이다. 반면에 하나님의 성도와 그리스도의 모든 신앙 친구들은 육신을 즐겁게 하는 것들과 이 세상에서 유행하는 것들에는 조금도 관심을 두지 않고 모든 소망과 목표를 영원한 복에 두었다 (히브리서 11:26 ; 베드로전서 1:4). 그들은 자신을 타락시키는 눈에 보이는 것들을 사랑하지 않도록 하기 위해 영원하고 보이지 않는 것들에 그들의 열망을 두고 천국을 바라보았다.

형제들이여, 경건한 삶을 추구하는 신념을 잃지 마라. 아직도 시간은 있고 기회는 남아 있다(로마서 13:11 ; 히브리서 10:35).

5 왜 당신의 목표를 미루는가? 지금 바로 이 순간 다시 일어나 시작하라. 그리고 말하라. "지금이야말로 일을 할 때요, 싸워야 할 때요, 나 자신을 교정할 적기이다"라고. 불안하고 많은 고민이 있을 때, 바로 그때가 축복의 때이다.

안식은 먼저 불과 물을 통과해야만 온다(시편 46;12). 열심히 자신을 다그치지 않으면 결코 악을 극복하지 못할 것이다.

우리가 연약한 육체를 지니고 있는 한 죄에서 완전히 벗어날 수 없고 피곤과 고통 없이 살 수 없다. 우리는 당연히 모든 불행에서 벗어나고 싶지만 죄로 인해 순결함을 잃어버렸기 때문에 참된 행복 또한 잃어버리고 말았다(창세기 3:17 ; 로마서 7:24). 그러므로 우리는 인내를 가지고 이 죄악이 지나가고 죽음이 우리 삶을 삼킬 때까지 하나님의 자비를 기다려야 한다(고린도후서 5:4).

6 인간은 얼마나 연약하여 악에 굴복하기 쉬운가!(창세기 6:5, 8:21) 오늘은 자신의 죄를 고백하고, 내일은 고백했던 그 죄를 또 다시 저지른다. 지금은 선한 행위를 하리라고 결심하지만, 한 시간 후엔 언제 그런 결심을 했느냐는 듯이 마음대로 행동한다.

우리는 연약하고 힘이 없기 때문에 겸손해야 하며 절대로 자만해서는 안 된다. 하나님의 은혜로 오랜 시간과 노력을 통해 얻은 것들을 나태함으로 인해 금방 잃어버리게 될지도 모른다.

7 우리가 그렇게 빨리 미지근해지기 시작한다면 결국 어떻게 되겠는가. 우리 삶에서 참된 거룩함이 없는데도 마치 우리가 평온함과 안전함 속에 쉬고 있는 것처럼 생각한다면 우리에게는 화가 있을 것이다(데살로니가전서 5:3). 만약 우리에게 앞으로 삶을 개선하고 보다 큰 영적인 발전을 이룰 것이라는 희망이 조금이라도 남아 있다면, 우리는 초심자들처럼 선한 생활을 위한 새로운 가르침을 받아야 할 것이다.

23 죽음의 명상

인간에게 있어 죽음은 선택이 아닌 필수입니다. 그러므로 세상의 누구도 의지하지 말고 자신의 영혼을 돌보는 것에 게으르지 않도록 조심해야 합니다.

1 세상에서의 우리의 삶은 곧 끝날 것이다(욥기 9:25-26; 14:1-2 ; 누가복음 12:20 ; 히브리서 9:27). 그러니 다음 세상에서 당신에게 어떤 일이 닥칠지 생각해 보라. 우리는 오늘을 살고 내일 죽는다. 그리고 곧 잊혀진다. 아, 앞으로 다가올 것에 대해서는 준비하지 않고 현재만 생각하는 인간의 마음이 얼마나 우둔하고 완악한가!

모든 일에 있어 마치 오늘 죽을 것처럼 행동하고 생각하라(마태복음 25:13). 만약 당신이 선한 양심을 갖고 있다면 죽음을 두려워하지 않을 것이다(누가복음 12:37).

죽음을 두려워하는 것보다 죄를 피하는 것이 더 낫다. 만약 당신이 오늘 죽음을 준비하지 않는다면 내일은 어떻게 준비하겠는가?(마태복음 24:44; 25:10) 내일은 불확실한 것이다. 당신이 내일까지 살아 있을지 어떻게 알 수 있겠는가?

2 우리의 삶을 개선하지 않으면서 이 세상에 오래 산들 무슨 유익이 있을까! 오래 사는 것이 우리에게 유익한 것은 아니다. 오히려 살면 살수록 죄가 더 커질 뿐이다.

우리가 단 하루만이라도 완전히 선하게 살 수 있다면 얼마나 좋을까. 신앙 생활을 얼마 동안이나 해 왔는지 헤아려 보는 사람은 많지만, 그들의 삶에 신앙적 열매는 거의 없는 경우가 많다.

만약 죽는 것이 두렵다면, 오래 사는 것은 어쩌면 더욱 위험한 일일지도 모른다. 항상 죽음의 순간을 눈앞에 그리며(전도서 7:1) 날마다 죽음을 예비하는 사람은 복이 있다. 다른 사람의 죽음을 볼 때마다 당신 자신도 그와 같은 길을 가야 한다는 것을 기억하라(히브리서 9:27).

3 아침이 오면, 밤이 되기 전에 자신이 죽을지도 모른다는 생각을 하라. 그리고 저녁이 되면, 새벽을 맞이할 것이라고 감히 기대하지 마라. 준비되지 않은 상태에서 죽음이 닥치지 않도록 항상 준비된 생활을 하라(누가복음 21:36).

많은 사람이 전혀 예상치 못한 때에 갑자기 죽음을 맞는다. 마찬가지로 예수님도 우리가 예상치 못한 시간에 오실 것이다(마태복음 24:44 ; 누가복음 12:40). 마지막 순간이 다가오면 당신은 자신의 과거 삶에 대해 전혀 다른 견해를 갖기 시작할 것이고, 그렇게 소홀하고 태만하게 살아 온 사실에 대해 매우 후회하게 될 것이다.

4 죽음의 때에 후회하지 않도록 노력하며 사는 사람은 얼마나 복되고 지혜로운가! 세상에 대한 경멸, 덕을 세우려는 뜨거운

열망, 절제에 대한 사랑, 철저한 회개, 자발적인 순종, 자신에 대한 부인, 그리스도를 위한 핍박의 감수 등을 꾸준히 유지할 때 우리는 기쁘게 죽음을 맞이하리라는 큰 확신을 갖게 될 것이다.

당신이 건강할 때는 많은 선한 일을 할 수 있으나 병이 들면 무엇을 할 수 있을까? 병에 걸림으로써 더 나아지는 것은 거의 없다. 이와 마찬가지로, 영적으로 방탕한 사람이 거룩하게 되는 경우는 거의 없다.

5 친구나 친척을 의지하지 말고, 당신의 영혼을 돌보는 일을 뒤로 미루지 마라. 사람들은 당신 생각보다 훨씬 빨리 당신을 잊어버리기 때문이다.

다른 사람들의 도움에 의지하기보다는 미리 선행을 쌓는 편이 훨씬 낫다(이사야 30:5; 31:1 ; 예레미야 17:5; 48:7 ; 마태복음 6:20). 만약 지금 당신이 자신을 보살피지 않는다면 죽은 후에 누가 당신을 보살피겠는가? 지금이 아주 소중한 때이다. 지금은 구원의 때이며 적당한 때이다.

장래의 영생을 얻는 데에 시간을 쓰지 않는 당신이 안타까울 뿐이다. 머지않아 자기의 삶을 고칠 수 있도록 하루, 아니 한 시간만이라도 여유를 달라고 애걸할 날이 올 텐데, 그 소원이 이루어질지는 알 수 없다.

6 사랑하는 이여, 당신이 하나님을 경외하고 항상 죽음을 두

려워하고 걱정한다면 크나큰 위험과 두려움에서 보호 받고 해방될 수 있다. 죽음의 순간에 두려움보다 기쁨을 누리고 싶다면 지금부터 곧바로 준비하는 삶을 살라. 지금 세상에 대해 죽는 법을 배우라. 그러면 그리스도와 함께 영원히 살 것이다(로마서 6:8). 지금 세상적인 것을 버려라. 그러면 그리스도와 함께 자유롭게 살 것이다(누가복음 14:33). 당장 회개로써 당신의 육체를 단련시키라. 그러면 흔들리지 않는 확신을 가지게 될 것이다(고린도전서 9:27).

7 어리석은 이여, 단 하루도 확신할 수 없는 당신이 왜 오래 살 것을 계획하는가?(누가복음 12:20) 얼마나 많은 사람이 그런 미혹된 생각을 하다가 갑자기 이 세상에서 사라져 버렸는가! 우리는 얼마나 자주 사람들이 죽어 간다는 이야기를 듣는가. 누구는 살해 당했고, 누구는 익사했으며, 어떤 이는 높은 곳에서 떨어져 목이 부러졌고, 어떤 이는 식사 도중에, 또 어떤 이는 칼에, 혹은 전염병에 죽고, 또 어떤 이는 도둑에게 살해되기도 한다. 죽음은 모든 것의 끝이며, 인간의 삶은 그림자(시편 144:4)와 같이 갑자기 사라져 버린다(욥기 14:2).

8 당신이 죽은 후에 누가 당신을 기억하겠는가? 누가 당신을 위해 기도하겠는가? 사랑하는 자여, 지금 바로 당신이 할 수 있는 무엇이든 하라. 당신이 언제 죽을지, 또 죽은 다음에 당신에게 어떤 일이 생길지 알지 못하기 때문이다.

시간이 있을 때 영원한 보화를 쌓아 두라(마태복음 6:20 ; 누가복음 12:33 ; 갈라디아서 6:8). 영혼의 구원만을 생각하고 하나님의 것 이외에는 관심을 두지 마라. 하나님의 성도들을 높이고 그들의 행동을 본받음으로써 친구들을 사귀라. 그들은 당신이 이 짧은 삶을 마칠 때 영원한 처소로 영접해 줄 것이다(누가복음 16:9 ; 히브리서 11장).

자신을 세상 일과 전혀 상관없는 낯선 자이며 순례자로 여기라(베드로전서 2:11). 이 세상에는 당신이 거할 영원한 집이 없으므로 마음의 모든 얽매임을 벗어 버리고 오직 하나님께 마음을 드리라(히브리서 13:14). 당신이 매일 하는 기도와 탄식과 눈물을 하늘로 올려 드리라. 그리하면 죽음 후에 당신의 영혼은 주님과 함께 큰 행복을 누릴 것이다.

24 심판과 형벌

인간은 죽음 이후에 예외 없이 하나님의 심판대 앞에 서게 됩니다. 세상의 명예와 재물과 지식은 하나님 앞에서 아무런 유익도 주지 못하고 오히려 좌절을 안겨 주는 슬픈 사실을 목도하게 될 것입니다.

1 모든 일에 있어 자신의 종말을 유념하고 엄격하신 심판자 앞에 어떻게 설 것인가 염려하라(히브리서 10:31). 하나님께는 어느 것도 숨길 수 없으며, 뇌물로 그를 누그러뜨릴 수도 없고 어떤 핑계도 통하지 않으니, 오직 공평과 정의로 심판하실 것이다. 불쌍하고 비참한 죄인이여, 화난 인간의 표정은 두려워하면서 당신의 모든 죄를 아시는 하나님께 무슨 변명을 하겠는가?(욥기 9:2)

당신은 왜 심판의 날을 대비하기 위해 스스로 준비하지 않는가?(누가복음 16:9) 그날에는 어느 누구도 다른 사람을 대변해 주거나 변명해 줄 수가 없다. 왜냐하면, 자기 자신을 위해 대답하는 것만으로도 벅차기 때문이다.

이 삶에서 당신의 수고는 결실되었고, 당신의 눈물이 열납되었고, 당신의 탄식을 하나님이 들으시며, 당신의 슬픔이 하나님의 분노를 가라앉히고, 당신 영혼을 정화시킬 수 있는 때가 바로 지금이다.

2 인내하는 자는 크고 온전한 영혼의 순결함을 경험하게 된다

(야고보서 1:4). 그러한 사람은 자기의 불의함보다는 다른 이의 악행에 대해 더욱 슬퍼하고 고통을 느낀다. 원수를 위해 기꺼이 기도하며(누가복음 23:34 ; 사도행전 7:60), 저들의 잘못을 진심으로 용서한다. 다른 이에게 용서를 구할 때는 주저함 없이 사과한다. 또한 그런 사람은 화내는 일보다는 동정심을 먼저 품고, 종종 스스로에게 고행을 행하여 육체가 영혼에 온전히 복종하게끔 노력한다.

세상에서 우리의 죄를 깨끗하게 하고 악을 제하여 버리는 것이 죽은 후에 징벌을 당하는 것보다 훨씬 낫다. 진실로 육체에 대한 무절제한 사랑은 우리 스스로를 속이고 있다.

3 지옥 불의 땔감은 무엇일까? 바로 우리의 죄이다. 우리가 스스로를 아끼고 육신에 만족할수록 죽은 후 그에 대한 대가는 더욱 커지게 되며 불의 땔감은 더욱 많이 쌓이게 된다.

사람이 죄를 지으면 그에 상응하는 혹독한 징벌을 받게 될 것이다. 나태한 자는 거기서 불타는 꼬챙이에 꿰뚫릴 것이고, 탐식하는 자는 말할 수 없는 굶주림과 목마름으로 고통을 당하게 될 것이다. 허영과 정욕을 사랑하는 자들은 거기서 끓는 역청과 악취 나는 유황불 가운데서 뒹굴게 될 것이며, 시기하는 자들은 심한 고통으로 미친 개처럼 울부짖을 것이다.

4 모든 악에는 그에 상응하는 형벌이 있다. 교만한 자는 심한 부끄러움에 직면할 것이며, 탐욕스러운 자는 참혹한 궁핍에

몰릴 것이다. 지옥에서 당하는 한 시간의 고통은 여기서 백 년 동안 가장 가혹한 회개를 하는 것보다 더욱 호될 것이다. 이 세상에서 우리는 잠시 노동을 쉴 틈도 있고 친구들의 위안을 얻을 수도 있지만 그곳에서 징벌 당하는 자들에게는 어떠한 안식이나 위안도 없다(욥기 40:12; 41장).

심판의 날에 축복 받고 안전히 쉴 수 있기를 원한다면 당장 자신의 죄에 대해 걱정하고 회개하라. 그날에 의인은 자신을 괴롭히고 억압하던 자들 앞에서 당당하게 맞서게 될 것이다. 또한 그날에는 지금 사람들의 심판에 겸손히 복종하던 자가 자신을 심판하던 자들을 심판하기 위해 설 것이다(지혜서 5:1). 그때에 가난하고 겸손한 자들은 크나큰 담대함을 얻을 것이요, 교만한 자들은 사방에서 몰려오는 두려움으로 휩싸이게 될 것이다.

5 심판 날에는 이 세상에서 그리스도를 위해 어리석은 자가 되고 멸시 받던 사람들이 진정 현명한 사람임이 밝혀질 것이다.

그날에는 인내로 견디었던 모든 고난은 우리를 즐겁게 할 것이며, 죄악의 소리는 사라질 것이다(시편 107:42).

모든 경건한 자들은 기뻐 뛰놀 것이요, 불경한 자들은 애통해 할 것이다.

육체를 절제시켰던 자들이 모든 쾌락과 기쁨을 누렸던 자들보다 훨씬 더 즐거워할 것이다(고린도후서 4:17).

가난한 누더기가 영광스럽게 빛날 것이요, 값비싼 외투는 낡고 초췌해 보일 것이다.

금을 칠한 궁궐보다 가난한 오두막이 더 찬미를 받을 것이다.

이 세상의 권세보다 한결같은 인내가 우리를 더 만족하게 할 것이다.

세상의 지혜보다 순전한 순종이 더 칭송 받게 될 것이다(이사야 29:19).

6 심판의 날에는 심오한 철학 지식보다 선하고 맑은 양심이 사람을 더 즐겁게 할 것이다.

그날에는 재물에 대한 경멸이 모든 세상의 보화들보다 더욱 가치 있을 것이다.

풍요롭게 누린 삶보다는 간절하게 드린 기도로 인해 우리가 위로를 얻을 것이다.

자신이 행한 많은 말보다 침묵으로 인해 기쁨을 얻을 것이다.

그럴듯한 많은 말보다 거룩한 행동이 더 유익할 것이다.

세상적인 모든 즐거움보다 엄격한 생활과 진정한 회개가 더 큰 즐거움이 될 것이다.

나중에 더 큰 고통에서 벗어나고 싶다면 지금 작은 고통에 익숙해져라. 심판 날에 당신이 무서운 고통을 당하지 않을 사람이라는 사실을 먼저 입증하라.

지금 그처럼 작은 것도 못 견디면서 어떻게 그날에 영원한 고초를 견딜 수 있겠는가?

지금의 사소한 고통도 못 견딘다면 나중에 지옥불은 어떻게 견디겠는가?

우리는 결코 두 개의 낙원을 동시에 전부 소유할 수는 없다. 즉, 이 두 가지는 이 세상에서 쾌락을 누리는 낙원과 후에 그리스도와 함께 누리고 다스릴 수 있는 낙원이다. 이 두 가지 낙원을 모두 누릴 수는 없는 일이다.

7 당신이 지금까지 항상 명예와 쾌락을 누리며 살아 왔다고 가정해 보자. 그러나 만약 당신이 지금 이 순간에 죽는다면 이 모든 것이 무슨 유익이 있겠는가?(누가복음 12:20) 그러므로 하나님을 사랑하고 봉사하는 일 외에는 모든 것이 헛되고 헛되다(전도서 1:2).

전심으로 하나님을 사랑하는 자는 죽음이나 징벌이나 심판과 지옥을 결코 두려워하지 않는다. 왜냐하면, 온전한 사랑은 하나님께 나아갈 때 담대함을 주기 때문이다(로마서 8:39).

그러나 죄를 즐기는 사람은 죽음과 심판을 두려워하는 것이 당연하다. 사랑은 우리로 하여금 죄를 멀리하게는 못할지라도 적어도 지옥의 공포는 우리로 하여금 죄를 절제하게 만들 수 있다.

하나님을 두려워하지 않는 사람은 결코 좋은 땅에서 오래 살 수 없고 마귀의 올무에 쉽게 빠지게 된다.

25 삶을 바로잡는 열심

자기 앞의 삶을 불평하고 두려워하고 비난하지 마십시오. 오히려 받아들이고 감당하고 소망을 가지고 극복하기를 노력하십시오. 열성적이고 부지런하면 하나님의 은혜 가운데 큰 성장을 이루게 될 것입니다.

1 부지런히 하나님을 섬기고(디모데후서 4:5), 우리가 왜 세상을 떠나 수도원에 왔는지 자주 생각해 보라. 하나님을 위해 살고 영적인 사람이 되기 위해서가 아니었나?

그렇다면 열심을 다해 전진하라(마태복음 5:48). 머지않아 당신의 수고에 대한 상급을 얻을 것이며, 죽음의 날에는 두려움도 슬픔도 없을 것이다(요한계시록 21:4, 22:3). 지금 조금만 수고하면 후에는 크나큰 안식과 영원한 기쁨을 누리게 될 것이다. 만약 우리가 성실하고 신실하게 선행에 힘쓴다면, 의심의 여지없이 하나님께서도 신실하고 관대한 상급을 주실 것이다(마태복음 25:23).

구원을 얻으리라는 선한 소망을 잃지 말라(로마서 5:5). 그러나 너무 당연한 것으로 여기지 말라. 나태하거나 교만해질지도 모르기 때문이다.

2 소망과 두려움 사이에서 방황하고 마음이 늘 불안한 사람이 있었는데, 한번은 슬픔에 잠겨 교회 제단 앞에 엎드려 이렇게 기도했다.

"아, 내가 믿음을 끝까지 유지할 수 있을지 알 수 있다면!"
그러자 곧 그의 마음속에 하나님의 응답이 들려 왔다.
"네가 그것을 안다면 어떻게 하겠느냐? 그걸 알았을 때 행할 일을 지금 하여라. 그리하면 마음에 근심이 사라지리라."
이 말씀으로 위로와 힘을 얻은 그는 전적으로 하나님의 뜻을 행하는 데 힘썼고, 그 결과 걱정과 근심이 사라졌다.
그는 무슨 일이 그에게 닥칠 것인지 알기 위해 더 이상 궁금해하지 않았고, 다만 모든 선한 일을 시작하고 완수하기 위해 하나님의 온전하시고 기뻐하시는 뜻이 무엇인지 깨닫는 데 노력을 집중했다(로마서 12:2).

3 시편 기자는, "여호와를 의뢰하고 선을 행하라. 땅에 머무는 동안 그의 성실을 먹을거리로 삼을지어다"(시편 37:3)라고 말했다.
많은 사람이 영적으로 진보하지 못하고 퇴보하며 삶을 개선하지 못하는 원인이 한 가지 있다. 이는 곧 어려움에 대한 두려움과 투쟁의 수고이다.
그러나 큰 어려움과 삶의 장애물을 극복하기 위해 용감하게 노력하는 사람은 은혜에 있어서 다른 사람들보다 훨씬 더 앞서 나간다.
자기 자신을 극복하고 충분히 절제하는 사람은 틀림없이 영적으로 성장하고 최상의 은혜를 받게 된다.

4 모든 사람이 동일한 장애를 겪는 것은 아니므로 극복과 절제가 같은 능력을 발휘하지 않는다. 사실 격정적이지만 부지런하고 성실한 사람은 침착한 성격이지만 열성이 적은 사람보다 더 나은 진보를 이룰 것이다.

우리 삶을 특별히 더 나아지게 하는 두 가지가 있다. 하나는 사악하게 우리의 본성을 유혹하는 모든 것들로부터 우리 자신을 과감히 멀리하는 것이다. 또 하나는 우리가 간절히 바라는 은혜를 얻기 위해 열심히 일하는 것이다. 당신을 불쾌하게 만드는 다른 사람의 결점들을 경계해 자신을 침범하지 못하도록 지키고, 그것들을 극복하도록 노력해야 한다.

5 영적인 성장에 필요한 선한 모범을 보거나 듣게 되면 그것을

기꺼이 본받아야 한다. 반면에 꾸중 들을 만한 것을 보게 되면 그와 같은 일을 하지 않도록 주의하라. 만일 자신이 그런 일을 했다면 즉시 시정하기 위해 노력하라. 당신의 눈이 다른 사람들을 보듯이 (마태복음 7:3) 다른 사람들의 눈도 당신을 보고 있다.

아, 형제들이 열렬하고 경건하며 올바른 예절과 훈련을 갖추고 있는 것을 볼 때 얼마나 흐뭇하고 기쁜가!(전도서 3:1 ; 고린도전서 12:18 ; 에베소서 4:1, 16) 반면에, 해이하고 무절제하며 부르심 받은 일에 게을리 하는 것을 볼 때 얼마나 고통스럽고 슬픈가! 그들이 자신의 부르심에 대한 목적을 무시하고 관심을 쏟아서는 안 되는 데에 몰두한다면 이는 얼마나 해로운 일인가!

6 당신에게 맡겨진 목적을 기억하고, 십자가에 못 박히신 우리 구주의 모습을 마음에 새기라.

당신이 비록 오랫동안 주의 길을 걸어왔지만 예수 그리스도의 삶 앞에서 그를 본받고자 노력하지 않았음을 부끄러워해야 한다. 우리 주님의 거룩한 삶과 고난을 따르기 위해 열심히, 그리고 경건하게 수련을 쌓는 신앙인은 이를 통해 자신에게 필요하고 유익한 것들을 풍성히 얻을 것이다. 예수님의 십자가가 우리 마음속에 있다면(갈라디아서 2:20, 6:14) 얼마나 빠르고 풍부하게 가르침을 받을 수 있겠는가!

7 열정적인 신앙인은 자신에게 맡겨진 모든 것을 받아들이고 잘 감당한다. 그러나 나태하고 열의가 없는 사람은 고난 위에

고난을 당하며 사방에서 괴로움을 당할 것이다. 이는 그가 내적인 위로를 갖고 있지 않으며, 외부에서 위로를 찾고자 하지만 얻지 못하기 때문이다.

규율에 따라 살지 않는 신앙인은 스스로를 두려운 파멸에 노출시키고, 자유와 안일을 추구하는 자는 평생 걱정을 안고 살 것이다. 왜냐하면, 그 어느 것도 그를 만족시킬 수 없기 때문이다.

8 고립된 고행으로 제한을 받는 많은 다른 신앙인들은 어떻게 살아갈까? 그들은 거의 밖에 나가지도 않으며 명상 속에서 산다. 그들의 음식은 부족하고 옷은 조잡하다. 열심히 일하고 말은 거의 하지 않는다. 긴 철야 기도를 드리며, 일찍 일어나고, 오래 기도하며, 성경을 자주 읽는다. 이렇듯 그들은 갖가지의 고행에 스스로 복종한다.

카르투지오와 시토 수도회를 생각해 보라. 다른 종파에서의 수사와 수녀는 얼마나 많은 밤을 신을 찬미하기 위해 보내는가. 이미 많은 신앙인이 하나님 안에서 기뻐하고 있을 때 만약 당신은 거룩한 예배에서 게으름을 피웠다면 부끄러워해야 한다.

9 만약 할 일은 전혀 없는데 하나님을 전심으로 찬양할 수 있다면, 또 먹거나 마실 것도 전혀 없고 잠도 자지 못하지만 하나님을 항상 찬양할 수 있고 스스로 영적 수련을 쌓는 데만 전념할 수 있다면 얼마나 행복하겠는가. 그러면 육적인 모든 필요에 얽매여 있는 현재보다 훨씬 더 행복할 수 있을 것이다.

원컨대, 이럴 필요 전혀 없이 영혼의 영적인 수련만 할 수 있다면 얼마나 좋을까! 그러나 애석하게도 그런 상황은 좀처럼 맛보기 힘들다.

10 어떤 다른 피조물에게도 위로를 구하지 않는 경지에 이르게 될 때 우리는 온전히 하나님을 즐거워할 수 있기 시작한다. 그러면 이 세상에서 우리에게 어떤 일이 닥치더라도 기뻐할 수 있다. 그렇게 되면 작은 일에 슬퍼하지도, 그리고 큰일에 즐거워하지도 않을 것이다. 다만, 오직 하나님의 손에 온전히 모든 것을 맡기게 될 것이며, 하나님은 우리에게 모든 것이 되실 것이다(로마서 11:36 ; 고린도전서 8:6; 12:6; 15:28).
하나님께 속한 것은 어느 것도 죽거나 파멸되지 않고 하나님을 위해 존재하며 그를 섬기는 데 주저하지 않는다.

11 항상 당신의 종말을 기억하라(집회서 7:36). 지나간 시간은 다시 돌아올 수 없음을 잊지 말라. 신중과 근면 없이는 결코 은혜를 얻을 수 없다.
열의가 식기 시작하면(요한계시록 3:16) 당신에게 악이 임하게 될 것이다. 그러나 스스로 영적인 정열을 되찾는다면 하나님의 은총과 은혜로운 사랑으로 인해 고초를 덜 겪고 큰 평화를 얻을 것이다.
열성적이고 부지런한 사람은 모든 일에 준비가 되어 있다.
육체적 수고로 땀 흘리는 것보다 악과 정욕에 저항하는 편이 더 훌륭하다.
작은 잘못을 극복하지 못하는 자는 조금씩 더 큰 잘못에 빠지게 된다.
당신이 낮을 유익하게 보낸다면 저녁은 항상 행복할 것이다.
자신을 항상 주의 깊게 살피고 스스로를 자극하며 경계하고, 다른 사람이 무엇을 하든 상관하지 말고 자신에게 관심을 쏟으라. 스스로에게 징계를 가하면 가할수록 더 크게 성장할 것이다.

제2부
내면적 삶을 위한 권고

제2부에서는 내면적 생활의 발전은 높은 미덕을 교훈하는 훈계와 더불어 이루어진다고 보았다. 그러자면 무엇보다 겸손하여야 한다. 그 겸손은 순박하고 순결하여야 하며 늘 자기 자신을 반성하고 다른 사람을 폄론하지 않는 생활을 하도록 권고한다. 만일 어떤 개인이 내적 평화를 원한다면, 그는 순종과 인내로써 늘 하나님을 깊이 사랑하는 반면에 이 세상의 모든 것을 무가치한 것으로 보아야 한다고 강조하고 있다.

1 내면적 삶의 풍요로움

표면적인 현상에 의하여 좌우되지 마십시오. 모든 일은 내면적인 일에 의해 발생하고 결정됩니다. 그러므로 내면을 살피고 풍요롭게 가꾸도록 노력하여야 합니다. 내적 풍요를 경험하면 모든 삶의 위로와 평강이 이로부터 시작됨을 알게 될 것입니다.

1 주님은 "하나님의 나라는 너희 안에 있느니라"(누가복음 17:21) 고 말씀하셨다. 전심을 다해 하나님께 돌아오라(요엘 2:12). 악한 세상을 버리라. 그리하면 당신의 영혼이 쉼을 얻을 것이다(마태복음 11:29).

외적인 삶을 경멸하고 내적인 삶에 몰두하는 법을 배우라. 그리하면 당신 안에 있는 하나님의 나라를 볼 것이다.

"하나님의 나라는 먹는 것과 마시는 것이 아니요 오직 성령 안에 있는 의와 평강과 희락이라"(로마서 14:17).

경건하지 못한 자들은 하나님의 나라를 얻을 수 없다.

만약 당신이 마음속에 그리스도께서 거하실 만한 거처를 마련한다면 주님은 오셔서 위안을 주실 것이다.

그리스도의 모든 아름다움과 영광은 모두 당신 안에 있으며(시편 45:13) 그곳에 그의 기쁨이 있다.

그리스도는 종종 내적인 사람을 찾아오셔서 즐거운 대화를 나누시고, 충만한 위안과 큰 평강, 넘치도록 놀라운 교제를 허락하신다.

2 신실한 영혼이여, 신랑 되신 예수를 위해, 그가 약속하신 대로 당신 안에 거하시도록 마음을 예비하라.

주님은 "사람이 나를 사랑하면 내 말을 지키리니 내 아버지께서 그를 사랑하실 것이요 우리가 그에게 가서 거처를 그와 함께 하리라"(요한복음 14:23)고 하셨다. 그러므로 그리스도는 영접하되 다른 것들은 절대 받아들이지 말라.

그리스도를 소유하면 당신은 부유해진다(고린도전서 1:5). 그리스도는 당신을 감당할 자격이 있으시며 당신에게 모든 것을 제공하실 것이다. 당신은 헛되고 변하기 쉬운 인간을 의지할 필요가 없다.

그리스도는 영원토록 동일하시며(요한복음 12:34), 끝까지 우리의 모든 필요를 공급하시고 우리 곁에 굳건히 서 계신다.

3 우리에게 아무리 도움이 되고 친근할지라도 연약하고 죽을 수밖에 없는 인간에게 신뢰를 두지 말라(예레미야 17:5). 때때로 사람들이 당신을 반대하고 부정한다 할지라도 너무 슬퍼하지 말라. 사람들은 오늘 당신의 친구였다가 내일은 적이 될 수 있다. 이는 사람들은 바람처럼 변하기 때문이다.

하나님을 전적으로 의지하라(베느도선서 5:7). 하나님을 사랑하고 두려워하라. 그리하면 주께서 응답하실 것이며, 당신에게 가장 좋은 것으로 주실 것이다.

이 땅에는 우리가 머물 거처가 없다(히브리서 13:14). 어디에 있든지 우리는 나그네이고 순례자이다. 그러므로 그리스도와 온전

히 결합되지 않는 한 결코 쉼을 얻지 못할 것이다.

4 이 세상은 당신이 쉴 곳이 아닌데 왜 여기서 두리번거리고 있는가? 우리는 하늘을 집으로 삼고(빌립보서 3:20) 세상 것들은 지나가 버릴 것으로 여겨야 한다.

세상의 모든 것은 사라지며, 당신 역시 그들과 함께 사라질 것이다(지혜서 5:9). 사라져 버릴 것들에 연연하지 말고, 거기에 사로잡혀 그와 함께 멸망 당하지 않도록 하라. 항상 지극히 높으신 하나님만을 생각하고 그리스도께 끊임없이 기도를 드리라(데살로니가전서 5:17). 만약 하늘의 것을 묵상하는 법을 모른다면, 그리스도의 수난을 생각하고 그 거룩한 상처들을 기꺼이 보라. 만약 그리스도의 상처와 고귀한 낙인을 신실히 묵상한다면 환난 중에서 큰 위로를 얻을 것이며, 사람들의 경멸에 조금도 신경 쓰지 않고 비난의 말을 쉽게 감당할 수 있을 것이다.

5 그리스도께서도 이 세상에 계실 때 사람들의 멸시를 받으셨으며 크나큰 궁핍을 겪으셨고, 친지와 친구들로부터 멸시의 깊은 곳까지 버림을 받으셨다(마태복음 1장; 12:24; 16:21 ; 요한복음 15:20). 그리스도께서 그렇게 기꺼이 고난과 멸시를 감당하셨는데, 당신이 감히 사람들로 인해 불평하려 드는가? 그리스도께도 그분을 반대하는 자와 배신하는 자들이 있었는데, 모든 사람이 당신의 친구며 은인이 되기를 바라는가?

만약 당신에게 아무런 역경도 없다면, 어찌 인내의 면류관을 얻을 수 있겠는가?(디모데전서 2:5) 만약 어떠한 역경도 기꺼이 견디고자 하지 않는다면, 어떻게 당신이 그리스도의 친구가 될 수 있겠는가? 그리스도와 함께 영광을 누리고 싶다면 그리스도와 함께, 또 그리스도를 위해 고난을 견뎌내라.

6 단 한 번이라도 예수님의 마음속에 들어가서 그의 뜨거운 사랑을 조금이라도 경험했다면, 자신의 안락과 불편을 전혀 상관치 않으며 다른 사람들이 당신에게 던지는 비방을 오히려 즐거워했을 것이다. 왜냐하면, 예수님의 사랑은 사람으로 하여금 자신을 제어하게 하기 때문이다.

예수님과 진리를 사랑하고, 무절제한 사랑에서 벗어난 진정한 영적 그리스도인은 아무 어려움 없이 자신을 하나님께로 돌이키고, 자신을 초월하여 기쁨 안에서 영적 평안을 유지할 수 있다.

7 사람들의 말이나 생각으로 삶이 좌우되지 않고 있는 그대로 사물을 판단하는 자는 사람이 아닌 하나님의 지혜로 말미암은 현명한 사람이다(이사야 54:13).

외적인 것에 큰 가치를 두지 않고 영적인 삶을 사는 사람은 신앙의 수련을 쌓는 데 있어 특별한 장소나 시간을 구하지 않는다.

영적인 사람은 절대 자신을 외적인 일에 허비하지 않기 때문에 곧 자신을 추스르고 명상에 잠긴다.

그는 생계를 꾸려나가는 데 필요한 일이나 사업에 구애받지 않고 형편이 되는 대로 자신을 맞춰 나간다.

영적으로 잘 정돈된 사람은 다른 사람들의 이상하고 왜곡된 행동에 신경 쓰지 않는다. 외적인 일에 몰두하는 사람은 마음이 혼란스럽고 괴로울 뿐이다.

8 당신의 모든 것이 순조롭고, 그래서 당신이 모든 죄로부터 정결해진다면 모든 일이 당신의 선에 이르러 유익이 될 것이다(로마서 8:28). 그러나 당신이 아직 자신을 온전히 버리지 못하고 모든 세상적인 것에 대한 애착으로부터 자유롭지 못하기 때문에 당신을 종종 화나게 하고 방해하는 것들이 많다.

피조물에 대한 불순한 애착만큼 사람의 마음을 매우 혼잡하게 하고 더럽게 하는 것은 없다.

만약 외적인 위로를 거부한다면 하늘의 것을 바라볼 수 있으면 종종 내적인 기쁨을 경험할 것이다.

2 겸손

다른 사람의 평가에 좌우됨을 멈추십시오. 하나님은 당신을 보시고 중심을 헤아리십니다. 당신이 겸손하면 하나님이 영화롭게 하시고 높여 주십니다.

1 누가 당신을 편들고 누가 반대하는지 너무 신경 쓰지 말라 (로마서 8:31 ; 고린도전서 4:3). 다만 당신이 하는 모든 일에 함께하시는 하나님에 대해 생각하라.

선한 양심을 지니라. 그리하면 하나님께서 당신을 보호해 주실 것이다(시편 28:7). 인간의 악은 하나님의 도우심을 받는 사람을 해칠 수 없다. 만약 잠잠히 고난을 참는 법을 안다면 틀림없이 주님의 도우심을 경험할 것이다.

하나님은 당신을 구할 적절한 시기와 방법을 알고 계시므로 자신을 하나님의 손에 맡겨라. 사람을 도우시고 모든 근심으로부터 자유롭게 하는 것은 하나님의 특권이기 때문이다.

우리의 약점을 알고 지적하는 사람들이 있다는 것은 우리를 더 겸손하게 만들기 때문에 매우 유익한 일이다.

2 자신의 잘못을 알고 겸손한 사람은 쉽게 다른 사람의 화를 풀어 줄 수 있다.

하나님은 겸손한 자를 보호하시며 그를 구원하신다(욥기 5:11; 야고보서 3장; 4:6). 또한 하나님은 겸손한 자를 사랑하사 위로하시며, 그를 가까이 이끄시고 큰 은총을 내리신다. 그가 모든 수치를 다 견딘 후에는 그를 높여 영화롭게 하신다.

하나님은 겸손한 자에게 주의 비밀을 드러내시고(마태복음 11:25), 친절함으로 그를 자신에게로 이끄신다.

겸손한 자는 수많은 고뇌 가운데에서도 온전히 평안을 누린다. 세상이 아닌 하나님을 신뢰하기 때문이다.

당신이 자신을 모든 사람보다 미천하다고 여기지 않는 한 그 어떤 영적 진보도 이뤘다고 생각하지 말라.

3 선하고 평화로운 사람

진정한 평화는 당신으로부터 시작됩니다. 당신이 내면 깊은 곳에서 하나님의 평안을 누리면 주변 사람들도 당신으로 인하여 깊은 평안과 기쁨을 누리게 될 것입니다.

1 우선 자신이 먼저 평안을 유지하라. 그리하면 다른 사람들에게 평안을 가져다 줄 수 있을 것이다.

평안한 사람은 배운 사람보다 훨씬 더 선한 일을 한다. 성급한 사람은 선을 악으로 바꾸기도 하며 쉽게 악을 믿는다. 반면에 평안한 자, 스스로 선한 자는 모든 것을 선하게 바꾼다.

화평 가운데 거하는 자는 절대 의심하지 않는다. 그러나 불만과 고민에 차 있는 영혼은 여러 가지 의심으로 혼란스러워한다. 그런 사람은 스스로 편히 쉬지 못할 뿐만 아니라 남들도 쉬지 못하게 한다. 그는 종종 해서는 안 될 말을 하고, 반드시 해야 할 일은 하지 않는다. 또, 다른 사람이 해야 할 일에 대해서는 심사숙고를 하면서도 자신이 해야 할 일에 대해서는 게을리 한다.

그러므로 먼저 당신 자신에 대해 열심을 내라(시도행전 1장; 22:3). 그래야만 비로소 공평하게도 자신에 관련된 것들을 훈련할 것이다.

2 당신은 자신의 행동을 포장하고 변명하는 것에는 노련하면

서도 남의 변명은 용납하려고 하지 않는다.

자신의 잘못은 더 많이 질책할지라도 형제의 잘못은 용서해 주어야 한다. 만약 남들이 당신의 행동에 대해 참아 주기를 바란다면 당신 또한 다른 사람의 행동에 대해 참아야만 한다(고린도전서 13:7 ; 갈라디아서 6:2).

보라, 당신은 참된 사랑과 겸손으로부터 얼마나 거리가 먼가! 참된 사랑과 겸손은 남들에게 노여워하지 않고 스스로에게만 화를 낸다.

착하고 고상한 사람들과 교제하는 것은 그리 대단한 일이 못 된다. 왜냐하면, 그런 교제는 당연히 즐거운 일이기 때문이다. 또한 모든 사람은 평화로운 삶을 즐거워하고, 자기와 마음이

맞는 사람들을 좋아하기 때문이다. 그러나 거칠고 심술궂은 사람이나 수련이 부족하여 우리를 초조하게 하는 사람과 평화롭게 살 수 있다면, 이는 크나큰 은혜이며 칭찬 받을 만한 일이고 용감한 것이다.

3 스스로 마음이 평화로운 사람은 다른 사람들과도 평화롭게 지내며 친구들과도 화평를 이룬다(로마서 12:18 ; 고린도후서 13:11). 그러나 스스로도 평화 가운데 거하지 못한다면 다른 사람과도 평화를 유지하지 못한다. 이런 사람들은 모두에게 늘 짐이 될 뿐만 아니라 스스로도 그 이상으로 괴로워한다. 결국 자기 마음이 평화로운 사람은 스스로도 평안 가운데 거하면서 다른 사람에게도 평화가 회복하도록 노력한다.

이 비참한 삶 속에서 우리의 모든 평화는 역경으로부터 자유로워지는 것에 있지 않고 그것을 겸손히 감당하는 데 있다. 역경을 견디는 법을 가장 잘 아는 사람이 큰 평화를 누릴 것이다. 그는 자기 자신을 정복한 사람이요, 세상의 승리자이며, 그리스도의 친구요, 천국의 상속자이다.

4 순수한 마음과 단순한 목적

당신의 목적이 바르고 순수하면 세상의 그 어떤 혼란과 행위도 당신을 혼돈케 하지 못합니다. 왜냐하면, 당신은 천국과 지옥을 확실히 꿰뚫어 보고 있기 때문입니다.

1 사람이 세상사에서 높이 날아오르는 데에는 두 개의 날개가 필요하다. 두 개의 날개란 '단순함' 과 '순수함' 이다.

우리의 목적은 단순해야 하며, 우리의 바람은 순수해야 한다. 단순함은 우리를 하나님께로 이끌 것이며, 순수함은 우리가 하나님을 이해하고 즐거워하게 할 것이다.

만약 당신의 마음이 혼란스러운 애착으로부터 자유로워진다면 어떤 행위도 당신을 곤란하게 하지 못할 것이다.

만약 당신이 하나님의 기쁨과 이웃의 유익 이외에 아무 것도 바라거나 구하지 않는다면 완전한 내적 자유를 누리게 될 것이다.

만약 당신의 마음이 바르다면 모든 피조물은 당신을 위한 삶의 거울이 되고, 거룩한 가르침이 담긴 책이 될 것이다.

아무리 작고 비천한 피조물일지라도 하나님의 선하심을 드러내지 않는 것은 하나도 없기 때문이다(로마서 1:20).

2 만약 당신이 내적으로 선하고 순수하다면 별 어려움 없이 만물을 밝히 보고 이해할 수 있을 것이다(시편 119:100 ; 잠언 3:3-4).

순수한 마음은 천국과 지옥을 꿰뚫어 보기 때문이다. 내적인 사람이기 때문에 외적인 것도 바르게 판단한다.

만약 세상에 기쁨이 있다면 그 기쁨은 분명 순수한 마음을 가진 사람의 것이다. 반면에 이 세상이 근심과 환난투성이라는 사실은 악한 양심의 소유자가 가장 잘 알고 있다.

철을 용광로 속에 던지면 녹이 말끔하게 사라지고 순수물만 남게 되듯이 하나님께 온전히 돌이키는 자는 모든 나태함을 벗어 버리고 새 사람으로 변화된다.

3 사람이 느슨해지기 시작할 때 사소한 노동도 두려워하게 되고 외적인 위로를 얻으려고 애쓴다. 그러나 일단 자신을 온전히 극복하고 담대하게 하나님의 길을 걷기 시작하면, 예전에 매우 어렵게 생각했던 것들도 보다 덜 어렵게 생각하게 된다.

5 자아 성찰

자신을 살피고 성찰하십시오. 너무 자신을 의지하거나 신뢰하지 말고 하나님을 뜨겁게 사랑하고 신뢰하십시오. 하나님이 충만하게 채우십니다.

1 우리는 자신을 너무 많이 의지하면 안 된다(예레미야 17:5). 왜냐하면, 우리는 은혜를 내릴 권능도 없고 이해력도 부족하기 때문이다.

우리는 타고난 총명함을 조금 가지고 있었지만 태만과 무관심으로 인해 금방 잃어버렸다.

우리는 자신이 내적으로 소경인 것을 깨닫지 못한다.

우리는 종종 잘못을 저지를 뿐만 아니라 그것을 변명함으로써 더 큰 잘못을 행한다(시편 141:4).

우리는 때때로 격정에 의해 움직이면서 이 격정을 열심으로 인한 행동이라고 착각한다.

우리는 다른 사람들의 작은 잘못에 대해서는 질책하면서도 자신의 더 큰 잘못은 대수롭지 않게 넘어간다(마태복음 7:5).

우리는 다른 사람들로 인해 당하는 고통에는 상처 받으면서도 우리 때문에 다른 사람이 당하는 고통은 너그럽게 용납하고 얼마나 큰지에 대해서는 생각하지 않는다.

2 자기 자신의 행동을 살피는 사람은 다른 사람을 엄격하게

판단할 이유를 거의 찾지 못한다.

내적인 사람은 다른 사람들에게 관심을 가지기에 앞서 자신을 먼저 성찰하고(마태복음 16:26), 스스로 주의하는 사람들에 대해서는 많은 말을 하지 않는다. 다른 사람들의 문제를 잠잠히 넘어가지 않고 스스로를 돌아보지 않는다면 당신은 결코 내적으로 경건한 사람이 아니다. 당신이 전적으로 하나님과 자신에게만 온전히 마음을 쏟는다면 다른 무엇을 보든지 거의 마음을 빼앗기지 않을 것이다(고린도전서 4:3 ; 갈라디아서 1:10).

당신이 스스로에 대해 생각하지 않는다면 정신 나간 사람이 아닐까? 당신이 다른 모든 일을 보살핀다 해도 스스로에 대해 무관심하다면 과연 당신에게 무슨 유익이 돌아올까?

마음의 참된 평화와 일관된 목적을 갖고자 한다면 만사를 제쳐두고 당신 눈앞에 있는 자기 자신을 잘 살펴야 한다.

3 모든 세속적인 관심에서 자유로워지면 스스로 큰 영적 성장을 이룰 것이다. 반대로, 세속적인 것에 높은 가치를 두고 거기에 주의를 집중한다면 당신은 영적으로 크게 퇴보할 것이다.

하나님 자신과 하나님께 속한 것 외에는 어느 것도 위대하게 또는 높게, 기쁘게, 합당하게 여기지 말라.

피조물로부터 받는 위안은 모두 헛된 것으로 여기라(전도서 1:14).

하나님을 사랑하는 영혼은 하나님보다 열등한 것은 모두 멸시한다. 오직 하나님 한 분만이 영원하며, 무한하고, 모든 피조물을 충만히 채우시며, 영혼의 위로요, 마음의 참된 즐거움이 되신다.

6 선한 양심이 주는 기쁨

양심을 깨끗이 하고 하나님께 온전히 맡기십시오. 선한 양심을 갖게 되면 외적인 조건에 의하여 자신이 좌우되지 않을 것이며 놀라운 기쁨과 평안을 맞보게 될 것입니다.

1 선한 사람의 기쁨은 선한 양심의 증거이다(고린도전서 1:31). 그러므로 선한 양심을 가지라. 그리하면 항상 복을 누릴 것이다. 선한 양심은 많은 것을 감당해 내고 역경 안에서도 기쁨을 가져다준다. 하지만 악한 양심은 항상 평안치 못하고 두려워한다.
만일 당신의 마음이 자신을 정죄하지 않는다면 달콤한 쉼을 얻을 것이다.
선하게 행동할 때 외에는 결코 즐거워하지 말라.
죄인에게는 결코 참된 기쁨과 내적인 평화가 있을 수 없다. 왜냐하면, "악인에게는 평강이 없다"(이사야 48:22)고 주께서 말씀하셨기 때문이다.
사람들이 "우리는 평안하기 때문에 어떤 악한 일도 우리에게 일어나지 않을 것이며 감히 우리를 해치지 못할 것이다"고 말할지라도 그 말을 믿지 말라. 곧 하나님의 진노가 일어나 그들의 행위를 무(無)로 돌아가게 하시며 그들의 생각을 파멸시키실 것이다.

2 환난 중에 기뻐하는 것은 사랑이 충만하다면 그다지 어려운

일이 아니다. 왜냐하면, 그 기쁨은 주님의 십자가 안에서 기뻐하는 것이기 때문이다(로마서 8장 ; 5:3).

하지만 사람들끼리 주고받는 기쁨은 오래가지 못한다(요한복음 5:44). 그리고 세상의 기쁨에는 항상 슬픔이 따른다. 하지만 선한 자들의 기쁨은 사람의 입술이 아니라 그들의 양심에 있다. 의인들의 즐거움은 하나님으로부터 나오며(고린도후서 3:5) 하나님 안에 있기 때문이다. 그래서 그들의 기쁨은 진리에 기초해 있다.

영원하고 참된 기쁨을 바라는 사람은 일시적인 세상 기쁨에 관심을 두지 않는다. 스쳐 지나가는 명성을 구하거나 그러한 명성을 진정으로 멸시하지 않는 사람은 확실히 하늘의 영광에 별로 관심이 없다.

인간의 칭찬이나 비난에 관심을 두지 않는 사람은 마음의 큰 평안을 누릴 것이다.

3 양심이 깨끗한 사람은 편안한 만족을 누리고 무한한 평안에 거할 것이다. 칭찬으로써 거룩함에 무엇을 더하는 것도 없고, 비난으로써 비천해지지 않는다.

있는 그대로의 모습이 당신이다. 하나님의 시각에서 보는 당신보다 더 낫게 이야기될 수는 없다.

만약 당신 안에 있는 것을 깊이 생각한다면 사람들이 당신에 대해 무슨 말을 하든지 간에 상관하지 않을 것이다.

사람은 외모를 보지만 하나님은 그 마음을 보신다(사무엘상

16:7).

사람은 행위를 보고 판단하지만 하나님은 그 동기를 중히 여기신다.

항상 바르게 행동하고 스스로를 작다고 여기는 것이 겸손한 영혼의 특징이다.

피조물에서 위안을 찾지 않는 것이 위대한 순결과 깊은 믿음의 표시다.

4 하나님께 자신을 온전히 맡기는 사람은 외적인 것에서 자신의 변명거리를 구하지 않는다. 바울은 "옳다 인정함을 받는 자는 자기를 칭찬하는 자가 아니요 오직 주께서 칭찬하시는 자니라" (고린도전서 10:18)라고 말했다. 내적으로 하나님과 함께 걷고 외적인 애정으로부터 자유로운 것, 이것이 영적인 사람의 위치이다.

7 오직 예수님만을 사랑하기

예수님께 집중하십시오. 그만을 사랑하십시오. 피조물이나 사람의 외모만을 보고 행동하면 그로부터 배신을 당하여 실망과 고통을 맞보게 될 것입니다.

1 예수님을 사랑하는 것이 무엇인지, 또 예수님을 위해 자신을 비천하게 여기는 것이 무엇인지 아는 사람은 복이 있다(시편 119:1-2).

당신은 사랑하는 주님을 위해 세속적 사랑의 집착을 버려야 한다(신명기 6:5 ; 마태복음 22:37). 왜냐하면, 예수님은 누구보다도 당신으로부터 유일하게 사랑 받기를 원하시기 때문이다.

피조물에 대한 사랑은 거짓되고 변하기 쉽지만, 예수님에 대한 사랑은 참되고 영원하다.

피조물에 의지하는 사람은 그런 것들과 소멸할 것이나, 예수님께 자신을 드리는 사람은 영원히 견고할 것이다.

예수님을 사랑하고 그를 친구로 삼으라. 모든 이가 당신 곁을 떠날 때 주님께서는 당신을 떠나지 않을 것이며, 당신을 영원한 죽음 가운데 내버려 두지 않으실 것이다.

당신은 언젠가는 모든 사람과 이별해야만 한다.

2 그러므로 삶에서든 죽음에서든 항상 예수님께 절대적으로 의지하라. 그분은 모든 피조물들이 힘을 잃어도 당신을 도우

실 수 있는 분이다. 당신이 사랑하는 예수님은 본래 다른 이에 속한 것을 받아들이지 아니하시는 분이시다. 그분은 오직 당신의 마음이 자신을 위한 것이기를 원하시며, 우리의 마음속에서 왕 되시기를 원하신다.

당신이 모든 피조물로부터 완전히 자유로워진다면, 예수님께서 기꺼이 당신과 함께 거하실 것이다. 당신은 자신이 예수님을 떠나 세상에 둔 모든 신뢰는 완전히 잃어버린 것과 다름없다는 것을 깨달을 것이다. 그러므로 바람에 흔들리는 갈대를 의지하거나 신뢰하지 말라. 모든 육체는 풀이요, 그 모든 영광은 들의 꽃과 같이 시들어져 버릴 것이다(이사야 40:6).

3 만일 당신이 사람의 외모만을 보고 판단한다면 당신은 곧 그들로부터 배신을 당하게 될 것이다. 사람에게서 위안과 유익을 구하고자 하면 당신은 종종 실망하게 마련이다. 하지만 모든 일에서 예수님을 찾는다면 당신은 분명히 예수님을 발견하게 될 것이다. 반면, 매사에 있어 당신 자신을 찾는다면 자신을 찾을 수는 있겠지만, 그로 인해 파멸에 이르는 자신을 발견할 것이다. 예수님을 찾지 않는 사람은 세상과 모든 대적이 자신에게 가할 해보다 훨씬 더 큰 해를 스스로 입게 될 것이다.

8 예수님과의 친밀한 교제

예수님과 대화하고 동행하는 법을 깨우치십시오. 예수님과 함께하면 당신은 항상 승리하고 기뻐하고 하나님의 경이로움을 체험하게 될 것입니다.

1 예수님이 우리와 함께하시면 모든 것이 순조롭고 어떤 것도 어렵지 않다. 그에 비해 예수님께서 우리와 함께하지 않으시면 모든 일이 어려워진다.

예수님이 우리에게 마음속에서 말씀하지 않으실 때 다른 모든 위로가 헛되다. 그러나 예수님이 단 한 마디라도 말씀하시면 우리는 큰 위로를 받는다.

마르다가 와서 "선생님이 오셔서 너를 부르신다"(요한복음 11:28)고 말했을 때 마리아는 울고 있다가 자리에서 바로 일어나지 않았는가?

예수님이 우리로 하여금 눈물을 멈추게 하시고 신령한 기쁨을 주실 때가 참으로 행복한 순간이다!

예수님이 당신과 함께하지 않으신다면 당신의 삶이 얼마나 냉담하고 험악하겠는가! 당신이 예수님 이외의 다른 것을 원한다면 얼마나 어리석고 허망한 일일까! 이는 모든 세상을 잃는 것보다 더 큰 손해가 아닐까?(마태복음 16:26)

2 예수님이 당신과 함께하지 않는다면 세상이 무엇을 줄 수

있겠는가?

예수님이 없는 삶은 잔인한 지옥이지만 그분과 함께 있으면 감미로운 낙원이다.

예수님이 당신과 함께하시면 어떠한 대적도 당신을 해칠 수 없다(로마서 8:35).

예수님을 발견하는 사람은 진기한 보화를 발견하게 되는데, 그것은 참으로 모든 것 위에 뛰어난 보화이다(마태복음 13:44). 그에 반해 예수님을 잃은 사람은 온 세상보다 더 큰 것을 잃어버린 사람이다.

가장 가난한 사람은 예수님 없이 사는 사람이며, 가장 부유한 사람은 예수님의 은혜 가운데 사는 자이다(누가복음 12:21).

3 예수님과 대화하는 법을 아는 것은 훌륭한 솜씨이고, 예수님과 교제하는 법을 아는 것은 훌륭한 지혜이다.

겸손하고 평안하라. 그리하면 예수님이 당신과 함께하신다. 경건하고 잠잠하라. 그리하면 예수님이 당신과 함께 거하신다.

세속적인 것에 관심을 돌이킨다면 당신은 예수님을 쫓아내는 것이며, 그러면 그의 은총도 사라지게 된다. 예수님을 밀리하여 그분을 잃게 된다면 당신은 어디서 진정한 친구를 찾을 수 있겠는가?(요한복음 6:68)

당신은 진정한 친구가 없이 세상을 살아갈 수 없다. 예수님이 당신에게 가장 우선시되는 친구가 되지 않는다면 참으로 서글프고 고독할 것이다.
다른 사람을 의지하고 그들에게서 즐거움을 찾는다면 이는 어리석은 행동이 아닐 수 없다.
예수님을 적으로 삼는 것보다 차라리 온 세상을 적으로 삼는 편을 택하는 것이 낫다.
당신이 사랑하는 모든 것 가운데서 오직 예수님만이 당신의 특별한 사랑이 되게 하라.

4 예수님이 뜻하신 바를 이루기 위해 모든 것을 사랑하되 예수님을 더욱 사랑해야 한다.
예수 그리스도만을 특별히 사랑할지니, 오직 예수님만이 모든 친구 중에 가장 선하시고 신실하시다.
예수님을 위해 예수님 안에서 원수까지도 친구들처럼 사랑하라. 그리고 그들이 모두 예수님을 알고 그를 사랑하도록 기도하라(마태복음 5:44 ; 누가복음 6:27-28).
절대로 사람들의 칭찬과 사랑이 당신의 중심이 되게 하지 말라. 누군가의 사랑을 차지하려고도 하지 말라. 예수님이 당신 안에, 그리고 모든 선한 이들 안에 거하시게 하라.

5 내적으로 순결하고 아무 것에도 얽매이지 말며, 어떤 피조물에 의해서도 혼란스러워하지 말라.
주님이 얼마나 친절하신 분인지 온전히 알기 원한다면, 하나님 앞에 순결하고 열린 마음을 보여 드려야 한다.

하나님의 은혜가 당신을 인도하지 않는 한, 그리고 오직 하나님과 하나 되도록 세상 모든 것을 버리는 쪽으로 자신을 이끌지 않는 한 당신은 결코 복을 얻을 수 없다.

하나님의 은혜가 우리에게 임하면 우리는 모든 것을 할 수 있다. 하지만 하나님의 은혜가 떠나가면 우리는 가난하고 나약해지며 타락과 고통만이 따를 뿐이다.

이러한 경우에 결코 절망하거나 좌절해서는 안 된다. 오히려 하나님의 뜻을 조용히 기다리고, 무슨 일이 닥치든 예수 그리스도의 영광을 위해 견뎌야만 한다. 겨울이 지나면 여름이 오고, 밤이 지나면 아침이 오며, 폭풍이 지나면 고요가 임하게 마련이다.

9 위로의 하나님

하나님은 우리의 치열한 내적 투쟁에 동행하십니다. 우리 자신이 연약하여 실패하거나 좌절할 때 하나님의 놀라운 위로와 용기는 어김없이 우리를 돌보십니다. 우리는 이를 명심해야 합니다.

1 우리가 하나님의 위로를 마음속에 품고 있으면 인간의 위로를 멀리하는 것은 그다지 어렵지 않다. 하나님이나 사람의 위로가 모두 없을 때에도 하나님의 영광을 위해 자신의 만족을 구하지 않고, 무가치한 존재로 여기며, 기꺼이 마음의 고통을 견디며 살 수 있다면 그것은 위대하고 훌륭하다.

은혜가 임할 때 기쁘고 경건하다는 것은 정말 중요한 일이지 않은가? 그것은 모든 사람이 열망하는 시간이다. 하나님의 은혜를 지닌 자는 충분히 쉽게 나아갈 수 있기 때문이다.

전능하신 하나님께서 그의 짐을 져 주시고, 만유의 주재이신 하나님께서 이끌어 주실 때 자신의 짐을 전혀 느끼지 못한다는 것, 이 얼마나 놀라운 일인가!

2 사람은 위로 받기 위해 항상 무언가를 소유하려 한다. 그리고 이 본성은 벗어 버리기가 쉽지 않다.

거룩한 순교자 로렌스(Laurence)는 그의 사제와 함께 이 세상을 극복했다. 그는 세상의 즐거워 보이는 모든 것을 멀리했으며, 그리스도의 사랑을 위하여 그가 사랑하던 하나님의 대사

제 식스터스(Sixtus)와의 이별을 참고 견뎠다.
이렇게 그는 창조주에 대한 사랑으로 인간에 대한 사랑을 극복했다. 그는 인간의 위로 대신 하나님을 기쁘게 하는 편을 택했다. 당신 역시 하나님을 사랑하기 위해 친밀하고 꼭 필요한 친구와도 헤어질 각오를 해야만 한다. 우리는 다른 누군가와 결국 헤어져야 한다는 사실을 알고 있다. 따라서 친구에 의해 버림 받더라도 그것을 마음에 두지 말라.

3 사람은 자기 자신과 맞서 오랫동안 내적인 투쟁을 겪은 후에야 비로소 자신을 온전히 억제하게 되며, 자기의 모든 사랑을 하나님을 향해 돌릴 수 있다.
사람이 자신을 의지할 때 그는 인간의 위로를 구하게 되기 쉽다. 그러나 진실로 그리스도를 사랑하고 열심히 덕을 추구하는 자는 타락한 위로나 감각적인 기쁨을 구하지 않고 오히려 고된 훈련과 그리스도의 목적을 위한 수고를 추구한다.

4 그러므로 하나님으로부터 영적 위안이 주어질 때 감사함으로 받으라. 이는 당신의 공로가 아니라 하나님의 선물임을 명심하라. 따라서 교만하지도 말고 지나치게 즐거워하지도 말며 오만하게 행동하지도 말라. 다만 그 선물에 대해 더욱 겸손하고 모든 행동에 있어 신중하고 조심하라. 왜냐하면, 그 시간이 지나면 시험이 뒤따를 것이기 때문이다.
하나님의 위로가 떠난다 해도 절망하지 말고, 오직 겸손과 인

내로 하나님의 응답을 기다리라. 하나님께서 더 풍부한 위로를 회복시켜 주실 수 있기 때문이다.

이러한 일은 하나님의 길을 아는 자들에게 있어 전혀 새롭거나 낯선 일이 아니다. 위대한 성인들과 옛 선지자들은 그런 놀라운 변화를 자주 겪었기 때문이다.

5 하나님의 은혜를 받은 사람은 이렇게 말한다.

"내가 형통할 때에 말하기를 영원히 흔들리지 아니하리라"(시편 30:6).

그러나 은혜가 떠나가면서 그는 스스로 경험했던 것을 덧붙였다.

"주의 얼굴을 가리시매 내가 근심하였나이다"(시편 30:7).

하지만 이 모든 가운데서도 그는 절망하지 않고 더욱 열심히 주님께 기도했다.

"여호와여 내가 주께 부르짖고 여호와께 간구하기를……"(시편 30:8).

마침내 그는 자신이 드린 기도의 열매를 얻고 자신이 들었던 것을 이렇게 증명한다.

"여호와여 들으시고 내게 은혜를 베푸소서 여호와여 나를 돕는 자가 되소서"(시편 30:10).

그러면 그가 어떻게 도움을 받았을까?

그는 이렇게 말한다.

"주께서 나의 슬픔이 변하여 내게 춤이 되게 하시며 나의 베옷을 벗기고 기쁨으로 띠 띠우셨나이다"(시편 30:11).

위대한 성도들의 경우도 이럴진대, 하물며 때때로 뜨거웠다 차가웠다 하는 연약하고 보잘것없는 우리야말로 절망할 필요가 없다. 왜냐하면, 성령께서는 그분의 뜻에 따라 오셨다가 또 가시곤 하시기 때문이다(요한복음 3:8). 축복 받은 욥도 "아침마다 권징하시며 순간마다 단련하시나이까"(욥기 7:18)라고 말했다.

6 그러므로 내가 하나님의 크신 긍휼과 하늘 은총에 대한 소망 이외에 무엇을 소망할 수 있으며 누구를 의지할 수 있겠는가? 나에게 친절한 사람들과 독실한 믿음의 형제, 신실한 친구가 있고, 경건한 책과 훌륭한 논문, 감미로운 찬양과 찬송이 있다 할지라도, 만약 하나님의 은총이 내게서 떠나고 홀로 궁핍 가운데 남겨져 버린다면, 그 모든 것이 내게 아무런 도움도 즐거움도 되지 못한다. 그런 때에는 오래 참고 하나님의

뜻에 따라 자신을 부인하는 것보다 더 좋은 해결책이 없다(누가복음 9:23).

7 아무리 경건하고 독실한 사람이라 할지라도 때때로 은총을 잃어버리고 열성을 어느 정도 상실하곤 한다. 아무리 골몰하고 사리판단이 밝은 사람이라 할지라도 이전에나 후에나 시험을 당하지 않는 사람은 하나도 없다. 왜냐하면, 하나님을 위해 어느 정도의 환난을 당함으로써 연단되지 않은 사람은 하나님 보시기에 별로 큰 가치가 없기 때문이다.

지나간 시험은 대개 뒤따르는 평안의 표징이 된다. 시험을 통해 인정 받은 자들에게는 하늘의 평안이 약속되어 있다. 주께서는 "이기는 그에게는 내가 하나님의 낙원에 있는 생명나무의 열매를 주어 먹게 하리라"(요한계시록 2:7)고 말씀하셨다.

8 사람이 역경을 감당함에 있어 더욱 강해지도록 하기 위해 하나님의 위로가 주어진다. 그리고 다음에는 자신이 행해 온 선을 자랑하지 못하도록 하기 위해 시험이 뒤따른다.

마귀는 결코 잠자지 않고 우리를 노리고 있으며(베드로전서 5:8), 우리의 육신 또한 아직 죽지 않았다. 그러므로 우리의 좌우에서 끊임없이 공격하고자 하는 적들과 항상 싸울 준비를 하고 있어야 한다.

10   하나님 은혜에 대한 감사

 자만과 허영은 당연히 하나님의 은혜를 무가치한 것으로 만듭니다. 가장 작은 은사라도 이에 대하여 감사하면 우리는 이로 인하여 하나님의 놀라우심을 경험하게 될 것입니다.

1 당신은 수고하기 위해 태어났음에도 불구하고 어찌하여 쉬기만을 바라는가?(욥기 5:7) 평안보다는 인내로 자신을 버리고 희락보다는 십자가 지기를 힘쓰라(누가복음 14:27).
평안과 영적 기쁨을 언제나 소유할 수 있음에도 불구하고 이를 거부하는 사람은 얼마나 세상적인 사람인가! 영적 위로는 세상의 어떤 기쁨이나 육신적 쾌락을 능가한다. 모든 세상의 기쁨은 헛되고 부정한 것이다. 하지만 즐겁고 덕에서 비롯되어 하나님께서 순결한 마음에 불어넣으시는 신령한 기쁨이야말로 참으로 기쁘고 귀하다. 그러나 시험이 끊임없이 닥쳐오기 때문에 세상의 어느 누구도 이 하나님의 은혜를 자신이 원하는 대로 항상 누릴 수는 없다.

2 마음의 그릇된 자유와 자만은 하나님의 응답에 대해 심각한 방해 요소가 되므로, 절대 자신이 바라는 대로 그것들을 즐거워할 수 없다.
하나님께서는 선하셔서 우리에게 위로의 은혜를 주시지만, 우리는 하나님께 감사함으로 모든 영광을 돌리지 않고 오히려 악을 범한다(로마서 1:21).

우리가 하나님께 감사하지 않고 생사화복의 근원이신 하나님께 영광을 돌리지 않는다면, 은혜의 선물들이 우리에게 제대로 흘러들어 올 수 없다. 은혜는 항상 마땅히 감사를 드리는 자에게 주어진다. 그리고 겸손한 자들에게 주어지는 은혜가 교만한 자들에게는 임하지 않는다.

3 나는 나에게서 마음의 회개를 훔치는 위로는 전혀 원하지 않으며, 마음에 허영을 심어 주는 묵상도 바라지 않는다. 모든 고상한 것이 다 거룩한 것은 아니며, 감미로운 것이 다 선한 것은 아니기 때문이다. 또한 바라는 모든 것이 정결한 것은 아니며, 우리에게 사랑스러운 모든 것이 하나님을 기쁘시게 하는 것은 아니기 때문이다.

내가 기꺼이 받고자 하는 은혜는 그것을 통해 내가 더욱 겸손해지고 더욱 거룩한 경외심을 갖게 되며 더욱 나 자신을 부인하게 하는 은혜이다.

은혜를 받음으로써 가르침을 받고 은혜를 거두어 가심에 따른 충격에서 무언가를 배우는 사람은 자신의 선함을 감히 내세우지 않고 오히려 자신의 궁핍과 벌거벗음을 인정한다.

하나님의 것은 하나님께 드리고(마태복음 22:21), 자신의 것은 자신에게 돌리라. 다시 말하면, 하나님께는 은혜에 대한 감사를 돌려 드리고, 자신에게는 오직 죄와 그에 따른 책임만을 돌리라.

4 항상 자신을 가장 낮은 곳에 두라. 그러면 가장 높은 자리가 당신에게 주어질 것이다(누가복음 14:10). 가장 낮은 자리 없이는 가장 높은 자리가 존재할 수 없기 때문이다.

하나님 앞에서 가장 큰 성인은 스스로 가장 작은 자라고 생각하는 자이다. 그리고 내적으로 겸손하면 겸손할수록 그는 더욱 영광스러운 자이다. 헛된 영광을 바라지 않기 때문에 그들에게는 진리와 하늘의 영광이 충만하다.

하나님 안에 굳건히 뿌리 박고 안정되어 있는 사람들은 결코 교만하지 않다. 그들은 자신이 받은 은사가 무엇이든 간에 모든 것을 하나님께 돌리며, 서로의 영광을 구하지 아니하고, 오직 하나님께로부터 오는 영광만을 구한다. 또한 그들은 무엇보다 먼저 자신들 안에 거하시고 모든 성도 안에 거하시는 하나님을 찬양하기를 바란다. 바로 이것이 그들의 변치 않는 목적이다.

5 아무리 작은 은사라도 이에 대해 감사하라. 그리하면 더 큰 은사를 받게 될 것이다. 가장 작은 은사라도 가장 큰 은사처럼 여기고, 지극히 보잘것없는 은사라도 특별한 은사처럼 여기라. 만약 그 은사를 주신 분이 얼마나 귀한 분이신가를 본다면, 어떠한 은사도 사소하거나 보잘것없는 것으로 보이지 않을 것이다.

하나님께서 징벌과 징계를 하신다 할지라도 그것을 받아들여

라. 왜냐하면, 그분이 우리에게 일어나도록 허락하신 모든 일은 우리의 안녕을 위한 것이기 때문이다.

하나님의 은혜가 유지되기를 바라는 사람은 그것이 주어질 때 감사해야 하며, 은혜가 떠나갈 때 인내해야 한다. 그에게 은혜가 다시 돌아오도록 기도해야 하며, 은혜를 잃지 않도록 조심하고 겸손해야 한다.

11 주님의 십자가를 사랑하는 사람들

자기 유익, 자기 사랑, 자기 위안은 십자가와는 반대의 길입니다. 자기만을 추구하는 자는 십자가를 사랑할 수 없기 때문입니다.

1 예수님이 계신 하늘나라를 사랑하는 사람은 많지만, 그분의 십자가를 지려는 사람은 아주 적다.

예수님의 위로를 바라는 사람은 많지만, 그분의 고난에 관심을 가지는 사람은 거의 없다.

예수님의 식탁에 함께하기를 원하는 사람은 많지만(집회서 6:10), 금욕을 함께하고자 하는 사람은 아주 적다.

예수님과 함께 복을 누리고자 하는 사람은 매우 많으나, 예수님을 위하여 기꺼이 고난을 견디고자 하는 사람은 별로 없다.

많은 사람이 예수님을 따르며 함께 떡을 떼고자 하지만, 고난의 잔을 마시고자 하는 사람은 심히 적다.

많은 사람이 예수님께서 행하신 기적들을 기리지만, 그의 십자가의 치욕에 다가가는 사람은 거의 없다.

많은 사람이 역경이 없는 동안에는 예수님을 사랑한다. 그리고 많은 사람이 예수님께로부터 위로를 받는 동안에는 예수님을 찬양하고 영광을 돌린다. 그러나 예수님께서 자신을 숨기시고 잠시 그들 곁을 떠나시면 그들은 불평과 깊은 절망 가운데 빠진다.

2 자신의 위안을 위해서가 아니라 예수님을 위해 사랑하는 자들은 위로의 기쁨 안에 거할 때뿐 아니라 모든 환난과 마음의 고민 속에서도 주님께 감사한다. 또한 예수님께서 그들에게 아무런 평안도 주지 않으실지라도 그들은 끊임없이 주님을 찬양하고 그분께 항상 감사 드리기를 바란다.

3 자기 유익이나 자기 사랑으로부터 벗어난 예수님에 대한 순수한 사랑이야말로 얼마나 강한 사랑인가!

항상 자신의 평안만을 구하는 사람들이야말로 모두 장사꾼이라 불러야 마땅하지 않을까?

항상 자신의 유익만을 생각하는 자들은 그리스도를 사랑하는 것이 아니라 자신을 사랑하는 것이 아닐까?(빌립보서 2:21)

아무런 대가도 없이 하나님을 섬기고자 하는 사람이 과연 이 세상에 있을까?

4 세속적인 것 모두를 자신에게서 벗어 버릴 수 있을 정도로 영적인 사람은 찾아보기가 힘들다.

진실로 심령이 가난하고 모든 피조물로부터 자유로운 사람을 어디서 찾아볼 수 있을까? 그런 사람이야말로 머나먼 땅에서 가져온 가장 값진 보물 같다고 할 수 있다.

사람이 자신의 소유를 모두 바친다 해도 이는 아무 것도 아니다. 설사 그가 큰 회개를 한다 해도 역시 별 것 아니다. 그가 아무리 큰 덕과 뜨거운 헌신을 하는 자라 할지라도 그는 여전히 상당히 부족하다.

특별히 그에게 가장 필요한 것이 하나 있다. 그것이 무엇인가? 이는 곧 모든 것을 떠남과 더불어 자신을 버리고, 전적으로 자신에게서 포기하며(마태복음 16:24), 모든 자기 사랑을 포기하는 것이다. 또 자기가 알고 있는, 반드시 해야만 하는 일들을 했을 때는 그것을 아무 것도 아닌 것처럼 여기라.

5 크게 여겨지는 일을 행했을 때도 이를 크게 여기지 말고, 오

직 자신은 참으로 무익한 종이라고 고백해야 한다.
진리 되신 예수님께서도 이렇게 말씀하셨다.
"너희도 명령 받은 것을 다 행한 후에 이르기를 우리는 무익한 종이라" (누가복음 17:10).
그렇기 때문에 그는 실로 심령이 가난한 자가 되어 다윗과 같이, "주여 나는 외롭고 괴로우니 내게 돌이키사 나에게 은혜를 베푸소서" (시편 25:16)라고 말할 것이다.
그러나 자기 자신과 세상의 모든 것을 버리고 가장 낮은 곳에 자신을 두는 법을 아는 사람은 어느 누구보다도 더 부유하고 강하고 자유로운 사람이다.

12 거룩한 십자가의 길

십자가에는 죽임과 헌신과 자기 포기와 절망과 좌절이 내포되어 있습니다. 단순히 보면, 눈에 보이는 암흑입니다. 그러나 그런 것들을 건너면 십자가는 승리이고 기쁨이고 부활이고 천국입니다.

1 많은 사람에게 있어서 "자기를 부인하고 자기 십자가를 지고 나를 좇을 것이니라"(마태복음 16:24)는 말씀은 참으로 어려운 말씀처럼 보인다. 그러나 "저주를 받은 자들아, 나를 떠나 마귀와 그 사자들을 위하여 예비된 영원한 불에 들어가라"(마태복음 25:41)는 마지막 말씀을 듣는 것이 더욱 힘든 일이다.

지금 십자가의 말씀을 기꺼이 듣고 따르는 사람들은 심판의 그날에 영원한 저주를 들을 것을 두려워할 필요가 없다(시편 112:7).

주님께서 심판하시기 위해 오실 때 십자가는 하늘나라에 들어가는 표징이 된다. 그러면 살아 있을 동안 십자가에 달리신 예수님을 본받았던 모든 십자가의 종들은 심판장 되시는 그리스도께 크나큰 믿음으로 가까이 나아갈 수 있다.

2 우리는 왜 우리를 하늘나라로 인도해 주는 십자가 지기를 두려워하는가? 십자가에는 구원이 있고, 생명이 있고, 대적들을 막아 주는 방패가 있다. 또 십자가 안에는 하늘의 행복이 흘러넘치고, 마음을 강하게 하는 힘이 있고, 영혼의 기쁨이 있

고, 높은 미덕이 있으며, 완전한 거룩이 있다. 오직 십자가 안에만 영혼의 구원과 영생의 소망이 있다. 그러므로 자신의 십자가를 지고 예수님을 따르라(누가복음 14:27). 그리하면 영생을 얻을 것이다(마태복음 25:46).

주께서는 당신이 자기 십자가를 지고 기쁜 마음으로 십자가에서 죽을 수 있도록 하기 위해 당신보다 먼저 자신의 십자가를 지시고 당신을 위해 돌아가셨다(요한복음 19:17). 따라서 주님과 함께 죽는다면 또한 함께 살 것이요, 주님과 함께 고난을 받는다면 그의 영광에도 함께 동참하게 될 것이다(고린도후서 1:5).

3 보라, 모든 것이 십자가 안에 놓여 있으며, 모든 일이 우리가 십자가에서 죽는 일과 관련되어 있다. 영원한 생명과 참된 내적 평안을 얻는 방법은 오직 거룩한 십자가를 지고 매일 금욕하는 길 외에는 없다.

당신이 원하는 것을 구할지라도 거룩한 십자가의 길보다 더 높고 더 안전한 길은 찾지 못할 것이다.

당신의 뜻과 판단에 맞는 모든 일을 경영하고 시도해 보라. 그러면 결국 원하든 원하지 않든 고난을 당해야 한다는 사실을 발견하게 될 것이다. 그렇게 당신은 어디를 가든 항상 십자가를 발견하게 될 것이다. 우리 인간은 육신으로 고통을 당하든지 영적인 고난을 견뎌내야 한다.

4 당신은 때때로 하나님에게 버림 받거나 이웃에 의해 고통을

당하게 된다. 더욱 나쁜 일은 당신 자신으로 인해 고통을 당한다는 것이다.

어떠한 위로나 위안도 당신을 구원하거나 평안하게 해 줄 수 없다. 다만 하나님께서 흡족해 하실 때까지 당신은 고난을 참고 견뎌야만 한다. 하나님께서는 고난을 통해 당신이 아무런 위안도 없이 환난을 견디는 법을 배워 더욱 겸손하게 복종하도록 만들고자 하신다. 그리스도와 같은 고난을 직접 체험한 사람보다 더 그리스도의 수난을 마음으로 충분히 이해하는 사람은 없다.

십자가는 항상 준비되어 있으며, 어디서든 당신을 기다리고 있다. 당신이 어디로 도망가든 십자가를 피할 수는 없다. 왜냐하면, 당신이 가는 곳에는 항상 당신의 자아가 따라가게 마련이기 때문이다. 위나 아래나, 안이나 밖이나, 어디로 돌이키든 항상 십자가를 발견하게 될 것이다. 만약 내적 평안을 누리고 영원한 면류관을 얻고 싶다면 어디서든 반드시 인내해야 한다.

5 만약 당신이 기쁜 마음으로 자기 십자가를 진다면 당신은 십자가의 인도를 받아 더 이상의 고통이 없이 원하는 목적지까지 이르게 될 것이다. 그런데 당신이 억지로 십자가를 진다면, 당신은 스스로 새로운 짐을 만들어서 짐은 더욱 늘어나게 되는데, 그럼에도 불구하고 당신은 그 짐을 짊어지지 않을 수도 없다. 당신이 십자가를 벗어 버리면 틀림없이 또 다른 십자가를 발견하게 될 것이며, 그것은 아마 이전의 십자가보다도

더욱 무거울 것이다.

6 죽을 수밖에 없는 인간이라면, 어느 누구도 피할 수 없는 이 십자가로부터 왜 도망가려고만 생각하는가? 이 세상의 성도 중에 십자가와 환난을 겪지 않았던 자가 어디 있는가? 우리 주 예수 그리스도까지도 이 세상에 계시는 동안 수난의 고통을 겪지 않으신 적이 없다. 그래서 주님도 "그리스도가 이런 고난을 받고 자기의 영광에 들어가야 할 것이 아니냐"(누가복음 24:26)라고 말씀하셨다. 그런데 어떻게 당신은 십자가의 왕도, 즉 거룩한 십자가의 길이 아닌 다른 길을 찾을 수 있겠는가?

7 그리스도의 삶은 전 생애가 십자가의 생애이며 순교자의 삶이었다. 그런데 당신은 어찌하여 자신을 위한 안식과 기쁨만 구하는가? 환난을 견디려 하지 않고 다른 것만 찾으려 한다면 당신은 스스로에게 속은 것이다. 왜냐하면, 죽음을 면할 수 없는 이 세상의 삶은 비참함으로 가득 차 있으며(욥기 7:1), 길목마다 십자가들이 가로막고 있기 때문이다.

영적으로 큰 진보를 이룬 사람일수록 훨씬 더 무거운 십자가를 자주 만나게 된다. 이는 하나님에 대한 그의 사랑이 증가하면서 세상과 멀어지는 고통 또한 많아지기 때문이다.

8 그렇지만 여러 가지로 고난을 당하는 사람에게 위로의 희망이 전혀 없는 것은 아니다. 그는 자신이 십자가를 감당함으로

써 큰 보상을 받으리라는 것을 알기 때문이다. 그가 기꺼이 십자가를 질 때 모든 환난의 짐은 하나님의 위로에 대한 기대로 변한다. 고난으로 인해 육신이 쇠하면 쇠할수록 영혼은 내적인 은혜로 인해 더욱 강해진다.

그리스도의 십자가를 본받고자 하는 열망으로 고난과 역경을 바라는 사람도 드물지 않다. 그런 사람은 환난과 고통이 없기를 바라지 않는다. 이는 그가 하나님을 위해 견디는 고난이 무거우면 무거울수록 하나님께서는 자신을 더욱 기쁘게 받아 주실 줄로 믿기 때문이다.

이런 열망은 사람의 능력으로 되는 것이 아니라 그리스도의 은혜로 되는 것이다. 그리스도의 은혜가 우리 인간의 연약한 육신에 강하게 역사함으로써 영혼의 열성을 일으켜 본능적으로 육체가 싫어하고 피하는 일들까지도 원하고 사랑하게 만든다.

9 십자가를 지고, 십자가를 사랑하고, 육신을 복종시키고, 명예를 멀리 하며, 기쁘게 모욕을 당하는 것은 인간의 본성이 아니다. 자신을 경멸하고 또 경멸 받기를 바라고, 역경과 상실로 고통 받고, 세상에서 번영의 날을 바라지 않는 것도 사람의 본성이 아니다.

만일 당신이 스스로를 의지한다면, 결코 이런 일들 가운데서 당신이 할 수 있는 것은 아무 것도 없다. 그러나 주님을 신뢰한다면 하늘로부터 담대함이 주어질 것이며, 세상과 육신은 당신의 명령에 복종하게 된다. 당신이 믿음으로 무장하고 그리

스도의 십자가를 진다면 원수 마귀도 두렵지 않게 된다.

10 그리스도는 당신을 사랑하사 친히 십자가에 못 박히셨다. 그러므로 그리스도의 선하고 충실한 종답게 담대히 주님의 십자가를 짊어지도록 하라. 비참한 세상에서 많은 역경과 여러 수고를 감당할 준비를 하라. 당신이 어디에 있든지 환난과 고통은 함께 있을 것이며, 어디에 숨든지 고난을 피할 수 없다. 그러므로 명심하라. 참고 견디는 것 외에는 환난과 슬픔에서 벗어날 수 있는 방법이 없다. 그리스도의 친구가 되고 그와 분깃을 함께 나누고 싶으면 사랑으로 주님의 잔을 마시라(마태복음 20:23). 위로는 오직 하나님께 맡기라. 하나님께서 원하실 때 위로를 주시도록 맡겨 두라. 당신은 환난을 견딜 준비를 하고, 그 환난을 오히려 가장 큰 위안으로 여기라. 왜냐하면, 혼자 모든 환난을 견딜지라도 이 삶의 고통은 앞으로 올 영광과는 비교할 수 없기 때문이다.

11 환난이 달콤하게 여겨지고 그리스도를 위해 고난을 받아들일 수 있을 때(로마서 5:3 ; 갈라디아서 6:14), 그때는 당신이 지상에서 낙원을 발견한 것이므로 잘된 것으로 여기라. 고난이 힘겹게 여겨지고 그곳으로부터 탈출하려고 애쓰는 한 불행은 당신과 함께한다. 그 고난은 당신이 어디에 있든지 당신을 따라다닐 것이기 때문이다.

12 만약 고통과 죽음이 결코 피할 수 없는 일임을 온전히 받아

들인다면 당신의 상황은 곧바로 호전되고 당신은 평안을 얻게 될 것이다. 비록 당신이 바울과 함께 삼층천까지 올라갔다 왔을지라도(고린도후서 12:4) 그것이 더 이상 고통을 당하지 않으리라는 보장이 될 수는 없다.

예수님은 바울에 관해 이렇게 말씀하셨다.

"그가 내 이름을 위하여 해를 얼마나 받아야 할 것을 내가 그에게 보이리라"(사도행전 9:16).

만약 예수님을 기꺼이 사랑하고 영원히 그를 섬기고자 한다면 끊임없이 고난을 받게 될 것이다.

13 과연 당신은 예수님의 이름을 위해 고난 당할 만한 가치가 있는가?(사도행전 5:4) 만일 그렇다면 자신을 위해 얼마나 큰 영광을 비축하는 것이며, 모든 하나님의 성도에게 얼마나 큰 기쁨이고, 또 당신의 이웃들에게 얼마나 큰 덕이 되겠는가!

모든 사람이 인내를 칭찬하지만, 기꺼이 고통을 견디고자 하는 자는 참으로 적다. 우리는 마땅히 그리스도를 위해 당하는 고난들에 대해 기쁜 마음으로 감당해야 한다. 왜냐하면, 세상을 위해 많은 사람이 훨씬 더 큰 고통을 당하고 있기 때문이다.

14 당신은 매일 죽는 삶을 영위해야 함을 명심하라(시편 44:22). 사람이 자아를 죽이면 죽일수록 하나님에 대해서는 더 많이 살게 된다(로마서 6:28).

그리스도를 위해 모든 고난을 감수하고 따르지 않는다면 하늘나라의 일들을 이해하지 못한다. 그리스도를 위해 기쁜 마음으로 고난을 견디는 것보다 더 하나님을 기쁘시게 하고 자신에게 도움이 될 만한 것은 없다. 할 수만 있다면, 당신은 위로를 받고 평안한 삶을 누리는 것보다는 그리스도를 위해 고난을 견디는 쪽을 선택해야 한다. 이를 통해 당신은 그리스도를 더욱 닮게 되고 그분의 본을 받게 된다. 우리의 가치와 영적인 성장은 많은 희락과 위로에서 오는 것이 아니라 큰 고난과 환난을 참고 견디는 데서 온다.

15 고난을 참고 견디는 것보다 더 인간의 구원에 유익한 일이 있다면, 분명히 그리스도께서 가르침과 본보기로 이를 보여주셨을 것이다. 예수님은 자신을 따르는 제자들과 또 자신을 따르고자 하는 모든 자에게 십자가를 지도록 분명히 권고하셨다.
"아무든지 나를 따라오려거든 자기를 부인하고 날마다 제 십자가를 지고 나를 좇을 것이니라" (누가복음 9:23).
지금까지 우리가 충분히 말씀을 읽고 살폈으니 이렇게 결론을 내리자.
"우리가 하나님 나라에 들어가려면 많은 환난을 겪어야 할 것이라" (사도행전 14:22).

제3부
내적 위로를 위한 권고

제3부에서는 내면 생활의 최고의 미덕인 순종과 인내를 발전시키는 것이 급선무라고 강조하는 동시에 내면적 평화를 통하여 얻는 항구적 위안을 말하고 있다. 따라서 그는 참된 자유와 평화를 이룩할 수 있는 방안을 제시한다. 그것은 다른 사람의 뜻대로 하려고 노력하고, 늘 덜 가지려고 노력하며, 중요하다고 생각하는 일에 희생하고, 하나님의 뜻이 온전히 이루어 지기를 소망하라는 것이다.

1 신실한 영혼과 대화하시는 그리스도

 주님은 우리에게 내면을 살피기를 요구하십니다. 세미한 음성, 은밀한 진리, 영혼의 찬양, 구원과 깊은 평안은 그리스도 안에 존재합니다.

1 "내가 하나님 여호와께서 하실 말씀을 들으리니"(시편 85:8). 자기 안에서 말씀하시는 하나님의 음성을 듣고 주님의 입에서 나오는 위로의 말씀을 받는 영혼은 복이 있다(사무엘상 3:9). 하나님의 세미한 음성에만(열왕기상 19:12) 귀 기울이고 세상의 많은 속삭임에 전혀 관심을 기울이지 않는 귀는 복이 있다.
외부에서 들려오는 음성을 듣지 않고 주의 음성으로 울려나오는 진리의 가르침을 듣는 귀는 참으로 복이 있다.
외부의 것들은 보지 않고 내부의 것에만 집중하는 눈은 복이 있다.
내부의 것을 깊숙이 파고들며 하늘의 비밀을 받기 위해 매일의 수련을 통해 더욱 더 자신을 준비하고자 애쓰는 자는 복이 있다.
세상의 모든 장애를 다 떨쳐버리고 기쁜 마음으로 하나님께 헌신하고 복종하는 자들은 복이 있다.

2 내 영혼아, 이 일들을 깊이 생각하고 감각의 문을 닫으라. 그리하면 주 하나님께서 내 안에서 하시는 말씀을 들을 수 있으리라.

당신의 사랑하는 주님께서는 내 영혼에게 이렇게 말씀하신다.
"나는 너의 구원이요(시편 35:3), 평안이요, 생명이라. 네가 내 곁에 거하면 평안을 얻으리라."
일시적인 것들에 시간을 허비하지 말고 영원한 것들을 구하라. 이 세상에 속한 모든 일시적인 것들은 우리를 타락시키는 덫이 아니고 무엇이랴. 만약 당신이 창조주로부터 버림을 받게 된다면 이 세상의 모든 피조물이 당신에게 무슨 유익이 있겠는가? 그러므로 일시적인 것들을 떨쳐버리고 창조주께 충성하고 그를 기쁘시게 하라. 그리하면 참된 축복을 얻을 수 있을 것이다.

2 고요한 내면에 들리는 세미한 말씀

 진리는 숨어 있습니다. 알 수 없습니다. 속삭입니다. 신비합니다. 마음에 새겨져 있습니다. 그러므로 진리는 우리에게 '앎' 보다 '깨달음' 을 요구합니다.

1 제자 주여, 말씀하옵소서! 주의 종이 듣겠나이다(사무엘상 3:9).

"나는 주의 종이오니, 나를 깨닫게 하사 주의 증거들을 알게 하소서"(시편 119:125).

나의 마음이 주님의 입의 말씀을 즐기게 하시고, 당신의 말씀이 이슬처럼 스며들게 하소서.

과거 이스라엘 자손들은 모세에게 이렇게 말했습니다.

"당신이 우리에게 말씀하소서 우리가 들으리이다 하나님이 우리에게 말씀하시지 말게 하소서 우리가 죽을까 하나이다" (출애굽기 20:19).

하지만 주님, 저는 그렇게 기도하지 않고 사무엘 선지자처럼 겸손히 엎드려 간구합니다.

"주여, 말씀하소서. 주의 종이 듣겠나이다."

모세나 다른 선지자들이 제게 말하도록 하지 마시고, 모든 선지자에게 영감의 빛을 주셨던 주 하나님께서 직접 말씀하소서. 그들 없이도 주님은 저를 온전히 가르치실 수 있지만, 그들은 주님 없이는 아무 것도 할 수 없습니다.

2 선지자들은 실제로 많은 주의 말씀을 전할 수 있지만, 그 말씀에 담긴 정신까지는 전달해 줄 수는 없습니다.

그들은 귀를 즐겁게 할 수 있지만, 마음에까지 전달되지는 않습니다.

선지자들은 메시지를 전하지만, 주님은 깨달음을 주십니다.

선지자들은 저희 앞에 주의 기적을 선포하지만, 주님은 그 숨겨진 의미를 풀어 주십니다.

선지자들은 주님의 계명을 선포하지만, 주님은 저희가 그 계명들을 지킬 수 있도록 도와주십니다.

선지자들은 길을 제시할 뿐이지만, 주님은 인생의 여정을 위한 힘을 주십니다.

선지자들은 오직 외적인 일을 행하지만, 주님은 마음에 가르침과 깨달음을 주십니다.

선지자들은 나무에 물을 뿌릴 뿐이지만, 주님은 풍성한 열매를 맺게 해 주십니다(고린도전서 3:7).

선지자들은 말로 크게 외치지만, 주님은 듣는 이로 하여금 깨달음을 주십니다.

3 그러므로 모세를 통해서 말씀하지 마시고 영원한 진리이신 나의 주 하나님께서 말씀하소서. 혹시 제가 외적으로만 주를 경외한다고 하고서 내적으로는 불붙지 않음으로 인해 아무런 결실도 맺지 못하고 죽을까 두렵습니다. 말씀을 듣되 행하지

않고, 알되 사랑하지 않고, 믿되 순종하지 않으면 그 말씀으로 인해 제가 정죄 받을까 두렵습니다.

그러므로 주여! 말씀하소서. 종이 듣겠나이다. 주의 말씀은 영생의 말씀이기 때문입니다(요한복음 6:68). 제게 친히 말씀하셔서 제 영혼을 위로하시고, 저의 삶을 변화시켜 주시며, 영원토록 주께 찬양과 영광과 존귀를 돌리게 하옵소서.

3 말씀을 겸손히 듣고 새김

말씀은 오만에는 없습니다. 교만에도 없습니다. 소란함에도 없습니다. 그러므로 말씀은 우리에게 비천함을 시인하는 겸손과 섬김을 요구합니다.

1 주님 내 아들아, 나의 말을 들으라. 이 말은 이 세상의 어떤 철학자나 현인의 가르침보다 뛰어나며 가장 아름다운 말이니라. 나의 말은 영이요 생명이니(요한복음 6:63), 사람의 학문으로는 이를 헤아릴 수 없도다.

너희는 나의 말을 헛되이 해석하지 말고 잠잠한 가운데 귀를 기울이면 들리리니(전도서 9:17) 모든 겸손과 애정으로 받아들이라.

제자 주여, 당신으로부터 징계를 받고 당신의 율법으로 가르치심을 받는 사람은 복이 있나이다. 주님은 그에게 환난 날에도 평안을 주시리니(시편 94:12-13), 그가 땅 위에서 외롭지 아니하리이다.

주님 내가 처음부터 선지자들을 가르쳤으며(히브리서 1:1), 오늘날까지 끊임없이 모든 사람에게 말해 왔으나 많은 사람이 완악하였고 내 말에 귀를 봉하였도다.

2 대부분의 사람이 하나님의 말씀보다는 세상의 말에 더 귀를 기울이며, 하나님의 선한 기쁨보다 자기 육신의 정욕을 따르고자 한다. 이 세상이 약속하는 것은 영원하지 못하고 미천한 것들임에도 불구하고 많은 사람은 이를 열심을 가지고 섬기고 있다. 그에 비해 나는 지극히 크고 영원한 것을 약속하는데도 그들은 받아들이려 하지 않는다.

세상과 권세자들을 섬기는 것처럼 그렇게 큰 관심을 가지고 모든 일에 나를 섬기고 순종하는 사람이 누구인가?

시돈에게 바다가 이렇게 말했다.

"시돈이여, 너는 부끄러워할지어다" (이사야 23:4).

이 말의 이유를 알고 싶거든 들어 보아라.

많은 사람이 작은 것을 얻기 위해 긴 여행을 떠나면서도 영생을 얻기 위해서는 땅에서 한 발짝도 떼려 하지 않는다.

사람들은 보잘것없는 보수를 찾아 헤매나니, 때로는 한 푼의 돈 때문에 수치스럽게 법정 싸움을 벌이기도 한다. 뿐만 아니라 하찮고 사소한 약속을 위해 밤낮으로 지칠 때까지 일하기를 꺼리지 않는다.

3 그러나 안타깝게도 변치 않는 선과 무한한 상급과 지극히 높은 영예와 영원한 영광을 얻기 위해서는 작은 수고마저도 꺼리고 있도다.

그러므로 게으르고 불평 많은 종아, 네가 생명보다 멸망에 열중하고 있고 진리보다 헛된 것을 더 즐거워하고 있음을 알고 부끄러워해야 하느니라. 그들의 기대는 자주 좌절되곤 하지만 나의 약속은 아무도 속이지 않으며(마태복음 24:35 ; 로마서 1:16), 나를 신뢰하는 자들을 빈손으로 돌려보내지도 않는다. 오직 내 사랑 안에 끝까지 신실하게 거하는 자에게만 나의 약속한 바를 줄 것이요, 말한 바를 이루리라. 나는 모든 선한 자들에게 상급을 내리는 자요(마태복음 5:6; 25:21; 요한계시록 2:23), 헌신하는 모든 자들의 강력한 후원자이다.

4 너는 나의 말을 마음에 새기고 부지런히 묵상하라. 시험의 때에 그 말씀이 네게 유익하리라. 읽어도 깨닫지 못하는 말씀은 성령께서 오실 때 알게 되리라.

나는 늘 두 가지 방법으로 내가 택한 자들을 찾아오나니 이는 곧 '시험'과 '위로'니라. 또한 나는 매일 그들에게 두 가지 교훈을 주나니, 하나는 그들의 악을 꾸짖는 것이요, 또 하나는 그들의 덕을 높이도록 권면하는 것이다. 내 말을 받고도 이를 경멸하는 자는 마지막 날에 큰 심판을 받으리라(요한복음 12:48).

5 헌신의 은혜를 구하는 기도 : 주 나의 하나님! 주님께서는 전적으로 저에게 선이십니다. 제가 무엇이관대 감히 당신께 말하리이까?(창세기 18:27 ; 사무엘상 18:18, 23) 저는 감히 말로 표현할 수 없을 정도로 가난하고 보잘것없는 종이요, 하찮은 벌레이며, 제가 알고 말로 표현하는 것보다 훨씬 더 미천하고 멸시할 만한 자입니다.

그러나 주여, 저를 기억하소서. 저는 아무 것도 아니요, 가진 것이 아무 것도 없으며, 아무 것도 할 수 없음을 기억하소서. 오직 주님만이 선하시고 공의로우시고 거룩하십니다. 주님은 전능하시며 모든 일을 성취하시고 부족함을 채우시지만, 죄인만은 빈손으로 버려 두시는 분이십니다. 주님의 긍휼을 기억하사 제 마음에 주님의 은혜로 채우셔서 당신이 하신 일이 헛되지 않게 하소서(지혜서 14:5).

6 주님의 인자하심과 은혜로 제게 힘을 주지 않으시면 제가 어찌 이 비참한 삶을 감당할 수 있사오리이까?
주님의 얼굴을 저에게서 돌리지 마옵시며(시편 143:7), 지체 말고 저를 찾아오시고, 주님의 위로를 저에게서 거두지 마소서. 제 영혼이 주님 앞에서 마른 땅같이 될까 두렵나이다(시편 143:6, 63:1).
주여, 저를 가르치사 주님의 뜻을 행하게 하소서(시편 143:10). 주님 보시기에 값지고 겸손히 살게 하소서. 저를 온전히 알고 계시는 주님, 이 세상이 생겨나기 전부터, 제가 이 세상에 태어나기 전부터 저를 아셨던 주님께서는 저의 지혜이십니다.

4 진실과 겸손으로 사는 삶

자기를 내세움은 하나님의 진리를 움츠러들게 만듭니다. 하나님은 우리가 진실과 겸손으로 신실하게 살아가는 삶을 요구하십니다.

1 주님 내 아들아, 너는 내 앞에서 진실로 행하고 소박한 마음으로 나를 구하라(창세기 17:1). 내 앞에서 진실로 행하는 자는 악의 공격으로부터 보호 받을 것이요, 진리가 그를 모든 유혹자와 악한 자의 비방으로부터 자유롭게 하리라(요한복음 8:32). 만약 진리가 너를 자유롭게 하면 너는 참으로 자유로워지며 인간의 헛된 말에 관심을 끊으리라.

제자 주님, 그 말씀은 진리니이다. 간구하오니 주님께서 말씀하신 대로 이루어지게 하소서. 주님의 진리로 저를 가르치시고 저를 지켜 주시며, 이 세상 끝날까지 저를 안전히 보호하소서. 모든 악한 감정과 무절제한 사랑에서 저를 자유롭게 하소서. 그리하면 제가 마음의 큰 자유 안에서 주님과 함께 걷겠나이다.

2 주님 내가 내 앞에서 올바르고 기뻐 받을 만한 일들을 네게 가르치리라(요한일서 3:22). 큰 비탄과 슬픔으로 너의 죄를 생각하고, 자기의 선행을 다른 사람에게 내세우지 말라. 너는 참으

로 죄인이요 많은 열정에 사로잡혀 스스로 그 가운데서 빠져 나올 수 없는 자니라. 항상 헛된 것에만 마음을 쏟고 쉽게 정복 당하며, 혼란해지고 해이해진다. 너는 스스로 자랑할 것이 아무 것도 없고(고린도전서 4:7) 수치스럽게 여길 것은 많으니, 이는 네가 자신의 생각보다 훨씬 더 연약하기 때문이니라.

3 그러므로 네가 무엇을 행하든 그것을 크게 여기지 말라. 영원한 것 외에는 어떤 것도 중요하거나 귀하거나 바람직한 것으로 여기지 말라. 영원한 진리를 만물 위에 가장 큰 즐거움으로 삼고 자신의 지극히 무가치함을 늘 슬프게 여기라. 무엇보다도 너의 죄와 잘못을 두려워하고 거부하고 피하도록 하라. 그것은 세상의 어떤 보화를 잃는 것보다도 더 슬퍼해야

할 일이다.

몇몇 사람은 내 앞에서 성실하게 행하지도 않으면서(고린도후서 2:17) 어떤 호기심과 교만에 이끌려 나의 비밀을 알고자 하고 하나님의 고귀한 일들을 깨닫고자 한다. 그렇지만 자신과 자신의 구원에 대해서는 신경을 쓰지 않는다. 이러한 자들은 내가 그들을 거부하면 교만과 호기심 때문에 종종 큰 시험과 죄에 빠지게 된다.

4 너는 하나님의 심판을 두려워하고(시편 119:120), 전능자의 진노를 무서워하라(마카베오하 7:38). 지극히 높으신 이의 일에 대해 토론하지 말고, 다만 자신의 죄가 어떤지, 얼마나 심각한 죄를 지었는지, 얼마나 선행에 무심했는지 살피라.

어떤 이들은 오직 기도서나 그림, 외적인 기호와 방식으로만 자신들의 헌신을 표현한다. 어떤 사람들은 입으로 나를 말하지만 그들 마음에는 내가 거의 없다(이사야 29:13).

그러나 어떤 이들은 지식에 대한 깨달음과 정결한 사랑으로 항상 영원한 것들을 사모하며 이 세상 것들에는 귀를 기울이려 하지 않고, 육신의 욕구들도 마지못함으로 채운다. 이러한 자들은 진리의 성령(마태복음 10:20)께서 그들 안에서 하시는 말씀을 온전히 감지한다(시편 25:5). 왜냐하면, 진리의 성령께서는 그들에게 세상 것들을 멸시하고, 하늘의 것들을 사모하며, 세상에 대한 관심을 끊고 밤이나 낮이나 하나님의 나라를 갈망하도록 가르치시기 때문이다(시편 1:2).

5 사랑의 놀라운 효과

하나님의 사랑은 생동력입니다. 깨어 있습니다. 자유롭고 즐겁습니다. 기쁨이 춤을 추고 축복이 하염없습니다. 우리는 그분의 사랑을 맛보고 있습니다.

1 제자 하늘에 계신 아버지여, 우리 주 예수 그리스도의 하나님이시여, 제가 주님을 찬양하오니, 이는 주께서 비천한 피조물인 저를 기억하겠노라고 약속하셨기 때문입니다.

자비의 아버지시여, 위로의 하나님이시여(고린도후서 1:3), 자격도 없는 저를 위로하심으로 새 힘을 얻게 하신 주님께 감사드리옵나이다.

제가 항상 하나님의 독생자, 그리고 거룩한 성령과 더불어 영원토록 하나님을 찬송하고 영화롭게 하리이다.

아, 저의 지극히 사랑하는 거룩한 주 하나님이시여, 주께서 제 마음에 임하시면 제 안에 있는 모든 것이 기뻐하나이다.

주께서는 저의 영광이시요(시편 3:3), 제 마음의 큰 기쁨이십니다(시편 119:111). 또한 주께서는 저의 소망이시요, 환난 날에 저의 피난처이십니다(시편 32:7; 59:16).

2 그러나 아직 제 사랑이 심히 미약하고 영이 불완전하기에 주님의 능력과 위로가 필요합니다. 그러므로 자주 저를 찾아오셔서 모든 거룩한 훈련으로 가르치소서.

저로 하여금 악한 정욕으로부터 자유롭게 하시고, 마음의 온갖 혼란스런 애증을 정결케 하시며, 내적으로 온전히 치유되고 정화되어 사랑하기에 합당한 자가 되게 하시고, 고난을 견딜 만큼 담대하게 하시며, 흔들림 없이 견디게 하소서.

3 사랑은 참으로 위대한 축복으로, 모든 멍에를 가볍게 만들고(마태복음 11:30) 평탄하지 않은 것을 평탄하게 합니다.
사랑은 아무리 무거운 짐도 즐겁게 감당하게 하며(마태복음 11:30), 아무리 쓰디쓴 것도 달콤한 것으로 만듭니다.
나의 고귀한 사랑은 사람으로 하여금 위대한 일을 하도록 강권하고, 항상 더 온전한 것을 바라도록 고무합니다.
사랑은 높여 주는 데 이바지하며, 천하다고 해서 억누르지 않습니다.
사랑은 모든 세상적인 애정들과 멀어져 자유롭기를 원합니다. 이는 내적 통찰력이 방해 받지 않고, 일시적 이익에 얽매이지 않으며, 역경에 굴복하지 않기 위해서입니다.
하늘과 땅에서 사랑보다 감미롭고, 강하고, 높고, 넓고, 기쁘고, 충만하고, 더 훌륭한 것은 없습니다. 왜냐하면, 사랑은 하나님으로부터 나온 것이요(요한일서 4:7), 모든 피조물을 초월하시는 하나님 안에만 거하기 때문입니다.

4 사랑하는 자는 자유롭게 날고뛰며 즐거워합니다. 어떠한 제지도 받지 않습니다. 그는 모든 것을 다 주지만 모든 것을 다

소유하고 있습니다. 왜냐하면, 그는 만유 위에 계시고 모든 선의 근원이 되시는 주권자 하나님 안에 거하기 때문입니다. 그는 무엇을 받을까에 관심을 두지 않고, 모든 선한 것을 주시는 하나님께로 관심을 돌립니다.

사랑은 한계가 없으므로 무한한 열정을 바칠 수 있습니다. 사랑은 무거운 짐에 대해 부담을 느끼지 않고, 괴로워하지 않으며, 힘에 넘치는 일을 시도하며, 불가능한 일로 인해 불평하지 않습니다. 사랑은 모든 것을 합당하게 여기고 가능하다고 믿기 때문입니다. 이런 이유로, 사랑하지 않는 자들이라면 실패하고 쓰러질 곳에서 사랑은 중요한 것을 실행하고 효력을 발휘합니다.

5 사랑은 늘 깨어 있습니다. 잠을 자도 활동을 멈추지 않습니다. 사랑은 피곤해도 지치지 않으며, 압박을 받아도 구속되지 않고, 불안 속에서도 동요되지 않습니다. 오히려 살아 있는 불꽃과 타오르는 횃불처럼 사랑은 힘차게 위로 솟구치며 안전히 모든 역경을 통과합니다. 사랑하는 사람은 뜨거운 사랑을 가진 영혼이, "나의 하나님, 나의 사랑이시여, 주님은 나의 전부이시며, 나는 주님의 전부입니다"라고 하나님께 외치는 말의 의미를 알고 있습니다.

6 저의 사랑을 넓히소서. 그리하여 제 마음의 입술로 사랑이 얼마나 달콤한지 맛보게 하시고, 주님의 사랑 안에 녹아 잠기

게 하소서. 저로 하여금 사랑에 사로잡혀 넘치는 열성과 감탄으로 스스로를 초월할 수 있게 하소서.

사랑하는 하나님, 저로 하여금 사랑의 노래를 부르게 하시고, 주님을 하늘까지 따르게 하시며, 제 영혼으로 하여금 지치도록 주님을 찬양하게 하시고, 사랑으로 기뻐 뛰놀게 하소서.

저로 하여금 자신보다 주님을 더욱 사랑하게 하시고 주님을 위해 사랑하게 하소서. 사랑의 율법대로 주님을 진실로 사랑하는 모든 자를 사랑하게 하시며 주님 안에서 환히 빛나게 하소서.

7 사랑은 헌신적이고, 신실하며, 친절하고, 기쁘고, 즐겁습니다.

사랑은 용감하고, 오래 참으며, 충실하고, 신중하며, 늠름하고, 결코 자신의 유익을 구하지 않습니다(고린도전서 13:5).

어떠한 환경에서든 자신의 유익을 구하는 사람은 사랑에 실패한 자입니다(고린도전서 10:33 ; 빌립보서 2:21).

사랑은 신중하고 겸손하며 정직합니다.

사랑은 연약하거나 가볍지 않으며 헛된 일에 신경을 쓰지 않습니다.

사랑은 술 취하지 않으며, 순결하고, 한결같고, 조용하고, 매사에 신중합니다.

사랑은 윗사람에게 순종하고 자신에 대해서는 인색하며, 하나님께는 헌신적이고 감사를 드리며, 설사 하나님께서 행복을 주지 않으실 때에도 항상 하나님을 의지하고 소망합니다. 왜냐하면, 누구라도 고난과 슬픔 없이 사랑 안에서만 살 수 있는 사람은 아무도 없기 때문입니다.

8 모든 고난을 감당할 각오가 되어 있지 않거나 사랑하는 하나님의 뜻을 행할 준비가 되어 있지 않은 사람은 하나님을 사랑하는 자라고 불릴 자격이 없습니다. 사랑 받는 자는 그 사랑하는 이를 위해 모든 어려움과 환난을 기꺼이 감수해야 하며, 역경으로 인해 하나님을 떠나서는 안 됩니다.

6 그리스도를 사랑하는 자의 증거

그리스도를 사랑하는 자는 두려움이 없습니다. 혼란스러워하지 않습니다. 확고하여 산성과 같이 하나님의 뜻을 준행하고 하나님을 드러냅니다.

1 주님 내 아들아, 너는 아직 용감하고 지혜로운 사랑을 모르고 있느니라.

제자 주님, 어찌하여 그렇게 말씀하시옵니까?

주님 그것은 네가 조그만 역경에도 자신의 의무를 포기하고 위로를 찾는 데만 너무 간절했기 때문이니라. 용기 있는 사랑을 지닌 자는 어떠한 시험에도 굳건히 견디며, 원수의 교활한 설득에 관심을 갖지 않는다. 그가 부요함 속에서 나를 기쁘게 하는 것처럼 역경 속에서도 나를 슬프게 하지 않는다(빌립보서 4:11-13).

2 지혜로운 사랑을 하는 사람은 하나님의 선물에 관심을 두기보다는 그 선물을 주시는 이인 하나님을 사랑한다. 그는 선물의 가치보다는 그것을 주신 분의 사랑을 귀하게 여긴다. 그리고 모든 선물 위에 그가 사랑하는 하나님을 둔다. 고귀한 사랑을 하는 사람은 선물 자체보다는 그것들을 초월하여 나에게

의지한다.

만약 네가 무엇을 바라는 것보다 나와 나의 성도들을 더 경건하다고 느낀다면 너는 모든 것을 소유한 자가 된다.

네가 때때로 가지는 좋고 향기로운 느낌은 은혜의 결과요, 하늘에 있는 본향을 미리 맛보는 것이다. 그러나 너는 여기에 너무 의지하지 말지니, 그러한 감정은 왔다가 가기 때문이다. 너를 공격하는 악한 생각에 맞서 싸우는 것은 훌륭한 덕의 표징이니, 후에 큰 상급을 받으리라.

3 그러므로 어떠한 문제에 관한 것이든 이상한 환상에 혼란스러워하지 말라. 너의 결심을 굳건히 붙잡고 하나님을 향한 굳은 의지를 유지하라.

때때로 네가 환영에 사로잡혔다가 곧바로 평소의 어리석은 마음으로 돌아올 때가 있는데, 이는 환상이 아니라 엄연한 현실이니라. 이것들은 네가 감당해야 하는 악이기 때문에 싫어하고 대항하여 싸우면 결국은 승리하여 상급을 받을 만한 일이다.

4 너의 원수 마귀는 무슨 수단을 써서라도 너의 선에 대한 갈망을 방해하고 모든 경건한 실천들을 하지 못하도록 애쓰고 있다는 사실을 명심하라. 하나님의 성도들에 대한 존경과 나의 수난에 대한 경건한 묵상과 덕의 진보를 위한 네 확고한 목적을 방해하고 있다.

마귀는 너에게 내적으로 피곤함과 두려움을 일으켜 기도하지 못하게 하고 거룩한 말씀들을 읽지 못하게 하려고 온갖 악한 생각들을 불어넣는다.

마귀는 겸손한 죄의 고백을 싫어하며, 할 수만 있다면 네가 거룩한 성찬식을 게을리 하도록 한다.

마귀가 종종 너를 걸려들게 하려고 미혹의 덫을 놓을지라도 결코 그를 믿거나 주의를 기울이지 말라.

마귀가 너에게 악하고 부정한 것을 불어넣으려고 하거든 이렇게 말해라.

"물러가라, 이 부정한 영아!(마태복음 4:10; 16:23) 부끄러운 줄 알라, 이 비천한 것아! 내 귀에 그런 말을 속삭이다니 참으로 불결하구나."

"비열한 농락꾼아, 내게서 떠나라. 너는 나에게서 아무 것도 얻지 못하리라. 예수님께서 용맹한 힘이 되사 나와 함께 계시니 너는 좌절하리라."

"내가 마귀 너에게 전념하느니 차라리 죽음이나 고문을 당하겠다."

"너는 고요하고 잠잠하라. 네가 내게 아무리 많은 고통을 준다 할지라도 더 이상 네 말에 귀를 기울이지 않을 것이다."

"여호와는 나의 빛이요 나의 구원이시니 내가 누구를 두려워하리요"(시편 27:1).

"군대가 나를 대적하여 진 칠지라도 내 마음이 두렵지 아니하며 전쟁이 일어나 나를 치려 할지라도 나는 여전히 태연하리로다(시편 27:3). 이는 주께서 나의 보호자시요 구원자이시기 때문이다"(시편 19:14).

5 너는 훌륭한 군사처럼 싸우라(시편 27:14 ; 디모데전서 6:12). 때로 연약하여 넘어지더라도 나의 더욱 풍성한 은총을 믿고 더 큰 힘으로 일어서라.

항상 헛된 자만과 교만을 경계하라. 자만과 교만은 사람들을 패배에 빠지게 하며, 때로 치유할 수 없을 정도로 마음의 눈을 멀게 한다. 이렇게 교만하게 자신을 과신하는 오만한 자의 타락을 경고로 삼아 항상 겸손할지어다.

7 겸손하게 은혜를 숨기는 일

 겸손한 자는 나태함, 평안, 허영, 감정에 휩쓸리지 아니합니다. 오히려 겸손함과 낮아짐, 절제에 관심을 기울이고 조심합니다.

1 주님 내 아들아, 믿음으로 말미암은 은사는 숨기는 것이 너에게 유익하고 안전하니라. 우쭐대지 말고, 은사에 대해 많이 말하지도 생각하지도 말며, 스스로 겸손하며, 은혜 받을 자격이 없는 자는 아닐까를 두려워하라.

기쁜 감정에 너무 의존하지 말라. 곧바로 잘못된 감정으로 바뀔 수도 있기 때문이다.

네가 은혜를 받았을 때는, 은혜가 없다면 얼마나 비참하고 궁핍했을까를 생각하라. 영적 생활의 성장이 위로의 은혜를 받을 때에만 이뤄지는 것은 아니다. 은혜가 거두어진 상황에서도 겸손과 자기 부인과 인내로써 기도의 훈련을 게을리 하지 않고, 그 밖의 여러 가지 의무를 소홀히 하지 않으면 큰 성장을 이룰 수 있다.

어려울 때에도 네게 맡겨진 일들을 지식과 힘을 다하여 기쁘게 행하고, 마음의 냉담함이나 걱정으로 말미암아 절대로 영적 생활을 소홀히 하거나 포기하지 말라.

2 사람들 중에는 일이 안 되면 조급해 하며 나태해지는 자들

이 많다. 하지만 인간의 일은 항상 자신의 뜻대로 되는 것이 아니라(예레미야 10:23 ; 로마서 9:16) 오직 은혜를 주시는 하나님의 뜻에 달려 있는 것이다. 하나님께서는 원하는 자에게 필요한 만큼의 위안을 주시되 자신이 기뻐하시는 대로 주시느니라.

믿음의 은사를 잘못 사용함으로써 스스로를 파멸에 몰아넣은 몇몇 부주의한 자들이 있었느니라. 그들은 자신이 할 수 있는 것 이상의 일을 하길 바랐다. 또한 자신의 연약함은 헤아리지 않고 이성의 판단보다는 마음의 욕망을 따랐다. 그들은 하나님을 기쁘시게 하기보다는 더 큰 일을 떠맡는 데만 신경을 썼기 때문에 금방 그의 은혜를 잃고 말았느니라.

하늘에 자신의 집을 지으려던 자들은(이사야 14:13) 무력하고 비참하게 내쫓긴 자가 되었다. 그런 후에야 겸손하고 궁핍하게 되어 자신들의 날개로 날 수 없고 나의 날개 아래서 보호를 받아야 한다는 것을 깨닫게 되었느니라(시편 91:4).

주님의 길에서 아직 초심자요 초보자인 자들의 경우, 분별력이 있는 사람의 조언에 따라 자신을 잘 이끌지 않으면 쉽게 미혹되어 파멸할 수 있느니라.

3 만약 경험 많은 사람들을 신뢰하지 않고 자신의 견해에 따르고자 한다면, 그리고 자신의 허영에서 벗어나고 싶어 하지 않는다면, 그들의 결말은 비참하고 위험할 것이니라.

스스로 자만해 지혜롭다고 여기는 자들이(로마서 11:25) 겸손하게 다른 사람의 지시대로 따르는 경우는 참으로 드물도다. 지식은 적더라도 겸손하고 온순한 것이(시편 16:2; 17:10), 많은 학문의 보화를 가지고 헛된 자만심을 채우려는 것보다 더 나으니라. 너를 교만하게 만드는 근원은 적게 지닐수록 좋으니라.
온통 쾌락에 빠져 스스로를 포기하는 자는 매우 분별없이 행동하며, 이전의 무기력과 주님께 받은 은혜를 상실할 것을 염려하는 두려움을 잊어버린다. 또한 역경이나 환난의 때에 너무 낙담하여 나에 대한 확신을 제대로 갖지 못하는 자 역시 용감하지도 지혜롭지도 못한 자이니라.

4 평안한 때에 너무 안도감에 빠지는 자는(데살로니가전서 5:6) 시험이 임할 때에 심히 좌절하고 두려움에 사로잡히곤 하느니라.
네가 항상 겸손함과 낮아짐을 유지하고 철저히 네 영혼을 절제하고 주관할 만큼 충분히 지혜롭다면 금방 위험이나 죄에 빠지는 일이 없을 것이다.
네 안에 영혼의 불이 뜨겁게 타고 있을 때, 장래에 그 불이 꺼져 버린다면 어떻게 될 것인지 곰곰이 생각해 보라. 그리고 실제로 이러한 일이 일어났을 때, 그때는 너에 대한 경고로서, 그리고 나의 영광을 위해 잠시 거두었던 빛은 다시 돌아온다는 것을 기억하라(욥기 7장).

5 만사가 네가 바라는 대로 이루어지는 것보다 시험들이 종종 더 유익하느니라. 인간의 가치는 많은 환상이나 위로에 의해,

또는 그의 성경 지식에 의해, 지위의 높은 것에 의해 평가되는 것도 아니다. 그 가치는 진정한 겸손과 하나님의 사랑에 대한 수용, 항상 순수하고 온전하게 하나님의 영광을 구하는 신실함, 자신을 비천하게 여기고, 나아가 다른 사람으로부터 칭찬 받는 것보다는 천대 받는 것을 더 좋아하는 것에 의해 평가되는 것이니라.

8 주님 앞에서 자신을 비천하게 여김

우주를 보는 자는 자신이 티끌과 먼지에 불과하다는 사실을 의심하지 않습니다. 이러한 우리를 하나님은 낱낱이 보고 계십니다. 우리가 자신을 비천하게 생각하지 않을 수 없는 이유입니다.

1 제자 주여! 티끌과 먼지에 불과한 제가 감히 주님께 말씀드리겠습니다(창세기 18:27). 제가 자신을 티끌과 먼지보다 더 나은 존재로 여긴다면 주께서 저를 가증하게 여기시고 결코 부인할 수 없는 저의 죄악들에 대한 증거를 가져오실 것입니다. 그러나 제가 자신을 낮춰 스스로 아무 것도 아니라고 여기며 모든 자만심을 버리고 자신을 먼지처럼 낮춘다면 주님의 은혜가 저를 보호하실 것입니다. 그리고 주님의 빛이 제 마음을 덮으시리니, 그리하면 모든 자만심이 조금씩 저의 무가치라는 골짜기 속에 파묻혀 영원히 사라질 것입니다.

그때 주님께서는 스스로의 모습을 제게 드러내시며, 제가 현재 누구이며 과거에 어떠했고 미래에 어떠할지 보여 주실 것입니다. 이는 제가 아무 것도 아니요, 아무 것도 알지 못하기 때문입니다.

제가 혼자 남게 되면 저는 연약할 뿐 아무 것도 아닙니다. 그러나 주께서 잠시라도 저를 돌아보시면 곧 강해지고 새로운 기쁨으로 가득 차게 됩니다. 그리고 참으로 놀라운 일은, 저의 무거운 죄로 인해 항상 깊숙이 가라앉기만 하던 제가 주의 품에 은혜롭게 안길 때 돌연히 위로 떠오르게 된다는 것입니다.

2 주는 인자하게 저를 보호해 주사, 수많은 곤경과 죽음의 위험으로부터 저를 지켜 주시고 구원해 주십니다. 진실로 말씀드리건대, 수없이 많은 죄악으로부터 저를 지켜 주시는 것은 바로 주님의 사랑입니다.

실로 저 자신을 사랑하면 스스로를 잃고 말지만(요한복음 12:25), 주님만을 찾고 순수한 마음으로 사랑할 때 저는 주님뿐만 아니라 저 자신도 찾게 됩니다. 그리고 그 사랑으로 인해 저는 더욱 더 깊이 스스로를 아무 것도 아닌 것으로 여기게 됩니다.

지극히 다정하신 주님이시여, 주님은 저의 모든 가치 이상으

로, 제가 감히 구하거나 바랄 수 없는 모든 것을 베푸십니다.

3 나의 하나님께 영광을 돌립니다. 이는 제가 비록 아무런 은혜도 받을 자격이 없지만 주님의 무한한 관대하심과 선하심으로 저같이 감사할 줄 모르는 자와 주님께 등을 돌리고 멀리 떨어져 나간 자들에게까지 끊임없이 선을 행하시기 때문입니다 (마태복음 5:45).

저희가 주님께 돌아와 감사와 겸손과 헌신을 드리옵니다. 이는 주님께서는 저희의 구원이시요(이사야 33:2), 담대함과 용기시요, 힘이시기 때문입니다(시편 46:1).

9 모든 것을 하나님께 맡기라

하나님은 우리의 궁극적인 목적입니다. 모든 것이 하나님께로부터 비롯됨을 잊지 마십시오. 그러므로 하나님께 영광 돌림은 당연한 우리의 본분이며 삶의 자세입니다.

1 주님 내 아들아, 네가 진정 축복 받기를 원한다면 나를 네 궁극적인 목적으로 삼으라. 그러면 이러한 의지를 통해서, 너무나 자주 자신과 피조물에 대해 무절제하게 마음을 기울였던 것이 정결케 되리라.

어떤 것에서든 네 자신을 추구하게 되면 그 즉시 내적으로 실패하며 냉담한 마음을 갖게 된다. 그러므로 너는 모든 것을 나에게 맡기라. 이는 내가 그 모든 것을 주었기 때문이니라.

모든 것이 지극히 선하신 분께로부터 비롯되는 것임을 명심하라. 그러므로 만물은 그들의 가장 높은 궁극적 근원인 나에게로 돌려져야 하느니라.

2 작은 자나 큰 자, 또는 가난한 자나 부자나 모두 생명의 샘에서 생명의 물을 길어 가나니(요한복음 4:14), 누구든지 나를 기쁘게 섬기는 자들은 은혜 위에 은혜를 더하여 받을 것이니라(요한복음 1:16).

그러나 나 이외의 다른 것에서 영광을 누리고자 하는 자나(고린도전서 1:29) 어떤 자신의 선 안에서 기쁨을 얻고자 하는 자는 참기쁨을 누리지 못하고, 그 마음이 편협하여 모든 일이 방해 받고 근심하게 되리라.

그러므로 스스로 선한 것을 대단히 여기지 말고, 어떤 사람의 선한 것을 보더라도 그 자신에게서 나오는 것으로 생각하지 말고 오직 하나님께 영광을 돌리라. 하나님 없이 사람은 아무 것도 가질 수 없느니라. 내가 너희에게 모든 것을 주었으니(고린도전서 4:7) 모든 것이 다시 내게로 돌아와야 하느니라. 내게 감사가 돌아오기를 엄히 명하노라.

3 이것은 진리이니, 헛된 영광은 종말을 맞으리라. 하늘의 은혜와 참사랑이 네 안에 들어가면 마음에 시기나 편협함이 사라질 것이요, 네 마음속에 이기심도 자리 잡지 못하리라. 하나님의 사랑은 모든 것을 정복하며 영혼의 모든 능력을 크게 하시느니라.

만약 네가 진실로 지혜롭다면 오직 내 안에서만 즐거워할 것이라. 이는 하나님 한 분 외에는 선한 이가 없고(마태복음 19:17 ; 누가복음 18:19), 오직 하나님만이 모든 것 위에서 찬양 받으시며, 모든 일에 영광 받으실 분이시기 때문이라.

10 하나님을 섬기는 행복한 삶

세상의 원천은 하나님입니다. 세상은 섬김을 받을 대상이 될 수 없습니다. 원인자이신 하나님을 섬기는 것이야말로 행복한 삶의 가장 기초적인 전제임을 잊지 마십시오.

1 _{제자} 주여! 제가 잠잠할 수 없어 다시 말씀드리겠나이다. 나의 하나님, 나의 주, 하늘에 계신 왕께 들리도록 제가 부르짖겠나이다.

"주를 두려워하는 자를 위하여 쌓아 두신 은혜 곧 주께 피하는 자를 위하여 인생 앞에 베푸신 은혜가 어찌 그리 큰지요"(시편 31:19).

그러면 주를 사랑하는 자들에게는 어떠하십니까? 전심을 다해 주님을 섬기는 자들에게는 어떠하십니까? 주님을 묵상할 때 주님을 사랑하는 자들에게 베푸시는 그 감미로움은 이루 다 말로 할 수 없습니다. 특히 주님은 제게 사랑의 감미로움을 보이시고, 태초에 저를 만드셨으며, 주님을 떠나 멀리 헤맬 때 다시 돌아오게 하시고, 주님을 섬기며 사랑하도록 명하셨습니다(창세기 1:27 ; 시편 119:73 ; 마태복음 15장; 10:37).

2 영원한 사랑의 원천이신 주님! 제가 주께 무슨 말씀을 하오리까? 제가 쇠약해지고 황폐할 때도 저를 기억하리라 약속하

신 주를 어찌 제가 잊을 수 있으리까? 주는 당신의 종에게까지 바라는 것 이상의 긍휼을 보이셨으며, 분에 넘치는 은총과 호의를 보이셨나이다.

이 은혜에 제가 어떻게 보답하오리까?(시편 116:12) 모든 것을 버리고 세속을 떠나 경건한 헌신 생활을 감당할 수 있도록 하신 은혜는 모든 사람에게 주어진 은혜가 아니기 때문입니다.

모든 피조물이 섬기지 않을 수 없는 주님을 제가 섬기는 것이 어찌 대단한 일이 되겠습니까? 주님을 섬기는 것이 훌륭한 일이 될 수는 없습니다. 오히려 주께서 저처럼 부족하고 보잘것없는 자를 받아 주시고 주님의 종으로 삼아 주시겠다고 약속하신 것이 저에게는 참으로 크고 놀라운 일입니다.

3 보소서, 만물이 주님의 것인데 제가 그것들로써 주님을 섬기고 있지 않사옵니까?(고린도전서 4:7)

보소서, 주께서 인간을 위해 창조하신 하늘과 땅은 주님의 명령을 날마다 이행하고 있습니다. 또한 인간들을 향한 차고 넘치는 사랑으로 주님은 천사들에게까지 우리 인간들을 섬기라고 명령하셨습니다(시편 91:11 ; 히브리서 1:14).

그러나 이 모든 것보다 더욱 놀라운 일은, 주님은 친히 인간을 섬기시기 위해 자신을 겸손하게 낮추시며 자신을 우리 인간들에게 주시겠다고 약속하신 것입니다.

4 이 셀 수 없는 은혜에 대해 제가 주님에게 무엇으로 갚을 수

있겠습니까? 제가 사는 동안 날마다 주님을 섬길 수만 있다면 좋겠습니다. 단 하루만이라도 주님을 가치 있게 섬길 수 있으면 좋겠습니다.

진실로 주님은 모든 봉사와 영예와 영원한 찬양을 받으시기에 합당하신 분이십니다. 진실로 당신은 저의 주님이시요, 저는 보잘것없는 종이옵니다. 때문에 제가 마땅히 해야 할 일은 온 힘을 다해 주님을 섬기고 끊임없이 찬양하는 것입니다. 이것이 제가 원하고 바라는 바이오니, 부디 주님은 제게 부족한 것이 있으면 채워 주시기를 간구합니다.

5 주님을 섬기고, 주님을 위해 모든 것을 하찮게 여기는 일은 크나큰 영예이며 영광입니다. 왜냐하면, 주께 지극히 거룩한 봉사를 드리기 위해 기꺼이 자신을 드리는 자에게는 크나큰 은혜가 주어질 것이기 때문입니다. 주님을 사랑하기 위해 모든 육신적 희락을 던져 버리는 자는 성령의 가장 달콤한 위로를 얻게 될 것입니다(마태복음 19:29). 주님의 이름을 위해 좁은 길로 들어가며(마태복음 7:14) 모든 세상에 대한 관심을 끊어 버리는 자는 크나큰 마음의 자유를 얻을 것입니다.

6 아! 하나님을 섬김은 감미롭고 즐거우니(마태복음 11:30 ; 요한일서 5:3), 이를 통해 사람이 진정 자유롭고 거룩하게 되나이다!
아! 신앙의 헌신 생활은 얼마나 신성한지요! 이를 통해 사람은 천사와 같아지며 하나님을 기쁘시게 하고 마귀를 떨게 하니,

모든 신실한 자들로부터 칭찬을 들을 만한 일입니다.
아! 섬기기를 환영하고 항상 바라오니, 그 안에서 저희는 가장 좋은 것으로 보상을 받고 영원한 기쁨을 얻게 됩니다!

11 다스려야 할 마음의 소욕

소원과 욕망은 분별이 필요합니다. 소원은 주님의 선하고 기쁜 뜻에 맞추어 가야 합니다. 그에 비해서 욕망은 통찰과 절제를 강력하게 요구합니다.

1 주님 내 아들아, 너는 아직 배움이 부족하니 더 많은 것을 배울 필요가 있도다.

제자 주님! 그것이 무엇이옵니까?

주님 너는 소원을 전적으로 나의 선하고 기쁜 뜻에 따라 맞추며 (시편 108:1 ; 마태복음 6:10), 자신에 대한 사랑을 버리고 나의 뜻을 열심히 행하는 자가 되어야 하느니라. 너는 자주 욕망에 사로잡혀 강렬한 충동을 받곤 하는데, 그럴 때에는 네가 혹시 자신의 유익을 위해 움직이고 있는지, 아니면 나의 영예를 위해 움직이고 있는지를 늘 깊이 생각해 보라. 만일 그 일이 나로 말미암은 것이라면 내가 명한 모든 것을 통해 네가 온전한 만족을 얻으리라. 그러나 만약 네 안에 자신의 유익을 추구하는 마음이 숨어 있다면(빌립보서 2:21), 그 일은 너를 훼방할 것이요 무거운 짐이 될 것이다.

2 그러므로 너는 자신의 마음에 떠오르는 욕망을 따라가지 않

도록 주의하라. 그 전에 먼저 나에게 고하여 가르침을 받도록 하여라. 그렇지 않으면 나중에 후회하게 되리니, 처음에는 즐겁고 최선으로 여겨 열망하던 일이 나중에는 오히려 너를 불쾌하게 하리라.

좋아 보인다고 모든 열망을 즉시 따르지 말고, 반대로 네게 거슬린다 하여 모든 감정을 단번에 무시하지 말라. 때로는 선한 열망과 성향도 자제하는 것이 옳으니, 이는 지나친 열성으로 인해 마음이 산란해지는 것을 막고, 훈련이 부족한 것으로 인해 다른 사람들 가운데 너에 대한 악담이 생겨나지 못하게 하며, 다른 사람들의 저항으로 인해 네가 갑자기 흥분하여 타락하지 못하게 하려 함이라.

3 때때로 힘을 다하고 담대하게 관능적인 육체적 욕구에 저항해야 한다(빌립보서 2:12). 육신이 원하든 원하지 않든 상관하지 말고, 강제로라도 육신의 뜻을 저항하고 영에 굴복시키는 수고를 감당해야 하느니라(고린도전서 9:27).

육신은 모든 신령한 일을 할 준비를 갖추고, 작은 것에 만족할 줄 알고, 비천한 일에도 기뻐하고, 어떠한 불편에도 불평하지 않을 때까지 억누르고 복종시켜야 할 필요가 있느니라.

12 인내를 얻고 정욕을 극복하라

세상의 부유와 쾌락은 징벌을 부릅니다. 그러나 참된 희락과 풍성한 위로는 하늘로부터 내려오는 하나님의 선물입니다.

1 **제자** 주 나의 하나님이여, 저에게는 인내가 매우 필요하다고 봅니다(히브리서 10:36). 이 세상에는 많은 역경이 있기 때문입니다.
제가 평화를 얻기 위해 무슨 계획을 세울지라도 저의 삶은 결코 전쟁과 슬픔으로부터 자유로울 수가 없습니다(욥기 7:1).

주님 그렇다, 내 아들아. 그러나 나의 뜻은 이러하니, 시험으로부터 자유롭고, 아무런 역경도 만나지 않는 평화를 구하지 말라. 오히려 각종 환난으로 고통 받고(야고보서 1:2) 많은 역경과 더불어 시험 당할 때 평화를 발견하게 됨을 기억하라.

2 만일 네가 세상에서 그런 것들을 감당할 수 없다면, 장차 이 세상을 떠난 후에 지옥의 뜨거운 불을 네가 어떻게 견디겠느냐? 항상 두 가지 악한 일 중 가벼운 것을 택하는 법이다. 그러므로 네가 장래에 영원한 징벌을 면하고자 한다면, 하나님을 위해 현재의 불행들을 인내하며 견디도록 노력하라.
너는 이 세상 사람들이 전혀 고난을 당하지 않는다거나 혹은 너에 비해 아주 적은 고난을 당한다고 생각하느냐? 만일 그렇다면 세상에서 크나큰 희락을 누리고 있다고 생각되는 사람에게 한번 물어보아라.

그럼 너는 결코 그렇지 않다는 것을 알게 될 것이다. 너는, '그들은 많은 기쁨을 누리며 그들 자신이 원하는 대로 사는데 무슨 고난이 그리 많겠느냐' 고 말할 것이다.

옳다. 그들은 자신이 원하는 대로 행동한다. 그러나 그것이 얼마나 지속될 수 있다고 생각하느냐?

3 보라, 이 세상의 부유한 자들은 연기처럼 사라질 것이요(시편 68:2), 그들의 지나간 희락을 기억할 수 없으리라. 그들이 살아 있는 동안에도 고통과 피곤과 두려움 없이 그 희락 안에서 쉼을 찾을 수가 없다. 왜냐하면, 그들이 복을 얻으리라 기대하던 것들로부터 종종 비탄의 징벌을 받곤 하기 때문이다. 그리고 무절제하게 쾌락을 추구하고 따랐기 때문에 수치와 고통을 당할 수밖에 없는 것은 당연한 일이다.

4 아! 모든 쾌락은 얼마나 짧고 허망하며 변덕스럽고 수치스러운가!

그러나 사람들은 술 취한 장님이 되어 이를 깨닫지 못한다. 마치 미련한 짐승들처럼 썩어질 세상의 탐욕스러운 쾌락을 위해 영혼의 죽음도 마다하지 않는다.

그러므로 내 아들아, 너는 네 정욕을 좇지 말고 너 자신의 의지에서 떠나라. "또 여호와를 기뻐하라 그가 네 마음의 소원을 네게 이루어 주시리로다"(시편 37:4).

5 네가 참된 희락과 나로부터 오는 더욱 풍성한 위로를 얻기 원한다면, 모든 세상 것들을 경멸하고 비천한 쾌락을 끊으라. 그리하면 축복과 크나큰 위로가 너와 함께하리라.
게다가 네가 피조물에게 받는 위로에서 스스로 벗어날수록 더 달콤하고 강한 위로를 내 안에서 찾을 것이니라.
처음에는 이 축복을 얻는 데에는 어느 정도의 슬픔과 수고와 투쟁이 따르리라. 해묵은 옛 습관들이 저항을 할 것이나 이는 더 좋은 습관들에 의해 극복될 것이다. 육신이 너에게 불평할 것이나 영의 뜨거운 열기가 그 불평을 잠재울 것이다. 옛 뱀이 너를 괴롭히고 어지럽히겠지만 기도가 이를 물리치고, 확고부동하고 유익한 수고가 사단의 접근을 막을 수 있으리라.

13 그리스도를 본받는 겸손한 순종

자신을 과도하게 사랑함은 하나님께 패역입니다. 그리스도를 본받아 순종하고 성령과 화목하면 하나님의 은혜가 함께할 것입니다.

1 주님 내 아들아, 순종을 회피하려 하는 자는 은혜에서 멀어질 것이다. 개인적인 유익을 추구하는 자는 모든 사람에게 공통으로 주어지는 특권을 잃어버릴 것이다(마태복음 16:24). 기쁜 마음으로 윗사람에게 순종하지 않는 자는 육신이 완전히 복종하지 않고, 윗사람에게 거슬러 반항과 불평을 일삼는 것을 보여 주느니라. 그러므로 네가 자신의 육체를 정복하기 원한다면 네 윗사람에게 스스로 순종하는 법을 배우라. 내적인 사람이 바로 서 있으면 외부의 적은 보다 빠르게 정복될 수 있기 때문이다.

네가 성령과 화목하지 않으면, 영혼의 크고 고통스러운 대적은 바로 너 자신이니라. 네가 혈과 육에 대항하여 승리하고자 한다면 진정으로 자신을 미워할 줄 아는 자세가 필요하다.

2 네가 자신을 과도하게 사랑하고 있기 때문에 다른 사람의 뜻에 전적으로 맡기기를 두려워한다. 무(無)에서 만물을 창조한 전능자요, 지극히 높은 나도 너를 위해 인간에게 겸손히 복

종하였다. 하물며 먼지에 불과하며 아무 것도 아닌 네가 하나님을 위하여 사람에게 순복하는 일이 그렇게도 대단한 일이 되겠느냐?(누가복음 2:7 ; 요한복음 13:14) 내가 모든 사람 가운데 가장 비천하고 낮은 자가 되었으니, 이는 너로 하여금 나의 겸손함으로 너의 교만을 극복하게 하려 함이라.

먼지와 같은 자여, 순종하는 법을 배우라.

흙덩어리 같은 자여, 겸손하도록 힘쓰고 모든 사람의 발아래 엎드리는 법을 배우라.

너 자신의 뜻을 꺾고 완전히 순종하는 법을 배우라.

3 자신에 대해 분노하고, 네게 교만이 거하지 못하도록 몰아내라. 오직 겸손하고 자신을 지극히 작게 낮추어, 모든 사람이 네 위로 걷고, 거리의 먼지처럼 너를 짓밟고 가게 하라.

헛된 사람아, 네가 무슨 불평할 것이 있느냐?

추악한 죄인아, 너를 욕하는 자들에게 무슨 대답을 할 수 있겠느냐?

너는 자주 하나님을 거역하고, 지옥에 가야 마땅할 일들을 여러 번 행하지 아니하였느냐?

그러나 내가 너에게 긍휼을 베풀었으니, 이는 나에게 네 영혼이 고귀하기 때문이었느니라. 그러므로 너는 나의 사랑을 깨닫고 항상 나의 호의에 감사하라. 너는 스스로 참 순종과 겸손을 끊임없이 드리고, 어떠한 멸시도 인내를 가지고 참고 견디라.

14 교만하여 선을 자랑하지 말라

인생에서 하나님의 숨겨진 심판을 면밀하게 살피십시오. 그러면 자신의 선을 사랑하고 자랑하는 오류를 심각하게 범치 않을 것입니다.

1 제자 주여! 당신이 제게 천둥처럼 심판을 발하시니, 저의 온 뼈가 두려움과 전율로 떨고 저의 영혼이 극도로 무서워하나이다. 제가 두려워 일어서서 "하늘이라도 그가 보시기에 부정하거든"(욥기 15:15)이라는 말씀을 생각합니다.

주께서는 천사들에게서도 악함을 발견하시고(욥기 4:18) 그들을 아끼지 않으셨을진대 하물며 저는 과연 어찌 되겠습니까? 별들마저도 하늘에서 떨어질진대(요한계시록 8:10) 먼지에 불과한 제가 어찌 잘난 체를 할 수 있겠습니까? 칭찬할 만한 일을 행한 자들도 비참한 처지로 떨어졌으며, 천사의 음식을 먹던 자들이(시편 78:25) 돼지 먹이로 기뻐하는 것을 보았나이다(시편 78:25 ; 누가복음 15:16).

2 그러므로 주여! 당신이 손을 거두시면 저희에게 거룩함이 있을 수 없습니다.

주님이 저희를 인도하지 아니하시면 지혜가 있을 수 없습니다.
주님이 저희를 지켜 주지 않으시면 용기가 아무런 소용이 없습니다.
주님이 저희를 보호하지 아니하시면 결코 순결을 지킬 수가 없습니다.
주님의 거룩한 경계하심이 저희와 함께하지 아니하시면 저희 자신의 경계는 아무런 소용이 없습니다.
저희가 혼자 남겨지면 타락하고 멸망하지만, 주께서 함께하시면 일으킴을 받아 살게 될 것입니다.
진실로 저희는 견고하지 못하나 주님을 통해 강해지고, 시들어 차가우나 주께서는 저희를 불타오르게 합니다.

3 아, 제 자신을 얼마나 낮고 천하게 생각해야 마땅한지요! 제 안에 선한 것이 있는 것처럼 보일 때 얼마나 보잘것없는 것으로 여겨야 마땅한지요! 주님의 측량할 수 없는 판단에 저는 얼마나 깊이 복종해야 하는지요! 주님, 제가 어디에 가야만 저 자신이 아무 것도 아니라는 것을 발견할 수 있는지요!
측량할 수 없이 크신 분이시며, 결코 건널 수 없는 바다이신 주님, 주님 앞에서 저는 전적으로 아무 것도 아니라는 것을 발견합니다. 그러니 어디에 영광을 감출 수 있겠습니까? 덕이라고 확신할 만한 것이 어디에 있을 수 있겠습니까? 모든 자만은 저에 대한 주님의 심오한 심판 앞에서 사라져 버립니다.

4 주님 보시기에 모든 육체는 무엇입니까?
어떻게 진흙이 자기를 만든 토기장이 앞에서 자만할 수 있겠습니까?(이사야 29:16; 45:9) 진실한 마음으로 하나님께 순종하는 자가 어떻게 허풍을 떨며 자랑할 수 있겠습니까?

온 세상을 다 가진다 해도 진리에 복종하는 자는 교만하지 않습니다. 모든 소망을 하나님께 둔 자는 아첨하는 혀에 요동하지 않습니다. 이는 인간들 역시 아무 것도 아니니, 그들은 자기 말소리와 함께 다 사라져 버릴 것이나 주님의 진리는 영원히 남기 때문입니다(시편 117:2).

15 열망하는 것에 대한 기도

모든 것을 하나님께 드러내 놓고 의뢰하고 묻고 기도하고 맡기십시오. 하나님은 그러한 자세를 보시고 응답하시고 인도하시고 붙들어 주십니다.

1 주님 내 아들아, 너는 모든 상황에 대해 다음과 같이 기도하여라.

"주님 이것이 주께서 기뻐하시는 일이면 그대로 이루어지이다" (야고보서 3장; 4:15).

"주님, 이것이 주님께 영광이 된다면 당신의 뜻대로 이루소서."

"주님, 이것이 주님 보시기에 제게 마땅하고 유익한 일이라면 제가 이것을 주님의 영광을 위해 사용하도록 허락해 주소서. 그러나 만약 이것이 저에게 해롭고 제 영혼의 건강에 아무 유익도 주지 못한다면 그러한 열망을 저에게서 거두어 가소서."

비록 열망이 선하고 올바르게 보일지라도 모든 열망이 다 성령께로부터 나오는 것이 아니니라. 너의 욕망이 선한 영에 의한 것인지 악한 영에 의해 일어났는지, 아니면 너 자신의 영에 의해 생겨났는지 정확히 알기란 어렵다. 처음에는 많은 사람이 선한 영의 인도함을 받는 줄로 알았다가 결국에는 속임을 당했다.

2 그러므로 마음에 선한 것처럼 보이는 것은 무엇이든지 항상 하나님께 대한 두려움과 겸손한 마음을 가지고 기도로 묻고 구하라. 자신을 온전히 내려놓고 모든 것을 하나님께 맡기라. 그리고 이렇게 말하라.

"주님, 주님은 무엇이 저를 위해 더 좋은 일인지 잘 아시오니 주님 뜻대로 이루소서."

"주님의 뜻을 원하시는 만큼 원하시는 때에 이루소서."

"주님은 최선책이 무엇인지를 알고 계시니 주님이 가장 기뻐하시는 대로 주님의 큰 영광이 잘 드러나도록 저를 사용하소서."

"주님의 뜻이 있는 곳에 저를 두시고 모든 것 안에서 사용하소서."

"저는 주님의 손 안에 있사오니 원하시는 길로 저를 인도하소서."

"보소서, 저는 주님의 종이오니 무슨 일이든 순종할 준비가 되

어 있나이다. 저는 저 자신을 위해 살기를 원하지 않고 오직 주님을 위해서만 완벽하고 가치 있게 살기를 소망합니다."

3 하나님의 뜻이 이루어지기를 바라는 기도

제자 지극히 자비로우신 예수님, 주님의 은혜를 저에게 허락하사, 항상 함께 있게 하시고, 함께 일하시며, 끝날까지 제 곁에서 지켜 주소서.

제가 항상 주님께서 가장 기쁘게 용납하실 일만 바라고 원할 수 있도록 허락하소서.

주님의 뜻이 제 뜻이 되게 하시며 제 뜻이 항상 주님의 뜻을 좇아 주님의 뜻과 완전히 일치되게 하소서.

저의 소원하는 일과 소원하지 않는 일이 주님의 뜻과 일치하게 하시며, 주님의 뜻과 일치하는 것만 가능하게 하시고, 주님의 뜻과 일치되지 않는 것은 원하지 않게 하소서.

4 세상에 속한 모든 욕망을 저버리게 하시고, 주님을 위하여 이 세상에서 멸시천대를 받을지라도 이름 없이 빛도 없이 살아 가는 삶을 사모하게 하소서.

저의 가장 큰 소망은 주님 안에서 안식하고 마음의 평안을 얻는 것입니다.

주님만이 진정한 마음의 평화이며 안식처가 되시오니, 가장 높으시고 영원하신 하나님 안에서 제가 잠들고 안식하겠나이다(시편 4:8). 아멘.

16 오직 하나님과 동행하는 행복

피조물이 행복과 축복과 위로를 가져다주는 것을 보았습니까? 진실로 참되고 깊은 위로는 하나님의 보상이요, 사랑이요, 도우심임을 깨달아야 합니다.

1 ^{제자} 제가 바라고 상상할 수 있는 모든 위로를 이 세상에서 찾지 않고 하늘나라에서 찾습니다.

제가 만일 홀로 세상의 모든 위로를 얻을 수 있고 모든 희락을 다 누릴 수 있다 할지라도(마태복음 16:26) 그것들이 오래토록 지속될 수 없음을 확실히 알기 때문입니다.

그러므로 내 영혼아, 너는 가난한 자들의 위로자요, 겸손한 자들의 조력자이신 하나님 외에는 어디에서도 온전한 위안과 기쁨을 누릴 수 없도다(시편 77:1-2).

내 영혼아, 너는 조금만 더 하나님의 약속을 기다리라. 그리하면 하늘의 모든 좋은 것들을 풍성히 얻으리라.

만약 네가 현재의 것을 심히 갈망하면 하늘의 영원한 것을 잃게 되리라.

일시적인 것들은 사용하되 영원한 것을 갈망하라.

너는 일시적인 물질로는 만족함을 얻을 수 없나니, 네가 그런 것들을 누리며 즐거워하도록 창조되지 않았기 때문이다.

2 네가 모든 피조물을 소유한다 할지라도 그곳엔 행복과 축복이 없다. 오직 만물을 창조하신 하나님 안에서만 온전한 축복과 행복을 누릴 수 있으리라. 그러한 행복은 세상을 사랑하는 자들에게는 보이거나 느껴지지 않으며, 신령하고 정결한 마음을 가지고 하늘에 시민권을 둔 오직 선하고 신실한 그리스도의 종들만이 이를 고대하고 맛볼 수 있다(빌립보서 3:20).

모든 인간의 위안은 헛되고 짧다. 그러나 진리로부터의 내적 위로를 받는 것은 복되고 참되다.

헌신의 사람은 어디를 가든지 항상 자신의 위로자 되시는 예수님을 모시고 다니며, 늘 이렇게 말한다.

"주 예수님, 언제 어디서나 저와 함께하소서. 모든 인간적인 위로를 기꺼이 받지 않는 것이 도리어 저의 위로가 되게 하소서. 그리고 주님의 위로가 저에게 부족하다고 생각될 때에는 주님의 뜻과 공정한 시험이 저의 크나큰 위로가 되게 하소서. 이는 주님께서는 항상 노하시지 않고 영원히 분을 발하지 않으시는 줄 알기 때문입니다"(시편 103:9).

17 온전히 하나님만을 신뢰하기

세상 사람들이 하는 염려는 아무 것도 해결할 능력이 없습니다. 하나님은 이 모든 것을 아시고 보시고 도우십니다. 하나님께 맡기고 간구하면 기쁨이 충만하게 됩니다.

1 주님 내 아들아, 내가 네게 원하는 바를 행하도록 자신을 맡기라. 나는 너에게 무엇이 가장 선한 일인지 알고 있노라. 네가 생각하는 것은 사람의 생각이며, 많은 것에 대해 네가 느끼는 것은 인간적인 감정에 따른 것이니라.

제자 주여! 주님의 말씀이 옳습니다. 저에 대한 주님의 염려가 제가 스스로 할 수 있는 모든 염려보다 더 크십니다(마태복음 6:30 ; 요한복음 6장).
자신의 걱정을 다 주님께 드리지 않는 사람은(베드로전서 5:7) 심히 불안하게 서 있습니다.
주님, 만약 저의 의지가 주님을 향해 곧고 굳게 남을 수만 있다면, 주님을 기쁘게 하는 것은 무엇이든지 저를 사용하소서. 주님께서 저와 함께하시는 일이라면 그것이 무엇이든지 간에 선한 것이 될 수 있기 때문입니다.

2 만약 주님이 제가 어두움 가운데 처하기를 바라신다 해도

주님을 찬송할 것이며, 제가 빛 가운데 거하기를 바라실 때 역시 주님을 찬양하겠나이다. 또한 제게 위로를 허락해 주실 때도 주님을 찬송할 것이며, 제가 고난 받기를 원하신다 해도 영원히 주님을 찬양하겠나이다.

주님 내 아들아, 네가 나와 동행하기를 바란다면 이런 마음을 가져야 하느니라. 너는 희락뿐만 아니라 고통까지도 기꺼이 받을 준비가 되어 있어야 한다. 부와 만족뿐만 아니라 궁핍과 가난까지도 기쁜 마음으로 받아들여야 한다.

3 제자 주여! 주님이 제게 주시고자 하는 모든 고난을 주님을 위해 기꺼이 감당할 것입니다(욥기 2:10).
저는 주님이 주시는 선과 악, 단 것과 쓴 것, 기쁨과 슬픔을 구별하지 않고 기꺼이 받아들일 준비가 되어 있사오며, 제게 닥치는 모든 일에 대해 감사할 것입니다.
저를 모든 죄악으로부터 지켜 주소서. 그리하면 저는 죽음도 지옥도 두려워하지 않으리이다(시편 23:4).
주님! 저를 영원히 버리지 마소서(시편 77:7). 제 이름을 생명책에서 지우지 마소서(요한계시록 3:5). 그러면 어떠한 환난도 결코 저를 해하지 못할 것입니다.

18 세상의 고난을 인내함

주님은 세상의 핍박, 치욕, 욕설, 배신, 모욕 등을 겪으셨습니다. 그러나 이를 모두 극복하시고 승리하셨습니다. 우리가 이런 모든 시련을 이겨내면 주님은 우리에게도 승리하게 하십니다.

1 주님 내 아들아, 나는 너를 구원하기 위해 하늘에서 내려와(요한복음 3:13) 너의 고난을 감당하였다(이사야 53:4). 이는 강요나 필요 때문이 아니라 사랑 때문이었느니라. 그러므로 너는 인내를 배우고 불평이나 한탄하지 말고 세상의 고통을 견디라.
이 세상에 태어나면서부터(누가복음 2:7) 십자가에 달려 죽기까지 고난은 나를 떠나지 않았다. 나는 세상으로부터 핍박과 고통을 당했으며 그들로부터 불평도 많이 들었으나 모든 치욕과 욕설을 온유하게 참아내었다. 나는 은혜를 베풀었으나 배신을 당했고, 기적을 베풀었으나 모독을 당했으며, 가르침에 대해선 비난을 당했느니라.

2 제자 주여! 주님은 일생 동안 고통을 감내하셨습니다. 특히 주님은 아버지의 계명을 지키는 데 인내하셨습니다. 그러므로 지극히 비천한 죄인인 저 또한 주님의 뜻에 따라 인내하며 살아야 합니다. 주님께서 원하시는 한 제 영혼의 안녕을 위해 썩어 없어질 몸의 무거운 짐을 견뎌내야 함이 온당합니다.

현재의 삶은 비록 무거운 짐 같지만 주님의 은혜로 큰 유익이 됩니다. 또한 주님의 모범과 주님을 따른 사도들의 발자취가 연약한 자들이 세상의 고통들을 보다 잘 견딜 수 있도록 해 줍니다.
지금은 옛 율법 시대보다 훨씬 더 위로가 많습니다. 율법 시대에는 천국 문이 닫혀 있었고, 천국으로 가는 길도 어두워 보였습니다. 또한 영원한 나라인 천국을 찾기 위해 관심을 쏟는 자들도 매우 적었습니다(마태복음 7:14). 더욱이 그때에는 아무리 선택 받을 만큼 의로운 사람이라 할지라도 주님의 고난과 신성한 죽으심으로 인해 저희의 죄 값을 탕감 받기 전에는 천국에 들어갈 수가 없었습니다.

3 아, 저와 모든 믿는 자들에게 영원한 나라에 들어갈 수 있는 선하고 바른 길을 보여 주신 주께 제가 빚진 은혜가 대체 얼마인지요!
주님의 삶은 저희의 길이오니, 저희는 거룩한 인내로써 저희의 면류관이신 주님을 향해 더 가까이 나아갑니다.
만약 주님께서 앞서 가시며 저희를 가르치지 아니하셨다면 누가 감히 그 길을 따를 수 있었으리요!
아, 주님의 지극히 거룩한 모범이 그들의 눈앞에 있지 않았다면 얼마나 많은 사람이 뒤로 멀리 쳐졌겠습니까!
보소서, 저희가 수많은 주님의 표적들과 가르침을 듣고서도 이렇게 미온적인데, 만약 주께로 이끄는 큰 빛이 저희에게 없었다면(요한복음 12:46) 무슨 일이 일어났겠습니까!

19 고난을 견디는 참된 자세

승리를 바라보는 사람마다 싸움을 회피하거나 두려워하지 않습니다. 정당함에도 당하는 온갖 멸시, 고통, 역경에 굴하지 마십시오. 참된 인내는 열매가 됩니다.

1 주님 내 아들아, 네가 지금 무슨 말을 하고 있느냐? 이제 불평을 그치고 나와 다른 사도들의 고난을 생각해 보라.

너는 아직 피 흘리기까지 대항하지 아니하였도다(히브리서 12:4).

너는 크나큰 고난과 큰 시험과 비통한 고초를 당하고 여러 가지로 시련을 당한 자들에 비해 아주 적은 고난을 겪고 있을 뿐이다(히브리서 11:37).

그러므로 너는 다른 사람들이 당했던 깊은 고난의 짐을 기억하라. 그리하면 너의 작은 고난을 쉽게 감당할 수 있으리라. 만약 너의 짐이 작아 보이지 않거든, 너의 조급함 때문에 그것이 거대해 보이는 것은 아닌지 살펴보라. 네가 짊어진 짐이 크든 작든 간에 인내로써 그 모든 것을 견디려고 노력하라.

2 네가 인내하고자 마음먹을수록 너는 더욱 지혜롭게 행동하게 될 것이고 더 큰 상급을 얻게 되리라.

만약 네 마음과 습관이 부지런히 길들여지면 고난을 훨씬 쉽게 감당할 수 있으리라.

너는 이렇게 말하지 말라.

"나는 저런 사람에게서 받는 고통을 참을 수 없습니다. 또 그런 고통은 받지 않을 것입니다. 왜냐하면, 그는 나에게 큰 잘못을 저질렀고 상상도 못 할 일들로 내게 누명을 씌웠기 때문입니다. 하지만 다른 사람에게 당하는 고통이라면 내가 참아야 한다고 생각하는 만큼은 기꺼이 참을 것입니다."
이러한 생각은 어리석은 것이니, 이는 인내의 덕이나 그것을 보상해 주실 이에 대해서는 생각지도 않고, 다만 그들이 범하는 잘못과 그 사람들의 인격만을 중요시하기 때문이니라.

3 자신이 옳다고 생각할 때만 인내하고 자기가 좋아하는 사람이 주는 고통만 받아들이는 것은 진정한 인내가 아니다. 참으로 인내하는 사람은 누가 고난을 주든 상관하지 않느니라. 상급자든 동급자든 아니면 하급자든, 또 선하고 거룩한 사람이든 악하고 천한 사람이든 상관하지 않는다. 또한 자신에게 닥친 역경이 얼마나 큰지, 그것이 얼마나 자주 누구에게서 오는지도 상관하지 않고, 이를 하나님께서 주신 것으로 알고 감사히 받으며 큰 유익으로 생각한다. 하나님이 함께하실 때 아무리 작은 고난이라도 하나님을 위해 잘 견디면, 하나님께서 상을 주지 않고 지나가시는 일이 절대 없기 때문이다.

4 그러므로 네가 승리를 얻고자 한다면 항상 싸울 준비를 하라. 싸움 없이 너는 결코 인내의 면류관을 얻을 수 없느니라(디모데후서 2:3-5).

그리고 네가 인내하기를 싫어한다면 이는 면류관을 거부하는 것이다. 만일 네가 면류관 얻기를 바란다면 담대하게 싸우고 굳건히 인내하라. 노동 없이 휴식이 있을 수 없고 싸움 없이는 승리가 있을 수 없느니라.

제자 오, 주님, 저의 능력으로는 그것이 불가능할 듯하오니 주님의 은혜로써 가능케 하소서(누가복음 18:27). 주님은 저의 인내심이 약해 고통을 많이 감당할 수 없다는 것을 아시며, 조그만 역경이 닥쳐도 곧 낙심한다는 사실을 잘 아십니다. 주님의 이름을 위해 모든 환난의 시험을 제가 기쁘게 견딜 수 있도록 하소서. 주님을 위해 수고하고 고난을 견디는 일은 제 영혼에 매우 유익하기 때문입니다.

20 고난 속에서 자신의 연약함에 대한 인정

환란과 고초, 수렁에서 자신의 연약함을 인정하십시오. 하나님을 바라보고 의지함은 자신의 연약함을 인정하는 것에서부터 시작됩니다.

1 제자 주님이시여, 제 자신의 허물을 고백하며(시편 32:5) 저의 연약함을 주께 고백하리이다. 종종 작은 일들이 저를 좌절시키고 슬프게 합니다. 저는 용기 있게 행동하리라 다짐해 보지만 작은 시험이라도 올 때면 큰 곤란에 빠진 저를 발견합니다. 때때로 아주 사소한 일에서부터 큰 시험이 시작됩니다. 어느 정도 안전하다고 생각하는 때와 시험을 예상하지 않을 때, 가벼운 바람에도 휘둘리는 자신을 자주 발견합니다.

2 그러므로 주님, 주님께서 잘 알고 계시는 저의 초라함과 연약함을 보소서(시편 25:18). 저를 긍휼히 여기시고 수렁에서 건져내소서.
제가 수렁에 빠져 붙잡힌 바 되지 않게 하시고, 영원히 아주 낙담한 채로 남지 않게 하소서(시편 69:14). 제가 주님 앞에서 쉽게 걸려 넘어지고, 너무 연약해 정욕을 제어하지 못하는 것이 종종 저를 억압하고 좌절시킵니다. 제가 완전히 정욕을 따르는 것은 아니지만, 정욕의 맹렬한 공격은 저를 매우 귀찮고 우울하게 합니다.

매일 이와 같은 갈등 속에서 산다는 것은 정말로 피곤한 일입니다. 지겨운 공상들이 저를 떠나기보다는 더욱 쉽게 몰려든다는 사실에서 저의 연약함이 더욱 명백해집니다.

3 전능하신 이스라엘의 하나님, 신실한 영혼들을 뜨겁게 사랑하시는 주님이시여, 주님의 종의 노고와 슬픔을 돌아보시고 감당하는 모든 일에 도움을 베푸소서.

하늘의 용기로 저를 강하게 하사, 성령에 순종치 않고 가중한 삶을 살고 있는 비천한 육체가 저를 이기고 지배하지 못하도록 하소서.

아, 이것이 어찌된 삶이기에 환난과 고초가 이토록 끊이지 않고 모든 것이 올무와 원수로 가득 차 있는 것입니까! 한 가지 시험과 환난이 지나가면 또 다른 시험이 닥쳐오고, 심지어 첫 싸움이 여전히 맹렬히 진행되는 동안에도 또 다른 많은 시험들이 예기치 않게 시작됩니다.

4 이렇게 커다란 고통이 있고 수많은 비운과 고통이 있는 삶을 어떻게 사랑할 수 있겠습니까? 그뿐 아니라 많은 죽음과 재앙을 일으킬 때 어떻게 그것을 삶이라 부를 수 있겠습니까?

그런데도 사람들은 이를 사랑하고 그 안에서 기쁨을 찾고자 합니다. 많은 사람이 종종 세상을 향하여 거짓되고 헛되다고 비난을 하면서도 쉽사리 세상을 포기하려 하지 않습니다.

이는 육체의 욕망이 심히 큰 힘을 가지고 있기 때문입니다. 어떤 것들은 저희로 하여금 세상을 사랑하게 만들고, 어떤 것들은 세상을 경멸하게 만듭니다. 육신의 정욕, 안목의 정욕, 이생의 자랑은(요한일서 2:16) 저희로 하여금 세상을 사랑하게 만들지만, 그것들은 반드시 고통과 비참함으로 이어지고 세상을 증오하고 지루하게 만듭니다.

5 불행하게도 사악한 쾌락은 세상에 몰입하는 영혼을 사로잡습니다. 그는 가시덤불에 걸려 있는 줄도 모르고 즐거움에 빠져 있습니다. 왜냐하면, 한 번도 하나님의 감미로움과 덕으로 인한 영적인 기쁨을 보지도 맛보지도 못했기 때문입니다.
그러나 반면에, 오로지 세상을 경멸하고 경건한 수련 속에서 하나님을 위해 살고자 애쓰는 사람들은 세상과 단절한 그들에게 약속된 하나님의 감미로움을 잘 알고 있습니다. 또한 그들은 세상이 얼마나 서글프게 잘못되어 있으며, 얼마나 많은 방법으로 저희를 속이고 있는지 명확하게 알고 있습니다.

21 하나님을 의지함으로써 얻는 안식

세상의 유익과 기쁨보다 하나님을 의지하는 것은 진실로 참된 유익이 무엇인지를 아는 자들의 자세입니다. 당신은 무엇이 참된 유익인지를 알아야 합니다.

1 제자 나의 영혼아, 모든 일에 있어서 만물을 초월하여 하나님 안에서 항상 안식을 취하라. 그분은 모든 성자의 영원한 안식이시기 때문이다.

지극히 감미롭고 다정하신 예수님, 저로 하여금 모든 피조물이 아닌 주님 안에서 안식을 구하도록 하소서(로마서 8:19-22). 모든 건강과 아름다움, 모든 영광과 영예, 모든 권력과 위엄, 모든 지식과 기술, 모든 부귀와 예술, 모든 쾌락과 기쁨, 모든 명예와 칭찬, 모든 감미로움과 위로, 모든 소망과 약속, 모든 공로와 욕망, 주님께서 제게 주시거나 부어 주실 수 있는 모든 은사와 은혜, 마음이 받아 누릴 수 있는 즐거움과 환희, 그리고 천사와 천사장 및 하늘의 모든 군대, 눈에 보이는 것과 보이지 않는 모든 것, 그리고 주님이 아닌 그 모든 것을 초월하여 주님 안에서 안식을 구하게 하소서.

2 주 나의 하나님, 주님은 이 세상의 모든 만물보다 가장 선하십니다. 오직 주님만이 지극히 높으시고, 강하시고, 풍족하시고, 충만하시고, 가장 감미롭고 위안이 되십니다.

오직 주님만이 지극히 아름답고 사랑스러우시며, 모든 만물보다 더욱 귀하고 영화로우십니다. 모든 온전한 것들이 주님 안에 존재하며, 존재해 왔고, 존재할 것입니다.

그러므로 제가 주님을 보지 못하고 홀로 주님을 완전히 영접하지 못한다면, 주님께서 제게 주시는 것이 무엇이든지, 주님에 관련된 것을 제게 드러내시는 것이 무엇이든지, 그리고 주께서 제게 약속하신 것이 무엇이든지 간에 주님 외의 것은 너무나 작고 불충분합니다.

저의 마음은 주님의 모든 은사와 피조물을 초월하여 주님 안에서 속죄함으로 안식하기 전에는 진정으로 안식할 수 없으며 완전한 만족을 얻을 수 없습니다.

3 지극히 사랑하는 내 영혼의 배우자 되신 예수 그리스도여, 주님은 가장 정결하신 연인이시요, 모든 피조물의 군주이십니다. 누군가가 제게 참자유의 날개를 달아 준다면 저는 주님께로 날아가 주님 안에서 안식을 누릴 것입니다(시편 55:6).

아, 나의 주 하나님, 언제쯤이나 제가 세상 것들로부터 충분히 자유로워져 주님이 얼마나 감미로운 분이신지를 깨달을 수 있을까요? 언제쯤이나 제가 주님 안에 온전히 몰입되어 모든 감각과 척도를 초월하는 아무에게도 알려지지 않은 방식으로, 저 자신이 아닌 오로지 주님만을 느낄 수 있을까요?(다니엘 3장)

하지만 지금 저는 자주 불행에 탄식하고 슬픔의 눈물을 흘립니다. 이는 수많은 악한 일들이 비참한 생의 골짜기 안에서 일어나 종종 저를 괴롭히고, 슬프게 하고, 그늘지게 하며, 방해

하고, 마음을 상하게 하며, 미혹하고 얽매기 때문에 자유로이 주께 나아갈 수 없으며, 복된 영혼들을 위해 주님께서 마련하신 감미로운 영접의 축복과 은혜도 누릴 수가 없습니다.
저의 한숨과 이 땅에서 당하는 저의 수많은 고통이 주님을 움직이게 하소서.

4 오, 예수님, 주님은 영원한 영광의 빛이시요, 순례자의 영혼의 위로자이시니, 저의 입술이 소리 없이 주님과 말하고 침묵 중에 주님께 아뢰나이다.
나의 주님께서는 얼마나 오래 지체하신 후에 오시렵니까?
불쌍하고 비천한 이 종에게 찾아오셔서 저를 행복하게 하소서. 주님의 손을 내밀어 이 비천한 자를 고뇌에서 건져 주소서. 오소서, 오, 오소서. 주님 없이 저는 하루도 한 시도 행복할 수 없습니다. 주님은 저의 행복이시기 때문입니다. 주님 없는 저의 식탁은 공허할 뿐입니다.
주께서 주님의 빛으로 저를 채우사 자유를 회복해 주시고, 저에게 주님의 친근한 얼굴을 보여 주시기까지 저는 투옥되어 족쇄로 억압된 자처럼 비참합니다.

5 다른 사람들이 모두 주님을 찾지 않고 자기들이 좋아하는 것들을 추구한다 할지라도 저를 기쁘게 하는 것은 오직 주님뿐이오니, 주님은 나의 하나님이요, 소망이요, 영원한 구원자이십니다.
주님의 은혜가 저에게 다시 돌아오고 주님께서 제 마음속에 말씀하실 때까지 저는 침묵하지 않고, 쉬지 않을 것이며, 기도를 쉬지 않겠나이다.

주님 내 아들아, 내가 여기 있노라. 보라, 내가 너에게 왔나니, 이는 네가 나를 불렀음이니라. 너의 눈물과 네 영혼의 갈망, 너의 겸손과 마음의 회개가 나를 귀 기울이게 하였으며 네게 오도록 하였도다.

제자 주님이시여, 제가 주님을 불렀고 주님을 원했사오니 주님을 위해 세상 모든 것을 거부할 준비가 되어 있습니다. 이는 주님께서 먼저 저를 격려하사 저로 하여금 주님을 찾게 하셨기 때문입니다.
주님, 무한한 주님의 긍휼하심으로 이토록 종에게 베푸신 자비를 인하여 찬송합니다.

6 주님! 주님 앞에서 종이 무슨 말을 더 할 수 있으리까? 종은 다만 제 자신의 죄와 비천함을 마음에 담고 주님 앞에 스스로를 낮출 뿐입니다.
하늘과 땅의 모든 기이한 것들 가운데 주님과 비교할 만한 것은 아무 것도 없습니다(시편 35:8). 주님의 역사는 매우 선하시며, 주님의 판단은 참되시니, 주님의 섭리가 전 우주를 다스립니다. 그러므로 지혜의 하나님 아버지여, 찬양과 영광을 받으시옵소서. 내 입술과 내 영혼, 그리고 만물이 화합하여 주님을 찬양하고 찬송합니다.

22 셀 수 없는 은혜 기억하기

하나님의 은혜를 다 알고 헤아릴 수 있습니까? 하나님의 은혜를 제한시키지 마십시오. 그분의 깊고도 넓은 은혜는 우리의 우둔한 가늠자로써 측량할 수 없습니다.

1 제자 주님, 주님의 율법으로 제 마음을 여시고(마카베오상 1:4), 저로 하여금 주의 계명의 길을 걷도록 가르치소서(에스겔 20:19 ; 시편 119편).

저로 하여금 주님의 뜻을 깨닫게 허락하시고(에베소서 5:17), 큰 경외와 관심으로 주님의 일반은총과 특별은총을 모두 기억하게 하사, 주님께 마땅한 감사를 드릴 수 있게 하소서.

하지만 저는 주님이 베푸신 가장 작은 은혜에 대해서도 마땅한 감사를 드릴 수 없는 자임을 알고 있습니다.

저는 주님께서 주신 은혜들을 감당할 만한 자격이 없으며, 주님의 고귀함을 생각할 때 저의 영은 그 위대함 앞에 무기력해집니다.

2 저희의 영혼과 육체가 가지고 있는 모든 것, 저희가 내적으로나 외적으로, 자연적으로나 은혜로 말미암아 소유하고 있는 모든 것은 다 주님의 은혜입니다. 그러한 것들은 저희에게 모든 좋은 것들을 주신 주님의 선하심과 자비하심을 증명합니다. 어떤 사람은 많이 받고 어떤 사람은 적게 받으나, 이에 상관없

이 모든 것이 주님의 것이오니, 주님 없이는 아무 것도 받을 수 없나이다.

많이 받은 자라도 자신의 공로로 자랑할 수 없고(고린도전서 4:7), 다른 사람보다 우월하게 생각하거나 적게 받은 자를 향해 거만하게 행동할 수 없습니다. 이는 자신의 공로로 돌리지 않고 더욱 겸손하고 경건하게 감사를 돌리는 자가 더 훌륭하고 큰 자이기 때문입니다.

그리고 자신을 모든 사람보다 가장 낮게 여기고 가치 없는 자로 판단하는 사람이야말로 더 큰 축복을 받기에 합당한 자입니다.

3 또한 적게 받은 자라도 이로 인해 슬퍼하거나 노해서는 안 되고 더 부유한 사람을 시기해서도 안 됩니다. 오히려 자신의 마음을 주님께 돌려야 하며 주님께 큰 찬양을 드려야 합니다. 이는 주님께서 어떠한 사람이든 상관없이, 아낌없이, 값없이, 또한 기꺼이 주시기 때문입니다.

만물이 다 주님께로부터 나오니 주님은 만물 가운데 찬양 받으셔야 마땅합니다.

주님은 각 사람에게 무엇이 좋은지를 잘 알고 계십니다. 그래서 왜 이 사람은 더 조금 받고 저 사람은 그렇지 않은지 판단하는 것은 저희가 아니라 모든 사람의 가치를 채점하시는 주님이십니다.

4 그러므로 주 하나님, 저는 사람의 판단으로 칭찬할 만하고 영광스럽다고 여겨지는 많은 것을 갖지 않은 것을 큰 축복으로 여깁니다. 왜냐하면, 자신의 가난함과 무가치함을 깨닫는 사람은 그것에 슬퍼하거나 낙담하지 않으며, 그보다는 주님 때문에 위로 받고 행복하기 때문입니다. 오, 하나님, 주님은 가난하고 겸손하며 하나님의 친구와 종이 되기 위해 이 세상에서 멸시 받는 자들을 택하셨습니다(고린도전서 1:27).

주님의 사도들이 이에 대한 증인이니, 주님은 그들을 세상의 군왕으로 삼으셨습니다(시편 45:16). 그들은 불평 없이 이 세상을 살았으며(데살로니가전서 2:10), 겸손하고 소박하였고, 악의나 속임수가 없었으며, 주님의 이름을 위해 비난 받는 것을 오히려 행복하게 여겼고(사도행전 5:41), 세상에서 멸시 받는 일을 큰 즐거움으로 맞이했습니다.

5 그러므로 주님을 깊이 사랑하고 주님의 은혜를 인정하는 사람은 세상의 그 무엇이 아닌 주님의 뜻에 훨씬 더 기뻐하고 주님의 영원한 진리의 말씀을 자신의 삶 가운데 이루는 것보다 더 큰 기쁨은 없습니다.

다른 사람들은 가장 큰 자가 되기를 바라는 반면, 그는 가장 작은 자가 되기를 바라는 것에서 만족과 위안을 누립니다. 그는 맨 앞자리에 앉을 때뿐 아니라 맨 마지막 자리에서도 평안과 만족을 누리며(누가복음 4:10), 남들보다 더 영예롭고 명성을 가질 때뿐만 아니라 멸시 받으며 남들에게 알려지지 않고 잊혀질 때에도 기꺼이 그러합니다. 그는 주님의 뜻과 주님의 영광에 대한 사랑을 무엇보다 좋아하는데, 그것이 그가 받았던 또는 받을 모든 유익보다 그에게 더 큰 위안이 됩니다.

23 마음의 평안을 주는 네 가지 길

하나님의 평안은 세상의 평안을 능가합니다. 하나님의 뜻을 행하고 자기를 양보하고 적은 것에 만족하는 지혜, 남을 나보다 낫게 여김이 하나님의 평안의 근원입니다.

1 주님 내 아들아, 이제 내가 너에게 참평화와 자유를 얻는 방법을 가르쳐 주리라.

제자 주여, 말씀하소서. 제가 진정으로 듣기 원합니다.

주님 첫째로, 네 자신의 뜻이 아닌 하나님 아버지의 뜻을 행하려고 노력하라(마태복음 26:39 ; 요한복음 5:30; 6:38).

둘째로, 항상 많이 갖기보다는 적게 가지기를 택하라(고린도전서 10:24).

셋째로, 항상 낮은 자리를 찾고 모든 사람보다 낮아지도록 노력하라(누가복음 14:10).

넷째로, 네 안에서 하나님의 뜻이 온전히 이루어지도록 항상 바라고 기도하라(마태복음 6:10).

보라, 이와 같이 하는 자는 평안과 휴식의 범위 안에 들어선 사람이다.

2 제자 주님, 주님의 이 짧은 말씀 속에는 많은 온전함이 들어 있습니다(마태복음 5:48). 이 가르치심은 비록 말로는 짧으나 의미가 가득하고 열매에 있어 풍부합니다. 이 말씀을 오직 신실하게 지킨다면 제가 결코 쉽게 동요하지 않을 것입니다.

근심하고 낙담한 자신을 발견할 때마다 저는 이 가르침에서 벗어나 있었음을 깨닫게 됩니다. 그러나 전능하시고, 항상 제 영혼의 안녕을 기뻐하시는 주님은 제가 말씀을 지키고 제 자신의 구원을 이룰 수 있도록 은혜를 부어 주십니다.

3 악한 생각들을 물리치는 기도 : 주 나의 하나님, 저에게서 멀리 떠나지 마소서. 나의 하나님, 속히 저를 도와주소서(시편 71:12). 여러 가지 악한 생각과 큰 두려움이 제 안에 일어나 제 영혼을 괴롭히고 있습니다.

어떻게 하면 제가 이런 생각들로부터 무사히 빠져나갈 수 있습니까? 어떻게 이것들을 쫓아낼 수 있습니까?

주님은 "내가 너보다 앞서 가서 이 땅의 큰 자들을 낮출 것이라 내가 옥문을 열고 감추인 비밀들을 네게 보여 주리라"(이사야 45:2-3)고 말씀하셨습니다.

주님, 주님의 말씀대로 행하소서. 저의 모든 악한 생각들이 주님 앞에서 날아가게 하소서. 저의 유일한 소망과 위로는, 모든 환난에서 주님에게 날아가 주께 위탁하고, 제 마음 깊숙한 곳으로부터 주님을 부르고, 주께서 위로를 보내 주실 때까지 인내로써 기다리는 것입니다.

4 정신적 깨달음을 구하는 기도 : 자비로우신 예수님, 밝은 영의 빛으로 저를 깨우치시고, 제 마음속에 자리 잡은 모든 흑암을 몰아내소서.

방황하는 저의 생각들을 잡아 주시고, 매우 격렬하게 공격해 오는 저 유혹들을 물리쳐 주소서.

주님이 저를 도우사 강력한 힘이 되어 주시고, 악한 짐승들, 곧 저를 유혹하는 육신의 욕망들을 무찔러 주소서. 그리하여 저로 하여금 주님의 능력을 힘입어 평화를 얻게 하시고, 주님의 거룩한 뜰, 곧 정결한 양심 안에서 주님에 대한 찬양이 울려 퍼지게 하소서.

바람과 폭풍에 명하소서. 바다에게 "잔잔하라" 명하시고(마태복음 8:26) 북풍에게 "멈추라" 명하소서. 그리하면 고도의 고요가 있으리이다.

5 이 땅을 비추도록 주님의 빛과 진리를 보내소서(시편 43:3). 주님께서 저를 깨우치시기 전에는 제가 흙처럼 공허하고 형체가 없기 때문입니다.

주님의 은혜를 하늘로부터 부으소서. 하늘의 이슬로 제 마음을 적셔 주소서. 헌신의 샘을 여사, 땅을 적셔 지극히 선한 열매를 맺게 하소서.

죄악의 짐에 억눌린 저의 마음을 일으켜 세우시고, 제 모든 소망을 하늘의 것에 향하게 하소서.

천상의 행복의 감미로움을 맛보고 나면 세상 것을 생각함에 있어서는 전혀 기쁨을 찾지 못할 것입니다.

6 모든 피조물이 주는 일시적인 위로들에서 저를 끌어내소서. 어떠한 피조물도 제 소망에 온전한 평온과 만족을 채울 수 없기 때문입니다.

떨어질 수 없는 사랑의 줄로 저를 주님께 매소서. 오직 주님만이 주님을 사랑하는 자에게 만족을 주실 수 있으며, 주님이 없으면 만물이 헛되고 무의미하기 때문입니다.

24 타인의 삶에 대한 헛된 호기심

 타인의 삶을 너무 알려고 하지 마십시오. 그것은 자신의 고뇌를 가중시키며 자신의 영혼과는 아무런 상관이 없는 무가치하고 의미 없는 행동입니다.

1 주님 내 아들아, 괜한 호기심을 갖지 말고 쓸데없는 걱정으로 자신을 괴롭히지 말라(디모데전서 5:13).

세상의 이러저러한 일들이 너에게 무슨 상관이 있느냐? 너는 나를 좇으라(요한복음 21:22).

저 사람이 이러저러하고 이 사람이 이런저런 말과 행동을 한다 하여 그것이 네게 무슨 상관이 있느냐?

너는 다른 사람들을 위해 대답할 필요가 없고, 너 자신에 대해서만 설명을 하면 된다(로마서 14:12). 그런데 왜 너는 자꾸 다른 사람의 일에 대해 쓸데없이 참견하느냐?

보라, 나는 모든 사람을 알고 있고, 태양 아래서 일어나는 모든 일을 보고 있느니라(전도서 1:14). 또한 나는 각각이 어떤 문제들에 맞서 있는지, 즉 그들의 정신과 마음속에 무엇이 있고, 그가 의도하는 바의 결말이 어떤 것인지를 알고 있다.

그러므로 너는 모든 일을 내게 맡기고 평안하라. 동요된 자는 그가 바라던 대로 들떠 있게 내버려두라. 그들이 무슨 말을 하고 무슨 행동을 하든지 결국은 모두 그들에게 닥치리라. 그들이 결코 나를 속일 수 없기 때문이다.

2 거대한 명성의 그림자나 많은 사람과의 친밀한 교제나 사사로운 애정을 갈망하지 말라. 이것들은 혼란을 일으켜 마음속에 커다란 어둠을 드리운다.
만약 네가 나의 올 날을 부지런히 살피며 마음 문을 열어 두면 (요한계시록 3:20) 나는 기꺼이 네게로 가서 너와 이야기하며 비밀들을 밝혀 줄 것이다.
너는 늘 신중하고, 기도로 경계하며, 모든 일에 있어 스스로를 겸손히 낮추라.

25 마음의 확고한 평안과 참된 영적 성장의 원리

하나님의 뜻에 집중하는 것! 모든 것에 자신의 유익보다 하나님을 먼저 생각하는 것! 참된 영적 성장은 이것으로부터 시작됩니다.

1 주님 내 아들아, 나는 "평안을 너희에게 끼치노니 곧 나의 평안을 너희에게 주노라 내가 너희에게 주는 것은 세상이 주는 것과 같지 아니하니라"(요한복음 14:27)라고 말했다.
모든 사람이 평안을 원하는 바이나 참평안을 만들어 나가는 것에 대해서는 별로 관심을 두지 않는다.
나의 평안은 마음의 겸손함과 온유함에 있나니, 너의 평안은 많은 인내심에 있으리라.
네가 나의 말을 듣고 따르면 큰 평안을 누릴 수 있으리라.

제자 주님, 그러면 제가 무엇을 해야 합니까?

주님 너는 네가 무슨 일을 하며 무슨 말을 하는지 매사에 자신을 살펴 주의하라. 나만을 기쁘게 하는 것에 너의 모든 의도를 두고, 나 외에는 다른 어느 것도 바라지 말라.
남의 말이나 행동을 성급하게 판단하지 말고, 너 자신과 관련되지 않은 일에는 말려들지 말라. 그러면 네가 동요되는 일은 없을 것이다.

2 그러나 마음과 육신으로 아무런 혼란과 고통을 겪지 않는 것은 이 세상에 속한 것이 아니라 영원한 안식에서만 얻을 수 있는 것이다.

그러므로 네가 이 세상에서 좌절을 느끼지 않거나 방해 받는 것이 없이 모든 일이 잘되더라도 네가 참된 평안을 찾았다고 생각지 마라. 설사 네가 바라는 대로 모든 일이 이루어진다 하더라도 모든 것이 온전하다고 생각지 말라. 그리고 비록 네게 큰 신앙심과 감미로움이 충만할지라도 네 스스로 대단하며 특별한 사랑을 받았다고 생각지 말라. 참으로 덕을 사랑하는 사람은 그런 것들로 인해 드러나는 것이 아니며, 영적 성장과 온전함이 거기에 달린 것도 아니기 때문이니라.

3 제자 주님, 그러면 마음의 평안과 영적 성장은 무엇에 달려 있습니까?

주님 그것은 하나님의 뜻에 온 마음으로 자신을 바치는 것, 큰 일에 있어서든 작은 일에 있어서든, 또한 순간이든 영원이든 자신의 유익을 구하지 않음으로써 나타나는 것이니라. 그러므로 너는 번영할 때나 역경에 처할 때나 한결같이 침착함을 유지하고 감사드려라.

만일 네가 희망 속에서 큰 용기와 인내심을 가지게 된다면, 하나님의 영적 위로가 잠시 네 곁을 떠난다 하더라도 너는 더 큰 고통이라도 받을 마음의 준비를 할 수 있을 것이다. 그리고 너는 그런 큰 고통을 감당할 만한 일을 한 적이 없다고 스스로를 정당화하며 불평하기보다는 내가 행하는 모든 일에서 공의를 인정하고 내 거룩한 이름을 찬양할 수 있을 것이다.

그리하면 너는 참되고 올바른 길을 걷게 될 것이요, 큰 기쁨으로 나의 얼굴을 다시 볼 것이라는 굳건한 소망을 갖게 될 것이다. 네가 네 자신을 완전히 낮출 때, 이 세속적인 삶에서 누릴 수 있는 가장 풍성한 평안을 얻을 수 있음을 명심하라.

26 간절한 기도로써 얻는 자유

마음의 평안과 자유는 학문적 지식이 가져오지 못합니다. 겸손한 자세의 기도야말로 형언할 수 없는 하나님의 자유를 경험하게 합니다.

1 제자 주님, 성숙한 사람은 항상 하늘의 것에 관심을 가져 마음을 편하게 하고, 비록 가진 것이 없어 가난하지만 수많은 걱정에도 주님을 바라보며 앞으로 나아갑니다. 무감각해서가 아니라 어떤 피조물에게도 무절제한 애정을 갖지 않고 자유로운 마음의 특권을 갖고 있는 믿음의 사람이기 때문입니다.

2 저의 가장 은혜로우신 하나님, 주께 간구하오니 이 세상의 염려에서 저를 지켜 주사 세상에 너무 얽매이는 일이 없게 하소서. 또한 육체의 여러 가지 필요에서 벗어나게 하사 쾌락에 사로잡히는 일이 없게 하시고, 마음의 모든 어둠으로부터 건져내시어 걱정에 짓눌려 넘어지지 않게 하소서.
저는 세상의 어리석은 자들이 그토록 간절히 열망하는 것들로부터의 해방을 요구하는 것이 아닙니다. 인간의 공통적인 저주나 징계로 말미암아 주님의 종의 영혼을 짓누르고, 누려야 할 영혼의 자유를 얻지 못하도록 가로막는 고통으로부터의 해방을 바라는 것입니다(창세기 3:17 ; 로마서 7:11).

3 형언할 수 없이 인자하신 나의 하나님, 저로 하여금 영원한 것을 사랑하지 못하게 하고 현재의 쾌락을 저에게 제시하며 악한 본성으로 저를 유혹하는 모든 육신의 위로가 저에게 쓰디쓴 고통이 되게 하소서.

주님, 제가 그것들에 굴복하지 않게 하소서(로마서 12:21). 육과 혈이 저를 정복하지 못하게 하소서. 세상과 그에 속한 짧은 영광이 저를 속이지 못하게 하시고, 마귀가 그의 간교함으로 저를 넘어뜨리지 못하게 하소서.

그리고 제게 저항할 수 있는 힘과 오래 견딜 수 있는 인내와 변하지 않는 믿음을 주옵소서. 제게 모든 세상의 위로 대신에 마음을 위로하시는 성령의 향유를 주시고, 육신의 사랑 대신에 주님의 이름에 대한 사랑을 제 안에 불어넣으소서.

4 보소서, 육신을 유지하는 의식주와 그 외의 필요들은 열정적인 영혼에게는 무거운 짐입니다. 저로 하여금 그런 것들로 인해 지나친 욕심에 빠지지 않고 절제 있게 사용할 수 있도록 은혜를 베푸소서.

육체가 유지되어야 하므로 그런 것들을 완전히 내던져 버릴 수는 없습니다. 그러나 주님의 거룩한 율법은 불필요한 것을 요구하고 즐거움만 바라는 것을 허락하지 않습니다. 그것을 허락하게 되면 육신이 영혼에 대해 반항하기 때문입니다.

이런 문제로 제가 주님께 간구하오니, 제가 마땅히 지켜야 할 범주를 벗어나지 않도록 주님의 손으로 인도하시고 주관하소서.

27 선한 것을 위협하는 자기 사랑

과다한 자기 사랑은 파멸이요, 자폐증이요, 어리석은 슬픔에 빠지게 만듭니다. 이것을 알아서 선함을 추구하고 성령의 인도를 구하는 자는 복이 있음을 명심하십시오.

1 주님 내 아들아, 너는 모든 사람에게 너의 모든 것을 나눠 주고 자신의 소유는 조금도 없게 하라.

자신에 대한 사랑은 이 세상 모든 것보다 더욱 해로운 것임을 명심해야 하느니라.

네가 갖고 있는 사물에 대한 사랑과 애정의 정도에 따라 너는 세상에 속한 것들을 더 붙들고 늘어질 수도, 그렇지 않을 수도 있다. 만약 너의 사랑이 정결하고(마태복음 6:22) 순전하며 잘 정돈되었다면 너는 어떤 것에도 사로잡히는 일이 없을 것이다.

네가 갖기에 합당치 않은 것에 대해 탐하지 말라. 너를 훼방하고 너에게서 자유를 빼앗아 가는 것들을 소유하지 말라.

네가 간절히 바라고 소유할 수 있는 모든 것을 가지고 있으면서도 전심으로 나에게 네 자신을 맡기지 않는 일은 이상한 일이 아닐 수 없다.

2 왜 너는 어리석은 슬픔으로 자신을 수척케 하고(출애굽기 18:18 ; 미가 4:9) 쓸데없는 걱정으로 자신을 피곤하게 하느냐?

나의 뜻에 너를 내맡기라. 그리하면 손해 보는 일이 없을 것이다.

네가 더 많은 자신의 유익과 즐거움을 누리기 위해 이곳저곳 기웃거리며 세상 것들을 구하러 돌아다닌다면 너는 결코 안식을 얻지 못하고 근심에서 벗어나지 못하리라. 세상에는 어느 것이나 부족한 점이 있고, 어디를 가든지 너를 괴롭히는 자가 있을 것이기 때문이다.

네가 세상적인 것을 얻고 늘림으로 행복을 얻을 수 없고, 반대로 그것들을 경멸하고 네 마음속에서 온전히 뿌리 뽑을 때 행복을 찾을 것이다.

이 진리는 반드시 돈이나 재물에서뿐만 아니라 허황된 명예와 칭찬을 열망하는 것과 같은, 세상의 없어질 모든 것들에 있어서도 적용되느니라.

3 열정적인 영혼이 없다면 그곳에는 거의 아무 것도 없는 것이나 마찬가지며, 외부로부터 평화를 구한다면 그 평화 또한 오래 가지 못할 것이다(이사야 41:13). 만약 네 마음이 참된 기초를 가지고 있지 않다면, 즉 내 안에 기초를 두고 있지 않다면, 외적인 상태를 아무리 바꾼다 해도 네 자신은 개선되지 않는다. 그런 기회가 주어진다 해도 너는 예전에 그런 기회로부터 달아났던 것을 발견하고는 보다 더 멀리 도망치려 할 것이기 때문이다.

4 정결한 마음과 하늘의 지혜를 구하는 기도
제자 오, 하나님, 거룩한 성령의 은혜로 저를 강하게 하소서(시편 51:12). 귀한 것이든 천한 것이든 여러 욕망들에 끌려가지 않도록 속사람을 강건하게 하시고(에베소서 3:16), 제 마음의 쓸데없는 근심과 걱정을 모두 비울 힘을 주소서(마태복음 6:34). 세상 것들은 모두 다 지나갈 것으로 여기게 하옵시고, 저 자신 또한 세상 것들과 더불어 곧 사라지는 것으로 여기게 하소서. 해 아래서는 영원한 것이 없고, 모든 것이 헛되며, 영혼의 고통밖에 없기 때문입니다(전도서 1:14, 2:1).
이것을 깨닫는 자는 참으로 지혜로운 사람입니다.

5 주님, 제게 하늘의 지혜를 주사(지혜서 9:4), 무엇보다 주님을 구하고 찾으며, 어떤 것보다도 주님을 더욱 즐거워하고 사랑하는 법을 배우게 하시며, 주님의 지혜로우신 계획의 순서에 따라 다른 모든 것을 헤아리는 법을 배우게 하소서.

아첨하는 자들을 피할 수 있도록 제게 총명함을 주시고, 저에게 해를 입히는 자들을 인내로써 용서하게 하소서.

말 한 마디에 요동하는 것은 지혜가 아니요(에베소서 4:14), 비방과 아첨에 귀를 기울이는 것도 역시 그러합니다. 이렇게 조심함으로써 저희는 저희가 시작했던 길을 안전히 걸어갈 수 있습니다.

28 다른 사람에 대한 비방

다른 사람들의 말에 자신을 흔들리게 하지 마십시오. 자신은 다른 사람이 아닙니다. 하나님을 의지하고 바라는 자세를 강화시키는 것이 오히려 낫습니다.

1 주님 내 아들아, 누군가 너에 대해 나쁘게 생각하고(고린도전서 4:13) 너에게 불쾌한 말을 하더라도 이를 마음에 두지 말라.

너는 자신의 더 나쁜 점들을 생각해야 하고, 세상에서 너보다 더 연약한 자는 없다는 것을 믿어야 한다. 더욱이 네가 영적인 삶을 살고 있다면, 그렇게 떠도는 말에 대해 거의 관심을 기울이지 않을 것이다.

불행할 때에 침묵을 유지하고 내적으로 자신을 내게로 돌이키며 사람들의 판단에 괴로워하지 않는 것은 크나큰 지혜이니라.

2 사람들의 말에 의해 네 평안이 흔들리지 않도록 하라. 그들이 너에 대해 좋게 생각하든 나쁘게 생각하든 그로 인해 네가 다른 사람이 되는 것은 아니니라. 참평화와 영광이 어디에 있느냐? 바로 내 안이 아니더냐?(요한복음 16:33)

사람들을 기쁘게 하는 데 신경 쓰지도 않으며, 그들의 비위를 건드릴까봐 두려워하지도 않는 사람은 큰 평화를 누리리라. 이는 모든 불안과 의식의 혼란은 무질서한 사랑과 헛된 두려움으로부터 일어나기 때문이다.

29 환난 때의 하나님 찬양

환난은 폭풍이요, 바람이요, 지나감입니다. 우리는 이러한 것들이 하나님의 은혜를 더 드러나게 만듦을 기억해야 합니다. 주 하나님을 찬양합시다.

1 제자 주님, 이 환난과 시험이 제게 엄습하는 것이 주님의 뜻이오니 주님의 이름이 영원토록 찬양 받으소서(욥기 1:21).

저는 이 환난에서 벗어날 수 없사오니 오직 시험과 환난을 선으로 돌리시는 주님에게 피할 수밖에 없습니다.

주님, 제가 지금 고통 가운데 있어 마음에 평안이 없사오며, 현재의 이 고난을 감당하기가 어렵습니다.

사랑하는 아버지, 이제 제가 무슨 말을 하리이까? 제가 모진 길에서 괴롭나이다. 저를 구원하여 이때를 면하게 하소서(요한복음 12:27).

제가 이때에 이른 것은, 제가 매우 비참한 지경에 이르고 주님으로 말미암아 세상의 비참한 것들로부터 해방되어 주님께서 저를 구하심으로 영광을 받기 위함입니다.

주님, 저를 구하시기를 기뻐하시고 저를 인도하소서. 저는 가난하고 비참하오니 제가 주님 없이 과연 무엇을 할 수 있사오며, 또 어디로 갈 수 있으리이까?(시편 37:40)

주님, 어려움을 당한 이때에 극복할 수 있는 인내를 주소서. 나의 하나님, 저를 도와주소서. 그리하시면 제가 아무리 심한 고통 중에 있다 할지라도 두려워하지 않으리이다.

2 지금 이 환난 중에 제가 무슨 말을 하리이까?
주님, 주님의 뜻이 이루어지이다(마태복음 6:10). 저는 고통과 슬픔을 당해 마땅한 자입니다.
저는 이를 참아내야만 합니다. 폭풍이 지나가고 고요함이 찾아올 때까지 저는 인내로써 참고 견뎌내야 합니다.
주님의 전능하신 손은 이 시험을 저에게서 거두어 가실 수도 있고(지혜서 11:17), 제가 완전히 곤두박질치지 않도록 시험을 가볍게 하실 수도 있으십니다. 나의 자비하신 하나님, 주님께서는 지금까지도 저에게 수없이 그렇게 해 오셨습니다.
저의 처지가 어려울수록 가장 높으신 이의 전능하신 역사로 변화시키는 것은 더욱 쉬운 일입니다.

30 하나님께 도우심을 간구하기

기도는 하나님의 은혜를 부릅니다. 하나님의 도우심은 항상 준비되어 있습니다. 하나님은 우리의 도우심, 간구를 항상 기다리시고, 부르시면 은혜를 회복시키십니다.

1 주님 내 아들아, 나는 환난 날에 네게 힘을 주는 여호와니라(나훔 1:7). 네게 어려운 일이 닥칠 때 내게로 오라(마태복음 11:28). 하늘의 위로를 막는 가장 큰 장애물은 네가 기도하는 데 있어 게으르기 때문이다. 너는 진심으로 기도하기에 앞서 먼저 외적인 것에서 많은 위로를 찾고 기쁨을 얻으려고 하기 때문이다.

네가 나를 신뢰하고 너의 유일한 구원자로 깨닫기 전까지는 너에게 어떠한 유익도 없을 것이며, 나 이외에는 가치 있는 도움도, 그 어떤 유익한 구원과 영원한 치유도 있을 수 없느니라. 그러나 폭풍이 지난 후 이제 내 자비의 빛 안에서 용기를 내어 다시 한 번 강건하라. 나는 항상 네 가까이에 있어서 모든 것을 이전대로 완전하게 회복시킬 뿐만 아니라 풍성함을 더하여 흘러넘치도록 회복시키느니라.

2 나에게 그 무슨 어려운 일이 있겠느냐?(예레미야 32:27) 약속은 하되 이를 실행하지 않는 이들과 내가 같다고 생각하느냐?(민

수기 23:19) 너의 믿음이 어디에 있느냐? 굳게 서서 참고 견디라. 인내와 용기를 가져라. 때가 되면 평안이 네게 임하리라. 나를 기다리라. 그리하면 내가 와서 너를 치료해 주리라. 너를 괴롭히는 것은 단지 시험일 뿐이며, 너를 위협하는 것도 헛된 두려움이다. 네가 장래의 일어날 일에 대해 걱정한들 무슨 소용이 있겠느냐? 단지 근심 위에 근심을 쌓는 일밖에 더 있겠느냐? "한 날의 괴로움은 그날에 족하니라" (마태복음 6:34).
어쩌면 결코 일어나지 않을지도 모르는 장래의 일 때문에 괴로워하거나 즐거워하는 것은 헛되고 무익한 일일 뿐이다.

3 그러나 그러한 망상에 속는 것이 인간이며, 원수의 꼬임에

말려드는 것은 영이 약하다는 증거이다. 원수는 네가 현재의 사랑에 빠지든지 미래의 두려움에 빠지든지 상관하지 않고 너를 정복하려 하기 때문이다.

그러므로 마음을 괴로워하거나 두려워하지 말라. 나를 신뢰하고 나의 자비를 믿으라(시편 91:1). 네가 나에게서 멀리 떨어져 있다고 생각할 때, 실은 너에게 매우 가까이 있느니라. 네가 거의 모든 것을 다 잃었다고 생각할 때, 실로 너는 큰 상급을 얻는 길에 있느니라.

어떤 일이 네가 원하는 것과 반대로 이루어질 때도 모든 것을 다 잃어버린 것이 아니다. 따라서 너는 현재의 느낌에 따라 판단하지 말며, 힘들 때마다 근심하지 말고, 마치 고통에서 벗어날 수 있는 모든 희망이 사라진 것처럼 생각하지 말라.

4 내가 잠시 너를 환난으로 내몰거나 네가 바라는 위로를 허락지 않을지라도 버림을 받았다고 생각하지 말라. 왜냐하면, 그것이 천국으로 가는 길이며, 역경을 견뎌낸 너와 남겨진 나의 종들에게 있어 자기가 바라는 모든 것을 취하는 것보다 환난 당하는 것이 분명 더 유익하기 때문이다.

나는 너의 은밀한 생각들을 알고 있노라(시편 44:21). 그리고 때로는 낙담에 빠진 상태로 내버려 두는 것이 너의 구원에 유익하다는 것도 알고 있다. 그렇지 않으면 너는 교만하게 되고, 네게 합당하지 않은 것을 소유하고 자만에 빠질 수 있기 때문이다. 나는 언제든지 네게 준 것을 거두어 갈 수도 있고, 내가 원하는 때에 이를 다시 허락하여 회복시킬 수도 있느니라.

5 내가 네게 준 것은 여전히 내 것이다. 그러므로 내가 그것을 다시 취한다 해도 나는 결코 너의 것을 빼앗는 것이 아니니라. 모든 좋은 은사와 온전한 선물이 다 나의 것이기 때문이다(야고보서 1:17).
내가 네게 고통과 역경을 보낸다 할지라도 초조해 하거나 낙담하지 말라. 나는 너를 다시 일으켜 세워 네 모든 슬픔을 기쁨으로 바꿀 수 있는 자니라.
내가 너를 이처럼 냉철하게 다룰지라도 나는 공의로우며 지극히 찬양 받을 만한 자니라.

6 네가 바르게 생각하고 참된 빛으로 상황을 바라본다면 어떤 역경이 닥친다 해도 결코 낙담하여 슬퍼하지 않을 것이다. 내가 너를 슬픔에 빠지게 하고 너를 아끼지 않은 것을 특별한 기쁨으로 생각하면 오히려 기뻐하며 감사하리라.
나는 "아버지께서 나를 사랑하신 것같이 나도 너희를 사랑하였으니"(요한복음 15:9)라고 제자들에게 말했다. 그리고 분명 나는 그들을 일시적인 기쁨을 누리도록 보낸 것이 아니라 오히려 큰 투쟁을 하도록 보냈으며, 영예가 아니라 멸시를, 나태함이 아니라 노동을, 휴식이 아니라 인내로 많은 열매를 맺게 하기 위해 보냈느니라(누가복음 8:15). 내 아들아, 너는 이 말을 기억할지니라.

31 창조주를 찾는 것

창조주는 모든 피조물의 원인자이십니다. 사람들은 세상에 온갖 가치를 부여하나 이보다 우선이 창조주이십니다. 우리의 영적 묵상은 이런 사실을 깨닫게 도와줍니다.

1 제자 주님, 제가 사람이나 어떤 피조물들에 의해 방해 받지 않는 경지에 이르려면 아직도 많은 은혜가 필요합니다. 다른 것들이 나를 붙들고 있는 한 저는 자유로이 주께 날아갈 수가 없습니다.

주께로 자유로이 날아가기를 원하는 자는 "만일 내게 비둘기같이 날개가 있다면 날아가서 편히 쉬리로다"(시편 55:6)라고 말합니다. 다른 것을 보지 않고 주님만 바라보는 자보다 더 평안한 자가 어디 있겠습니까? 그리고 세상에서 아무 것도 바라지 않는 자보다 더 자유로운 자가 어디 있겠습니까?

그러므로 사람은 마땅히 모든 피조물을 초탈하고 자신을 온전히 버리며 마음의 만족과 황홀경 가운데서 주님을 바라봐야 하옵니다. 주님은 만물의 창조자시요 피조물 중에 주님 같으신 이가 결코 없습니다.

또한 사람이 피조물로부터 자유롭지 않다면 거리낌 없이 하나님을 섬길 수 없습니다. 묵상에 자신을 바치는 사람이 아주 적은 이유는 덧없는 것과 피조물로부터 완전히 떠나는 법을 아는 사람이 거의 없기 때문입니다.

2 이를 위해서는 영혼이 육체를 초월할 수 있을 만큼의 큰 은혜가 필요합니다. 사람이 영적으로 고결해져 모든 피조물로부터 자유로워지고 하나님과 전적으로 하나가 되지 않는다면 그의 모든 지식과 소유는 찰나에 불과합니다.
광대하고 영원불변하며 유일한 선이신 하나님 외에 또 다른 어떤 것에 가치를 두는 자는 언제까지나 보잘것없고 미천한 상태를 면치 못할 것입니다. 하나님 이외에는 모든 것이 하찮은 존재이며, 또한 하찮은 존재로 여겨져야 마땅합니다.
깨우침을 받은 경건한 신앙인의 지혜와 세상적인 학문에 유식한 학자와의 지식 사이에는 크나큰 차이가 있습니다. 왜냐하면, 하나님의 원천으로 얻어진 지식이야말로 힘들게 인간의 연구로 얻어진 지식보다 훨씬 더 숭고하기 때문입니다.

3 영적 묵상을 원하는 사람들은 많지만 묵상이 요구하는 것을 실천하려고 노력하는 사람은 그리 많지 않습니다.
사람들이 외적이고 눈에 보이는 것들에 만족하고 온전한 금욕을 갖지 않는 것이 큰 장애물 중의 하나입니다.
저는 도대체 저희가 어떤 영에 이끌리기에 그런 행동을 하는지 그 이유를 모르겠습니다. 저희가 영적 문제에는 온전한 의식으로 관심을 가지지 않으면서도 덧없고 하찮은 것에는 더욱 노력하고, 심지어 걱정까지 하며, 이것을 소위 영적인 것이라

불리길 바라고 있습니다.

4 아, 슬프게도 잠깐 동안 마음의 평정이 있고 나서 저희는 곧 마음이 해이해져 저희의 행실을 엄격한 잣대로 고찰하지 않습니다. 저희는 저희의 감정이 의지하는 곳이 어디인지 관심이 없으며, 행실이 불순하다는 사실을 한탄하지도 않습니다.
인류의 행실이 타락했기 때문에 대홍수가 뒤따르게 되었던 것을 기억합니다(창세기 6:12; 7:21). 그때 저희의 영적 성향이 타락한 이후로, 거기에서 나오는, 즉 영적 능력 결핍에서 나오는 저희의 행동 또한 타락하는 것은 당연한 일입니다. 선한 삶의 열매는 깨끗한 마음에서 맺히는 것입니다.

5 사람들은 늘 얼마나 많은 일을 해 왔는지 묻지만, 그가 덕으로 행하였는지에 대해서는 거의 생각하지 않습니다.
사람들은 그가 용감한지, 부자인지, 늠름한지, 좋은 작가인지, 훌륭한 가수인지, 좋은 일꾼인지 묻곤 하지만, 그가 얼마나 심령이 가난한지, 얼마나 참을성 있고 온유한지, 얼마나 경건하고 신령한지에 대해서는 거의 말하지 않습니다.
사람의 본성은 외적인 면을 보지만 은혜 받은 사람은 영적인 것에 관심을 돌립니다. 본성적인 사람은 자주 오류를 범하지만 은혜 받은 사람은 하나님을 신뢰하므로 결코 미혹되지 않습니다.

32 자기 부인(否認)과 욕망의 포기

하나님은 자기 부인과 악한 욕망보다 앞서 계십니다. 즉 하나님의 추구는 자기 부인을 가능케 하고 악한 욕망을 절제할 힘을 부여해 주십니다.

1 주님 내 아들아, 네가 온전히 자신을 부인하지 않는 한 완전히 자유로울 수 없다(마태복음 16:24). 오직 자기 이익만을 구하고 자신만을 사랑하는 자들은 족쇄에 매인 자이기 때문이니라. 탐욕스럽고, 호기심이 많고, 항상 예수 그리스도보다 안락함을 추구하고, 일시적인 일만 궁리하고 구상하는 자들은 그것들에 의해 동요될 것이라. 하나님께 속하지 않은 것들은 완전히 실패하기 때문이다.

그러므로 "모든 것을 버리면 모든 것을 얻으리라"는 짧지만 온전한 말씀을 붙들라. 너의 욕망을 버리라. 그리하면 안식을 찾게 되리라. 이를 마음에 새기고 실천에 옮기면 모든 것을 다 이해할 수 있으리라.

2 제자 주님, 이는 하루에 이루어질 일도 아니며 어린이의 놀이도 아닙니다. 참으로 이 짧은 말씀 안에 신앙인의 성숙이 모두 포함되어 있습니다.

주님 내 아들아, 너는 완전에 이르는 길에 대해 들을지라도 피하거나 낙담하지 말라. 오히려 최고의 절정을 향해 더욱 분발해야 한다. 아니면 최소한 완전을 구하는 데 열망을 지니라.
네가 이와 같이 행하여 더 이상 자신을 사랑하지 않고 오직 나의 명령과 내가 네 위에 지정해 준 윗사람의 명령에만 순종한다면, 나는 너로 인하여 지극히 기뻐하며 너의 모든 삶을 평화와 기쁨으로 채우리라.
그러나 너에게는 아직 포기해야 할 것이 많이 있으니, 만약 나를 위하여 그것들을 온전히 포기하지 않으면 네가 원하는 것을 결코 얻을 수 없으리라.
"내가 너를 권하노니 내게서 불로 연단한 금을 사서 부요하게 하라"(요한계시록 3:18).
여기서 '금'이라 함은 곧 모든 열등한 세상 것들을 짓밟고 부끄럽게 하는 하늘의 지혜를 가리키느니라.
세상의 지혜와 인간의 모든 자기 만족을 제거하라.

3 사람들에게 값지고 귀한 것들을 주고 너는 하찮은 것을 취하라고 한 나의 말을 기억하라. 참된 하늘의 지혜는 스스로 높아지려 하지 않고 세상의 영광을 추구하지 않아서 참으로 초라하고 작은 것처럼 보여 사람들 가운데 잘 잊혀지느니라. 실로 많은 사람이 입으로는 이를 칭찬하나 생활에서는 하늘의 지혜와 멀리 떨어져 있다. 그러나 이 하늘의 지혜야말로 숨겨진 값진 진주니라(마태복음 13:46).

33 변덕스러운 우리의 마음

자신의 변덕스러움과 감정을 면밀하게 살펴보십시오. 그러면 하나님의 목적을 알게 되고 하나님께 집중하게 될 것입니다.

1 주님 내 아들아, 현재 너의 감정을 신뢰하지 말라. 이는 금방 다른 것으로 변할 수 있기 때문이니라.

네가 살아 있는 한 싫든 좋든 변덕의 지배를 받지 않을 수 없다 (욥기 14:2). 그리하여 한 순간 즐거웠다가 곧 슬퍼지고, 한 순간 잠잠했다가 다시 불안해지고, 한때 경건했다가 다음엔 세속적이 되며, 때때로 부지런했지만 다른 때에는 게을러지고, 엄숙했다가 다시 경박해진다.

그러나 지혜롭고 영생의 가르침을 받는 사람은 어떤 바람이 요동을 쳐도 자신이 느끼는 감정이나 불안정한 변화의 행로에 주의를 기울이지 않고, 혹한 변화들 중에서도 굳건히 대처한다. 오직 전심전력으로 온전한 열망 속에서 목적을 추구한다. 그와 같이 많은 사건 가운데서도 나를 향해서만 흔들림 없이 자신의 의지를 몰두함으로써 끊임없이, 그리고 변함없이 흔들리지 않는 삶을 지속할 수 있으리라.

2 나를 향한 전적인 관심과 집중은 세상의 어떤 환란과 풍파

속에서도 흔들리지 않고 슬기롭게 극복할 수 있으며, 훨씬 더 안정과 평안을 찾게 될 것이다. 그러나 많은 사람은 다가오는 세상의 쾌락에 눈을 돌리기 때문에 내면의 맑은 눈은 점차 잃게 되어 어두워지고 만다. 그리하여 마음이 변덕을 떨며 흐트러지는 경우가 많다.

자아 추구라는 허물에서 온전히 자유로운 사람은 극히 찾아보기가 드물다. 예전에 유대인들이 베다니로 마리아와 마르다를 찾아 온 이유는 예수님을 위해서만이 아니라 나사로를 구경하기 위함이기도 했다(요한복음 12:9). 그러므로 너희 내면의 눈을 정화시켜 그 눈을 한결같고 곧게 해야 하나니(마태복음 6:22), 모든 상황이 너를 방해할지라도 항상 하나님만을 바라봐야 하느니라.

34 자신을 사랑하는 자들을 기뻐하시는 하나님

 하나님은 자신을 사랑하고 기뻐하는 자들을 보살피십니다. 세상의 거친 세력, 파도, 전쟁에서도 하나님은 우리를 기뻐하시고 도우시며 인도하십니다.

1 제자 보소서, 나의 모든 것 되시는 나의 하나님이시여! 제가 무엇을 더 바라며 얼마나 더 큰 행복을 바랄 수 있으리까? 참으로 감미롭고 향기로운 말씀이여! 그러나 세상이나 세상 속에 있는 것들을 사랑하지 않고 오직 하나님만을 사랑하는 사람에게만 감미로운 말입니다.

"나의 모든 것 되시는 나의 하나님이시여!"

하나님을 깨닫는 자에게 있어 이 말 외에 더 이상 무슨 말이 필요하리까? 이는 하나님을 사랑하는 자에게 있어 아무리 자주 반복되어도 기분 좋은 말씀입니다. 왜냐하면, 하나님께서 함께하시면 모든 것이 즐거우나 하나님이 안 계시면 모든 것이 무의미하게 되기 때문입니다.

마음의 평안과 크나큰 화평과 넘치는 기쁨을 주시는 이는 바로 주님이십니다. 하나님은 저희에게 모든 것에 만족하고 모든 상황 속에서 주님을 찬양하게 하십니다. 하나님이 안 계시면 그 무엇도 저희에게 지속적인 기쁨을 줄 수 없습니다. 반드시 하나님의 은혜가 함께하고 하나님의 지혜가 감미롭게 조미된 것만이 즐겁고 풍미가 있습니다.

2 행복을 하나님 안에 둔 사람에게 있어 기쁘지 않은 것이 무엇이겠습니까? 반면에 하나님 안에 기쁨을 두지 않은 자에게 그 무엇이 만족스러울 수 있겠습니까?

세상에서 지혜롭다 하는 사람들과 육신을 갈망하는 자들에게는 하나님의 지혜가 있을 수 없습니다(로마서 8:5 ; 고린도전서 1:26 ; 요한일서 2:16). 왜냐하면, 세상에는 극도의 허무함이 있고 육신에는 죽음만이 있기 때문입니다.

그러나 주님을 따르는 자들은 세상 것을 경멸하고 육신을 극복하는 것이야말로 참지혜가 된다는 것을 알고 있습니다. 그들은 허영에서 진리로, 육신에서 영으로 변화된 자들이기 때문입니다. 이러한 사람들은 하나님을 즐겁게 하고, 피조물 안에서 발견되는 선이라면 무엇이든지 그 창조자에게 찬양을 돌립니다.

창조주와 피조물, 영원과 한정된 시간, 스스로 존재하는 빛과 반사된 빛 사이에서 느껴지는 기쁨의 차이는 참으로 큰 것입니다.

3 하나님, 하나님은 모든 창조된 빛보다 훨씬 뛰어나신 영원의 빛이시니, 위로부터 오는 하나님의 밝은 광채는 제 마음의 가장 깊숙한 곳을 비춥니다. 그 빛의 모든 능력으로 제 영을 정화시키시고, 격려하시며, 깨닫게 하시고, 활기차게 하시어, 저

로 하여금 넘치는 기쁨으로 하나님께 굳게 매달리게 하소서.
아, 하나님의 임재하심으로 저를 충만히 채우시고 하나님께서 저의 모든 것이 되실 그 복되고 즐거운 때가 언제나 오겠습니까? 이 일이 제게 주어지지 않는 한 저의 기쁨은 온전할 수 없습니다.
아아, 슬프게도 옛 사람이 아직 제 안에 살고 있습니다. 그는 아직 십자가에 못 박히지 않았고 완전히 죽지도 않았습니다(로마서 7장). 옛 사람은 영에 맞서 여전히 세상적인 것들에 대해 강한 욕망을 일으키고, 제 영혼이 평안하도록 그냥 놔두지 않을 것입니다.

4 하나님은 바다의 거친 세력도 다스리시고 넘치는 파도도 잔잔케 하시니(시편 89:9) 이제 일어나셔서 저를 도우소서! 전쟁을 즐거워하는 나라들을 간과치 마사 흩으시고(시편 68:30), 주님의 심판으로 저들을 무너뜨리소서.
제가 주님께 간구하오니, 주님의 위대하심을 드러내시고 주님의 오른손으로 영광을 받으소서. 주 나의 하나님, 제게는 하나님 이외에 다른 소망이 전혀 없기 때문입니다(시편 31:14).

35 세상에서 피할 수 없는 시험

세상에서 시험을 피할 수는 없습니다. 또한 영원한 안식을 얻을 수도 없습니다. 그러므로 우리는 모든 시험에 대하여 당당하고 기쁜 마음으로 감당해야 할 것입니다.

1 주님 내 아들아, 이 세상은 결코 안전하지 않으니 네가 살아가는 동안 영적인 무기가 필요하다(욥기 7:1). 너는 원수들 가운데 살고 있으니 좌우로부터 공격 받기 쉽다(고린도후서 6:7). 그러므로 네가 인내의 방패로 사방으로부터 자신을 보호하지 않으면 상처 받지 않을 수 없을 것이다. 뿐만 아니라 네가 나를 위해 모든 고통을 견딜 굳은 의지로 신실하게 네 마음을 나에게 두지 않으면 너는 이 전쟁의 뜨거운 열기를 감당하지 못하며 축복의 면류관을 얻지 못하리라.

그러므로 너는 모든 일을 담대하게 꿰뚫어 네 길에서 방해가 되는 것은 무엇이든지 강력하게 대항하라. 시련을 극복하는 자는 천국의 만나를 받을 것이요, 너무 게을러 싸우지 못하는 자에게는 많은 고통만이 남을 것이라.

2 네가 이 세상에서 안식을 찾는다면 어떻게 영원한 안식을 얻을 수 있겠느냐? 스스로 많이 쉬고자 하지 말고 잘 인내하려고 하라. 참평화를 땅 위에서 찾으려 하지 말고 하늘에서 찾을 것이며, 사람이나 다른 피조물 안에서 찾지 말고 오직 하나님

안에서만 구하라.

하나님의 사랑을 위하여 너는 모든 것, 곧 모든 노동과 슬픔, 시험, 고난, 걱정, 연약함, 궁핍, 상처, 비방, 비난, 굴욕, 혼란, 징계, 모욕을 기쁜 마음으로 감당해야 하느니라. 그것들은 덕을 쌓는 데 도움을 주기 때문이다. 그것들은 그리스도의 초심자들에게는 시험이 되며, 또한 하늘의 면류관을 만들어 주기도 한다.

나는 너의 짧은 수고에 대해 영원한 상급을 줄 것이며, 잠깐 동안의 수치에 대해서는 무한한 영광을 주리라.

3 너는 네가 원하는 대로 항상 영적 위안을 누릴 수 있다고 생각하느냐? 과거의 내 성도들도 항상 그리하지는 못했느니라. 대신 그들은 많은 고난과 갖가지 시험과 크나큰 외로움을 경험했다.

하지만 그들은 모든 것을 인내로 견뎠다. 그들은 자신보다는 하나님에게 믿음을 두었도다. 왜냐하면, 이 세상의 고통이 장래의 영광과 족히 비교할 수 없음을 그들이 알았기 때문이다 (로마서 8:18).

다른 사람들이 수많은 눈물과 수고를 거친 후에 힘겹게 얻은 것을 너는 어찌하여 단번에 얻으려고 하느냐? 너는 주님을 기다리고 담대히 행하며 용기를 가지라 (시편 27:14). 믿음을 잃지 말라. 네 위치를 떠나지 말고 오직 하나님의 영광을 위해 항상 너의 몸과 영혼을 바치라. 그리하면 내가 네게 가장 풍성한 상급을 줄 것이요, 모든 환난 중에 너와 함께하리라 (시편 91:15).

36 인간의 헛된 판단

인간의 판단을 두려워해서는 안 됩니다. 모든 사람을 만족시킬 수는 없는 것이므로 오히려 우리는 주님께 의지하고 모든 것을 맡겨야 합니다.

1 주님 내 아들아, 주님을 굳게 믿고, 네 양심이 너의 정직과 결백을 말해 준다면 사람의 판단을 두려워하지 말라. 그런 식으로 고통 받는 것은 유익하고 복된 일이니, 자신을 의지하지 않고 겸손하게 하나님만을 의지하는 마음을 가진 사람은 그런 일에 무게를 두지 않는다.

대부분의 사람은 그저 많은 것을 말할 뿐이므로 그들에게 조금도 신뢰를 두지 말라. 모든 사람을 다 만족시키기란 불가능한 일이니라.

2 바울은 주님 안에서 모든 사람을 기쁘게 하고자 애썼고 여러 사람에게 여러 모양이 되었으나(고린도전서 9:22) 사람의 평가는 아주 작은 일로 여겼다(고린도전서 4:3).

그는 다른 사람들을 교화하고 구원하기 위해 할 수 있는 한 열심히 수고했으나 때로는 다른 사람들의 판단과 멸시를 피할 수 없었다.

바울은 모든 것을 아시는 하나님께 자신의 전부를 맡겼다. 따라서 부정하게 말하며, 어리석은 것을 생각하고, 거짓말을 하거나 그를 향해서 비난하는 자들의 혀에 대해 인내와 겸손으로 자신을 방어했느니라. 물론 때때로 그는 그들을 대응하기도 했는데, 이는 연약한 자들이 자신의 침묵으로 인해 비방 받지 않게 하기 위해서였다(사도행전 26장 ; 빌립보서 1:14).

3 죽을 수밖에 없는 인간을 두려워하는 자가 누구인가? 인간은 오늘 있다가도 내일은 보이지 아니하느니라(사 51:12). 하나님을 두려워하라. 그리하면 인간을 두려워할 필요가 없으리라.

사람의 말이나 비난이 네게 무슨 해를 끼칠 수 있겠느냐? 그는 너를 해치는 것이 아니라 오히려 자기 자신을 해치는 것이며, 그가 누구든지 하나님의 심판을 피하지 못하리라(로마서 2:3 ; 고린도전서 11:32).

그러므로 항상 네 앞에 하나님을 모셔 두고, 투정부리는 말로 불평하지 말라. 당장은 패배한 것 같고 부당하게 수치를 당하는 것처럼 보일지라도 절대 불평하지 말고, 성급함으로 네 면류관을 상하게 하지 말라(히브리서 12:1-2).

그보다는 눈을 들어 하늘에 있는 나를 바라보라. 나는 너를 모든 수치와 상처에서 건져내고, 행한 대로 갚아 줄 수 있는 능력을 가진 자이니라.

37 순전하고 완전한 자아 포기

마음의 자유와 평안을 누리고자 하면 자기 의지와 소유를 온전하게 포기하여야 합니다. 예외를 두지 않고 자기를 포기하고 주님을 열망하면 확실하고 순전한 평화를 얻게 될 것입니다.

1 주님 내 아들아, 네 자신을 버리라. 그리하면 나를 찾게 되리라(마태복음 16:24). 자기 의지와 네 소유를 포기하라. 그리하면 너는 언제나 얻는 자가 될 것이라. 일단 자신을 완전히 포기한다면 더 큰 은혜가 네게 더하여지리라.

제자 주님, 제가 얼마나 자주 자신을 포기해야 하며 무엇을 버려야 합니까?

주님 항상 매시간, 큰 문제뿐만 아니라 작은 문제에서도 예외가 없느니라. 내가 바라는 것은 네가 스스로를 떨쳐내는 것뿐이다. 네 의지를 외적으로나 내적으로 모두 벗어 버리지 않는다면 어떻게 네가 나의 것이 되고 내가 너의 것이 될 수 있겠느냐? 네가 빨리 이 일을 행하면 행할수록 더 좋은 일이 네게 임할 것이요, 온전하고 신실하게 행하면 행할수록 너는 더욱 더 나를 기쁘게 하며, 더 큰 유익을 얻을 것이다.

2 어떤 사람들은 몇 가지 특정한 예외를 두어 자신을 포기한다. 그들은 하나님을 완전히 의지하지 않으며 자신의 이익을 추구한다. 또 처음에는 모든 것을 다 포기했다가 후에 시험을 당하면 이전에 포기했던 것으로 다시 돌아가는 사람들이다. 그런 사람들은 덕성을 쌓지 못하므로 아무런 진보도 이루지 못하느니라.

먼저 자신을 완전히 포기하고 날마다 자신을 희생하지 않는다면 정결한 마음의 참자유에 이르지 못하며, 나와 복된 교제를 이루는 은혜도 누리지 못하리라. 이렇게 하지 않고는 열매가 풍성한 연합은 지속될 수 없으며 앞으로도 그럴 것이다.

3 내가 네게 자주 말해 왔고 이제 다시 말하노니, 너는 자신을 버리고 부인하라(마태복음 16:24). 그리하면 마음의 큰 평화를 누릴 수 있으리라.

내게 모든 것을 바치고, 무엇도 구하지 말며, 아무런 대가도 요구하지 말라. 확신을 가지고 순전히 내게 맡기라. 그리하면 나를 소유할 것이요 마음이 자유롭게 되리니, 어둠이 너를 짓누르지 못할 것이라.

꾸밈없는 예수님을 따르기 위해, 그리고 자신을 죽이고 영원히 나를 위해 살기 위해 모든 이기심을 벗어 버리고 순수하게 되고자 노력하고 기도하기를 열망하라. 그리하면 모든 헛된 공상과 악한 번민과 불필요한 염려는 사라지리라. 또한 극도의 두려움도 내게서 떠나고 무절제한 사랑도 사라지리라.

38 위기 때의 하나님

영적 자유는 자신을 통제하고 사물을 지배하며 외모와 육신의 눈에서 자유해야 합니다. 하나님의 장막, 비밀의 골방에서 하나님의 도움을 얻게 될 것입니다.

1 주님 내 아들아, 영적으로 자유롭기 위해서는 부지런히 노력하고, 모든 외적인 행동과 일에 있어 어디에서나 자신을 온전히 통제해야 하며, 사물에 지배 받는 것이 아니라 사물을 지배할 수 있도록 꾸준히 노력해야 한다. 자신의 행동에 있어서는 노예나 하인이 될 것이 아니라 지휘자가 되어야 하느니라.

너는 오히려 하나님의 자녀들의 자유와 자격을 상속할 참 히브리인이 되어야 한다. 하나님의 자녀들은 현세의 것들을 넘어 영원한 것들을 명상한다. 그들은 왼쪽 눈으로는 세상 것들을 바라보나 오른쪽 눈으로는 하늘의 것들을 바라본다. 그들은 세상 것들에 이끌려 얽매이지 않고, 오히려 피조물을 질서 가운데 두신 위대하신 창조주 하나님께서 정하신 대로 그것들을 적당한 자리에 놓는다.

2 만일 네가 모든 경우에 있어서 단순히 외모로 평가하지 않으며, 네가 보고 듣는 것들을 육신의 눈으로 보지 않고, 무슨 일에든 주께 조언을 얻고자 모세와 함께 성막에 들어간다면

(출애굽기 33:9) 때때로 하나님의 응답을 들을 것이요, 현재와 장래 일에 있어 가르침을 얻을 수 있으리라. 왜냐하면, 모세는 의심과 의문 나는 일을 해결하고 위험과 인간의 악한 행위를 피하기 위해 항상 장막으로 가서 도움을 얻고자 기도했기 때문이다.

이와 같이 너도 네 마음에 있는 비밀의 골방으로 피해(마태복음 6:6) 하나님의 도움을 간절히 구해야 하느니라.

너희가 말씀에서 보거니와, 여호수아와 이스라엘 자손들이 기브온 사람들에게 속은 이유는, 그들이 가장 먼저 하나님의 조언을 구하지 않았고(여호수아 9:14), 그럴듯한 말을 너무 쉽게 믿고, 기브온 사람들의 거짓된 신앙심에 속았기 때문이니라.

39 주님의 일에 대한 지나친 염려

자신의 소망을 구함과 관련하여 확고하게 한 가지 생각에 집중하고 하나님께 맡기는 자세가 필요합니다. 때가 되면 하나님께서 해결하실 것입니다.

1 주님 내 아들아, 항상 네 소망을 내게 맡기라. 그리하면 내가 알맞은 때에 적절히 해결할 것이라. 그에 대한 나의 명령을 기다리라. 그리하면 그것이 네게 유익이 되리라.

제자 주님, 근심은 제게 조금도 유익하지 못하므로 모든 일을 기꺼이 주님께 맡깁니다.
원컨대, 저로 하여금 장래에 대해 너무 염려하지 않게 하시고, 그 대신 주님의 선한 기쁨을 위해 주저 없이 자신을 포기하고 주님께 바치게 하소서.

2 주님 내 아들아, 사람들은 흔히 자신이 원하는 것을 열렬히 구하다가도 막상 그것을 얻게 되면 그것은 자신이 진정으로 원하는 것이 아니었다고 생각하기 시작한다.
이처럼 사람의 애정은 한 가지 대상에 고정되어 있는 것이 아니라 여기저기로 옮겨 다닌다. 그러므로 사람에게 있어 지극히 작은 일에서조차 자신을 버리는 것은 결코 작은 일이 아니다.

3 사람의 참된 성장은 자신을 부인하는 데 달려 있으니, 이처럼 자기를 부인하는 자는 참된 자유와 안정을 누릴 수 있느니라.

그러나 선한 모든 것에 대적하는 옛 원수는 쉬지 않고 그들을 유혹하며, 경솔한 자들을 속임수의 덫에 던져 넣기 위해 밤낮으로 음모를 꾸민다(베드로전서 5:8). 그렇기 때문에 나는 "시험에 들지 않게 깨어 기도하라"고 말한 것이니라(마태복음 26:41).

40 사람은 선한 것도 자랑할 만한 것도 없다

사람은 헛되고 무의미하고 선한 것도 자랑할 것도 없는 존재에 불과합니다. 그럼에도 주님은 우리에게 도움과 소망의 손길을 내밀어 주시고 위로의 선물을 주십니다.

1 제자 "사람이 무엇이기에 주께서 그를 생각하시며 인자가 무엇이기에 주께서 그를 돌보시나이까"(시편 8:4).
인간에게 주님의 은혜를 받을 만한 자격이 있습니까?
주님, 주님이 저를 버리신다 할지라도 제가 어찌 불평할 수 있으며, 주님이 제 소원을 들어 주시지 않는다 할지라도 제가 어찌 주님에게 이의를 제기할 수 있겠습니까? 진심을 다하여 제가 생각하여 말할 수 있는 것은 이렇습니다.
"주님, 저는 아무 것도 아니요 제 안에는 선한 것이 아무 것도 없사오니, 모든 면에서 부족하고 무익한 것만을 행하고 있습니다."
만약 주님이 저를 도와주시지 않고 영적으로 강하게 해 주시지 않는다면 저는 완전히 미지근해지고 무력해질 것입니다.

2 주님! 주님께서는 언제나 동일하십니다. 주님은 영원토록 변함이 없으시고(시편 102:12), 모든 일을 항상 선하고 정의로우며 거룩하게 하시고 지혜롭게 해결하십니다.

그런데 앞으로 나아가기보다는 오히려 뒤로 물러날 준비가 더 잘 되어 있는 저는 계절마다 바뀌기 때문에 항상 같은 상태에 머물러 있지 않습니다.
그러나 주님이 도움의 손을 제게 건네시고 이를 기뻐하신다면 제 상태는 곧 나아질 것입니다. 주님은 인간의 도움 없이도 저를 도우시고 강하게 하실 수 있습니다. 때문에 제 마음은 더 이상 변하지 않을 것이요, 오직 주님에게로 향하여 안식을 얻게 될 것입니다.

3 제가 만일 헌신에 이르는 방법이나, 인간에게서는 위안을 찾지 못하므로 주님을 찾지 않을 수 없다는 그 필요성 때문에 모든 세상의 위로를 던져 버리는 방법을 잘 알았다면, 당연히 주님의 은혜를 소망하고 새로운 위안의 선물을 즐거워했을 것입니다.

4 모든 일에 선을 이루도록 하시는 주님께 감사를 드립니다. 주님 보시기에 저는 다만 헛된 존재이며 무의미한 존재요, 약하고 불안한 인간일 뿐입니다. 그러므로 제가 무엇을 자랑할 수 있으며 어떻게 존경 받기를 바랄 수 있겠습니까? 제가 무가치한 것이 자랑일까요? 이 또한 매우 헛된 것입니다.
크나큰 자만은 참으로 공허한 자기 영광의 악한 병입니다. 이러한 허영은 참된 영광을 가리고, 사람에게서 하늘의 은혜를 도적질해 가 버리기 때문입니다. 자신을 기쁘게 하는 자는 주님을 슬프게 하고, 사람의 칭찬을 갈망하는 자는 참된 덕을 빼앗겨 버립니다.

5 참된 영광과 거룩한 기쁨은 저희가 저희 자신에게 영광을 돌리지 않고 주님께 영광을 돌립니다(하박국 3:18). 자신의 덕과 힘을 기뻐하는 게 아니라 주님의 이름을 기뻐합니다. 피조물 안에서 즐거움을 구하는 게 아니라 주님을 위해 기뻐하는 것입니다.

주님의 이름이 찬양 받으시고 주님의 업적이 높임을 받으소서. 주님의 거룩하신 이름이 축복을 받으시고, 저에게는 사람들의 찬양이 조금도 돌려지지 않게 하소서(시편 113:3; 115:1).

주님은 제 영광이시요 제 마음의 희락이십니다. 주님 안에서 제가 자랑하고 온종일 즐거워하리이다. 그러나 저 스스로에 대해서는 연약함 외에는 자랑하지 않을 것입니다(고린도후서 12:5).

6 유대인들은 다른 이로부터 오는 영광을 구하였으나(요한복음 5:44) 저는 오직 하나님으로부터 오는 영광만을 구할 것입니다. 주님의 영원한 영광에 비하면 모든 인간의 영광이나 현세의 영예나 세상의 지위는 참으로 헛되고 어리석은 것일 뿐입니다. 나의 진리이시고 자비이시며 복되신 삼위일체 하나님, 오직 주님께만 찬양과 영예와 권세와 영광이 영원무궁토록 있사옵니다.

41 세상의 영광에 휘둘리지 말라

세상의 명예나 영광, 멸시와 천대에 마음을 두지 말고 오직 하나님만 바라보아야 합니다.

1 주님 내 아들아, 다른 사람들은 영예와 영광을 누리고 너는 멸시와 천대를 받는다 할지라도 결코 그것을 마음에 두지 말라. 너는 마음을 들어 하늘에 있는 나를 바라보라. 그리하면 이 땅의 사람들로부터 당하는 멸시가 너를 슬프게 하지 못하리라.

제자 주님! 저희는 눈이 멀었으므로 헛된 것에 쉽게 미혹됩니다. 제가 어떠한 피조물에 의해 그릇된 행동을 한 것이 아니라 제 스스로가 그릇된 행동을 한 것입니다. 그런데 어찌 주님께 불평을 할 수 있으리까?

2 모든 피조물이 저를 대적하는 이유는 주님께 크나큰 죄를 져 왔기 때문입니다. 그러므로 제게 치욕과 경멸이 돌아오는 것이 당연하며, 주님께는 찬양과 감사와 영광이 돌려지는 것이 마땅합니다. 제가 스스로 예비하여 모든 사람에게 기꺼이 멸시를 당하고 자신이 완전히 무의미함으로 여겨질 각오가 되어 있으면 마음의 평화를 얻을 것입니다. 영적 깨달음을 얻게 되어 주님과 온전한 연합을 이룰 것입니다.

42 사람들을 평안의 근거로 삼지 말라

세상의 평안은 조건에 의해 좌우됩니다. 그런 평안은 항상 돌변하여 불안과 불행이 될 수 있습니다. 그러므로 흔들림 없는 하나님의 평안을 추구해야 합니다.

1 주님 내 아들아, 만일 네가 어떤 느낌 혹은 긴밀한 친분 관계 때문에 어떤 사람에게서 평안을 찾고자 한다면 너는 불안하고 혼란스러워질 것이다. 그러나 네가 영속하는 진리에 의지한다면, 친구가 죽거나 너를 버린다 할지라도 슬퍼하지 않을 것이다.

네 친구에 대한 사랑은 내 안에 뿌리를 두고 있어야 하나니, 이는 이 세상에서 좋아하거나 사모하는 사람이 누구든지 간에 나를 위해 사랑해야 하기 때문이니라. 내가 없는 우정은 힘이 되지 않고 지속될 수 없으며, 내가 묶지 않은 사랑은 결코 진실하거나 순결할 수 없다. 그러므로 그런 사람에 대한 애정에 무감각해야 한다. 네 힘이 닿는 한에서 바라자면, 사람들과의 어떠한 교제로부터도 구속을 받지 않고자 해야 한다.

사람이 세상의 모든 위안을 멀리 떠나면 떠날수록 하나님께 더 가까이 가게 된다. 그리고 자기 자신을 낮추고 자신을 비천하게 여길수록 하나님께서 더 높이 올려 주신다.

2 그러나 자기 자신이 선이 있다고 자만하는 자는 그의 마음

에 하나님의 은혜가 임하는 것을 가로막는다. 성령의 은혜는 겸손한 마음을 찾기 때문이다(베드로전서 5:5).

만일 네가 자신을 완전히 제압하는 법과 모든 피조물에 대한 사랑을 비우는 법을 알게 된다면 크나큰 은혜가 네 안에서 넘쳐흐를 것이다. 네가 피조물들을 바라볼 때 창조주의 시선은 네게서 떠나신다. 그러므로 모든 일에서 창조주를 위해 자신을 극복하고자 애쓰면 너는 하나님의 지식을 얻을 수 있으리라. 아무리 사소한 것일지라도 그것을 무분별하게 사랑하고 관심을 갖는다면, 그것으로 인해 큰 유익으로부터 멀어지게 되고 영혼은 타락하게 될 것이다.

43 세상의 헛된 지식

세상의 달콤하고 교묘한 말에 속지 마십시오. 그런 것들은 우리의 근본적인 변화를 가져오지 못합니다. 하나님의 나라는 현실이요 능력의 현현입니다.

1 주님 내 아들아, 사람들의 듣기에 좋고 교묘한 말에 속지 말라.

"하나님의 나라는 말에 있지 아니하고 오직 능력에 있음이라" (고린도전서 4:20).

내 말을 잘 들으라. 내 말은 열의를 타오르게 하며 마음을 깨우치고 회개하도록 할 뿐만 아니라 여러 가지 풍성한 위안으로 가득 차 있다.

좀 더 박식하거나 현명하게 보이고 싶은 것을 목적으로 말씀을 읽지 말라. 네 악한 행위를 억제하는 데 전념하라. 이는 여러 난해한 문제들에 대한 지식보다 더욱 유익하기 때문이라.

2 네가 많은 것을 읽고 배운다 할지라도 그것은 항상 근본의 원리로 돌아오는 데 필요할 것이다. 나는 사람에게 지식을 가르치는 자요, 어린아이들에게는 사람이 가르칠 수 있는 것보다 더 명확한 깨달음을 주는 자이니라.

그러므로 내 말을 듣는 자는 곧 지혜로워질 것이요, 그의 영은 큰 유익을 얻을 것이다.

호기심이 생기는 것들에 대해서는 인간에게 물으면서도 나를 섬기는 법에 대해서는 거의 관심이 없는 자들에게는 화가 있으리라.

스승의 스승이며 천사들의 주인인 나 그리스도가 모든 이가 살아 온 과정을 듣기 위해, 즉 그들의 양심을 검토하기 위해 나타날 때가 올 것이다(골로새서 3:4). 그때에 그가 등불을 들고 예루살렘을 두루 찾으리니, 어둠에 숨겨진 것들이 빛에 드러나며(에스라 1:12 ; 고린도전서 4:5) 변론하는 사람들의 혀가 잠잠해지리라.

나는 겸손한 마음을 가진 자로 하여금, 사람이 학교에서 10년간 배울 수 있는 것보다 더 많은 영원한 진리를 단번에 깨달을 수 있도록 하는 자이니라.

나는 잡다한 소리 없이, 의견의 충돌 없이, 그리고 명예에 대한 야심도 논쟁의 혼란도 없이 가르친다.

나는 사람들로 하여금 세상 것들을 경멸하고, 현세적인 것들을 혐오하고, 영원한 것을 바라고, 천국을 열망하며, 명예를 멀리하고, 비방을 견디며, 모든 소망을 나에게 두고, 나 이외에는 아무 것도 구하지 않으며, 무엇보다 먼저 나를 뜨겁게 사랑하도록 가르치는 자이니라.

3 어떤 사람은 마음을 다해 나를 사랑함으로 신령한 진리들을 배우게 되었으며 놀랄 만한 것들을 말할 수 있게 되었다. 그는

교묘한 것들을 공부하는 것보다는 모든 것에서 떠남으로써 더 많은 유익을 얻었다.

나는 어떤 사람에게는 평범한 일을 말해 주고, 어떤 사람에게는 좀 더 특별한 일을 말해 주며, 어떤 사람에게는 모양과 표적으로 감미롭게 나타나지만, 어떤 사람에게는 많은 빛으로 신비로운 일들을 드러낸다.

이처럼 성경은 단 하나의 목소리로 말하지만 모든 사람에게 똑같은 것을 가르치지 않는다. 이는 내가 그 안에 담긴 진리를 가르치는 교사이며 진리요, 마음의 감찰자요, 생각의 분별자요, 행위의 격려자가 되어, 내가 적합하다고 인정하는 바에 따라 각자에게 가르침을 나눠 주기 때문이니라.

44 세상일에 염려하지 말라

세상일에 염려하지 말고 불쾌하게 만드는 것에서 피하십시오. 하나님과의 관계가 바르고 건강하다면 당신은 모든 것이 하나님의 뜻 가운데서 진행됨을 알게 될 것입니다.

1 주님 내 아들아, 너는 세상의 많은 일에 대해 무지한 자가 되고, 스스로를 땅에서 죽은 자로 여기며, 온 세상이 너를 십자가에 못 박힌 자로 여김이 네게 유익할 때가 많으니라(갈라디아서 6:14). 또한 많은 것을 못 들은 척 지나가고, 그 대신에 너의 평안에 대해 생각을 집중함이 유익할 때가 많다. 논쟁에 참여하기보다는 모든 사람이 자기 나름대로 생각하라고 내버려두고 너를 불쾌하게 하는 것들로부터 피하는 것이 네게 훨씬 유익하다. 만약 하나님과의 관계가 건강하고 하나님의 심판을 기다리고 있다면, 다른 사람들에게 지는 것을 더욱 슬기롭게 견딜 수 있을 것이다.

2 제자 주님, 지금 저희가 어떤 상태에 있나이까! 보소서, 저희는 한 순간 실패에 몹시 슬퍼하고 조그만 이익 때문에 초조해하면서도 영의 상실은 잊어버리고 거의 기억도 하지 않습니다. 사소하거나 가치가 없는 것에는 관심을 가지면서도 가장 필요한 것에 대해서는 소홀한데, 이는 외적인 일에 정신이 팔려 있기 때문입니다. 빨리 회개하지 않으면 그는 기꺼이 외적인 것에 빠져들어 그곳에 머물게 됩니다.

45 인간의 말에 현혹되지 말라

언어는 사람들을 변하게 하기도 하고 움직이게 만들기도 합니다. 그러므로 말은 감동과 기쁨을 주기도 하지만 엄청난 파장을 일으키기도 합니다. 그러므로 그리스도의 제자는 언어 생활에 항상 조심해야 합니다.

1 제자 주님, 환난 당할 때 저를 도와주소서!(시편 60:11) 사람의 도움은 제게 무익합니다. 제가 믿었던 곳에서 얼마나 많은 배신을 당해 왔던가요! 오히려 조금도 기대하지 않았던 곳에서 신실함을 발견했던 경우도 참으로 많았습니다.

그러므로 인간에게 기대하는 것은 헛되지만 주님에게는 의로운 구원이 있습니다. 오, 나의 주 하나님, 저희에게 일어나는 모든 일을 인하여 하나님의 이름을 찬양합니다.

2 저희는 연약하고 불안정해서 금방 속임수에 넘어가고 쉽게 변합니다. 모든 일에 속임수나 혼란에 빠지지 않도록 경계하고 주의해서 스스로를 지킬 수 있는 자가 그 누구일까요?

그러나 주님, 주님을 신뢰하고 일편단심으로 주님을 찾는 사람은 쉽게 넘어지지 않습니다(잠언 10:29). 그러한 사람은 환난이 다가와서 그를 아무리 얽매인다 할지라도 주님을 통해 아무런 문제 없이 곧 구원을 받거나 위안을 얻을 것입니다. 주님은 당신을 믿는 자를 끝까지 버리지 않으시기 때문입니다.

3 친구가 고난과 시험에 처했을 때 처음부터 끝까지 신실하게 지켜 주는 친구는 매우 드뭅니다. 주님, 주님만은 모든 일에 지극히 신실하게 함께하시니, 세상에 주님 같으신 이가 없습니다.

4 "나의 마음은 주 안에 굳건히 기초를 세우고 뿌리를 내렸다"고 말했던 거룩한 영혼 성 아가다(St. Agatha)는 얼마나 지혜로운 사람이었는지요! 저에게 그런 믿음이 있었다면 저는 인간의 두려움에 쉽게 근심하지 않았을 것이며, 신랄한 독설에 방해 받지도 않았을 것입니다.
그 누가 앞날의 모든 일을 예견할 수 있으며 모든 악으로부터 대비할 수 있겠습니까? 예상했던 것들이 저희에게 상처를 준다면, 하물며 예기치 못한 일들은 저희에게 얼마나 더 큰 상처를 줄까요?
그런데 저는 왜 가엾은 저 자신을 위해 더 나은 일을 행하지 않았을까요? 또, 왜 그렇게 쉽게 사람들의 말을 끝까지 믿었을까요?
비록 저희가 많은 사람에게 본이 되고 그들로부터 천사라 불릴지라도 저희는 그저 나약한 인간 이상도 이하도 아닌 그저 인간일 따름입니다.

5 주님, 제가 누구를 의지하겠습니까? 주님이 아니면 누가 있겠습니까? 주님은 속이지도 않으시고 속지도 않으시는 진리이

십니다(요한복음 14:6).
반면에 모든 사람은 거짓말쟁이요(로마서 3:4), 연약하고 변하기 쉽고 죄를 범하기 쉬우니, 특히 말에 있어 그러합니다. 그러므로 처음 겉으로 볼 때 확실한 사실처럼 보일지라도 너무 쉽게 믿어서는 안 됩니다.

주님, 사람의 원수는 그 집안 식구 중에 있다며(마태복음 10:36 ; 미가 7:5) 사람을 조심하라고(마태복음 10:7) 경고하신 주님이야말로 얼마나 지혜로우신지요! 누군가가, '보라, 그리스도가 여기에 있다, 혹은 저기에 있다'(마태복음 24:23) 하더라도 믿어서는 안 됩니다.

6 저는 그 동안 대가를 치르고 가르침을 받았습니다. 그로 인해 제가 좀 더 신중하고 덜 어리석은 자가 되기를 소망합니다. 어떤 사람이, "잘 들어라. 내가 너한테 말하는 건 너만 알고 있어라" 하고 말합니다. 그래서 그 말이 비밀이라 믿으며 침묵을 지켰지만, 그는 자기가 지켜 달라고 했던 비밀을 스스로 지키지 못하고 곧 그 자신과 저를 배신한 채 또 다른 사람에게 말하고 맙니다.

주님, 이러한 이야기들과 그와 같이 경솔한 사람들로부터 저를 보호하시어, 제가 저들의 손과 그들의 방식에 물들지 않게 하소서. 제 입에 진실하고 변하지 않는 말을 더하시고 교활한 혀는 제게서 멀어지게 하소서. 제가 다른 사람들로부터 당하고 싶지 않은 일을 절대로 다른 사람에게 행하지 않게 하소서.

7 다른 사람들에 대해 아무 말도 하지 않으며, 들은 이야기를 분별없이 모두 신뢰하지 않으며, 들은 말을 쉽게 전하지 않는 것이야말로 얼마나 선하며 평안한지요(잠언 25:9).

또한 자신의 속마음을 다른 사람에게 털어놓지 않고, 마음을 감찰하시는 주님만을 항상 의뢰하는 것 역시 얼마나 선한 일인지요(이사야 26:3).

바람과 같은 말에 휩쓸리지 않고, 내적으로나 외적으로나 모든 일이 주님의 기뻐하시는 뜻에 따라 이루어지기를 바라나이다.

8 하늘의 은혜를 지키기 위해서 사람의 시선을 의식하지 않고, 세상 사람들로부터 칭찬 받기 위해 외적인 것들을 구하지 아니하며, 삶을 개선시키고 열정을 갖는 것에 최대한 노력을 기울이는 것이야말로 참으로 유익합니다.

자신의 미덕이 세상에 널리 알려지고 성급히 칭송 받음으로써 얼마나 많은 사람이 해를 입었는지요! 유혹과 전쟁으로 가득한 이 덧없는 삶에서 은혜를 드러내지 않고 유지하는 것이야말로 얼마나 유익한지요!

46 비난보다 하나님 신뢰하기

세상의 비난의 말에 일희일비하는 자세는 하나님 신앙에 중대한 적이 됩니다. 굳건한 반석이신 하나님을 신뢰하는 자세만이 하나님의 칭찬을 받게 됩니다.

1 주님 내 아들아, 굳게 서서 나를 의지하라. 말은 단지 말에 불과하지 않느냐(시편 37:3). 말은 공중에 날아다니지만 돌처럼 상처를 입히지는 못한다.

만약 네게 잘못이 있어 비난을 받는다면 기꺼이 그 잘못을 고치겠다고 다짐하라. 그러나 만약 네가 양심에 거리낌이 없다면 하나님을 위해 부당한 비난을 참겠다고 생각하라.

네가 심한 독설을 견뎌낼 만큼 충분히 강하지 못할지라도, 때때로 몇 마디의 말을 참는 것은 감당할 수 있어야 한다. 네가 아직 세속적이 아니라면, 그리고 필요 이상으로 사람의 눈치를 보기 때문이 아니라면, 왜 그런 사소한 문제에 대해 마음을 쓰느냐? 너는 멸시 받는 것이 두렵기 때문에 네 잘못에 대해 비난 받고 싶지 않고 변명의 피난처를 찾는 것이다.

2 네 안을 좀 더 충분히 살펴 보라. 그리하면 네 안에 아직 세상에 대한 관심들이 살아 있고 사람을 기쁘게 하려는 헛된 열망이 남아 있음을 깨달을 것이다. 네가 굴욕 당하기를 꺼려하고 네 잘못에 대해 혼란스럽다면, 이는 네가 아직 진실로 겸손

치 못함이다. 또한 세상에 대해 죽지 않았으며, 네 안에 있는 세상이 십자가에 못 박히지 않았다(갈라디아서 6:14)는 증거이다. 내 말에 귀를 기울이라. 그리하면 사람들이 하는 수만 마디의 말을 생각하지 않게 되리라.

보라, 모든 사람이 어떻게든 꾸며낸 모든 심술궂은 말들로 너를 비난할지라도, 네가 이를 완전히 무시하며 지푸라기 이상으로 생각지 않는다면, 그 말들이 어떻게 너를 해치겠느냐? 그 말들이 네 머리에서 머리털 하나라도 뽑을 수 있느냐?(마태복음 10:30 ; 누가복음 12:7)

3 하나님에게 마음을 두지 않고 하나님을 바라보지 않는 자는 비난의 말 한 마디에도 쉽게 요동한다.

반면에 나를 신뢰하고, 자신의 판단에 따라 행하려고 하지 않는 자는 사람들을 두려워하지 않느니라.

이는 내가 모든 비밀을 분별해 내는 심판자이기 때문이니라(시편 7:8). 나는 모든 일이 어떻게 일어나고 있는지 알고 있으며, 누가 상처를 주는지, 그리고 누가 고통을 받는지 알고 있다.

이 일은 나로부터 일어났고 그 일이 일어나도록 내가 허락했으니, "이는 여러 사람의 마음의 생각을 드러내려 함이니라"(누가복음 2:35).

장차 내가 죄를 범한 자와 무죄한 자들을 심판할 것이로되 미리 은밀한 심판으로 그들을 시험할 것이다.

4 사람들의 증언은 종종 기만적이지만 나의 판단은 진실하니 항상 굳게 서서 엎어지지 아니하리라.

나의 판단은 대개가 감춰져 있으므로 아는 이가 거의 없다. 그러나 비록 어리석은 자들의 눈에는 그 판단이 옳지 않게 보일지라도 나의 판단은 결코 잘못되지 않으며 잘못될 수도 없느니라.

그러므로 너는 모든 판단에 있어 네 자신의 생각에 의지하지 말고 항상 나를 따라야 한다. 의로운 사람은 하나님께서 자신에게 어떤 일이 일어나게 하셔도(잠언 12:21) 요동하지 않으며(잠

언 12:13), 그에게 부당한 짐이 생긴다 할지라도 크게 걱정하지 않는다. 또한 그가 정당하게 다른 사람들에게 무죄로 인정될지라도 결코 헛되이 즐거워하지 않는다. 그는 내가 마음과 마음속에 품은 생각을 살피는 자요(시편 7:9 ; 요한계시록 2:23), 인간을 용모나 겉모습으로 판단하는 이가 아님을 알고 있기 때문이다(요한복음 7:24).

인간의 판단으로는 칭찬할 만한 일이라도 내가 보기에는 종종 꾸중 받을 만한 일이 있느니라.

제자 강하시고 오래 참으시며 공정한 심판자이신 주 하나님, 제 양심만으로는 충분치 못하오니 인간의 연약함과 악함을 잘 아시는 주님께서 저의 힘과 의지가 되어 주소서.

제가 모르는 것을 주님께서는 아십니다. 제가 비난 받고 그것을 온화하게 견딜 때마다 저는 스스로 겸손해야 합니다. 그러니 그 점에 대해서는 주님의 긍휼로 제 모든 잘못을 용서하시고 크나큰 인내의 은혜를 한 번 더 내려 주소서.

제가 제 양심의 비밀을 방어하고자 생각하기보다는 주님의 풍성한 긍휼로써 용서를 얻는 것이 훨씬 더 낫습니다. 그리고 비록 스스로 제 잘못을 아무 것도 발견하지 못한다 할지라도 의롭다 할 수 없으니(고린도전서 4:4), 이는 어떤 사람이든 주님의 긍휼 없이는 주님 앞에서 의롭다 함을 얻을 수 없기 때문입니다(시편 143:2).

47 영생을 위한 고난

어떠한 가치를 지키는 것은 고난과 혼란과 아픔을 수반합니다. 영생도 우리에게 그냥 주어지지 않습니다. 주님은 우리에게 역경을 담대하게 넘어서면 영원한 빛과 평화, 안식이 임하게 됨을 가르치십니다.

1 주님 내 아들아, 나를 위해 감당해 온 노고가 너를 무너뜨리게 하지 말며, 그 근원이 무엇이든지 환난이 너를 쓰러지게 하지 말라. 모든 것 중에 오직 나의 언약만이 너를 강하게 하고 위로하게 하라. 나는 모든 수단과 방법을 넘어 네게 상급을 베풀 수 있느니라.

너는 머지않아 이 땅에서 괴로움을 당하지 않을 것이며, 항상 슬픔에 억눌려 지내지도 않을 것이다. 조금만 기다리면 곧 불행의 끝을 보리라. 모든 수고와 환난이 그칠 때가 곧 이르리라. 시간과 함께 지나가 버리는 것들은 모두가 보잘것없는 것들이니라.

2 네가 할 일은 열심을 다해 수행하는 것이라. 나의 포도원에서 성실히 일하라(마태복음 20:7). 그리하면 내가 너의 상급이 되리라(창세기 15:1).

성경을 쓰고 읽고, 찬송하고, 애통해 하고, 묵상하고, 기도하고, 담대히 역경을 견디라. 영생은 마땅히 이 모든 것보다 더 큰 싸움도 할 만한 가치가 있느니라.

주님만이 아시는 때에 평화가 너에게 임하리니, 그때에는 현재의 낮과 밤이 없을 것이요, 오직 영원한 빛과 무한한 광채와 영원한 평화와 확실한 안식만이 있을 것이다(스가랴 14:7).

그날에는 네가 "이 사망의 몸에서 누가 나를 건져내랴"(로마서 7:24)라고 말하지 않을 것이요, "오래 머무르는 것이 내게 화로다"(시편 120:5)라고 외치지도 않을 것이다. 이는 사망이 권세를 잃고(이사야 25:28) 무한한 건강이 있을 것이기 때문이다. 더 이상의 근심은 없을 것이며, 복된 희락과 감미롭고 고결한 교제가 있을 것이다.

3 네가 천국에 있는 성자들의 영원한 면류관을 볼 수 있다! 이 세상에 살 동안 초라하게 여겨지고 그 삶 자체가 가치 없이 여겨지던 자들이 현재 누리고 있는 크나큰 영광을 볼 수 있다! 너는 즉시 그 땅에서 스스로 겸손할 것이요, 다른 사람들에게 명령하기보다는 순종하는 길을 택하리라. 또한 너는 이 세상에서의 기쁜 나날을 원치 않을 것이요, 그보다는 하나님을 위해 고난 당하는 것을 기뻐할 것이다. 뿐만 아니라 사람들 가운데 아무 것도 아닌 존재로 여겨지는 일을 가장 큰 유익으로 여길 것이다.

4 이런 것들이 네 마음을 움직이고 마음속 깊이 감명 받았다면 어떻게 네가 감히 단 한 번이라도 불평을 할 수 있겠느냐?

영생을 위해서 모든 시련을 견뎌야 하는 것이 아니겠느냐? 하나님의 나라를 잃고 얻는 것은 참으로 작은 문제가 아니다.
눈을 들어 하늘의 나를 바라보라. 그리고 나와 함께 한 모든 성자들을 바라보라. 그들은 이 세상에 있을 때 큰 시련을 당했으나(히브리서 10:32) 지금은 기뻐하며 위로를 받고 안정과 안식을 누리고 있노라. 그리고 그들은 내 아버지의 나라에서 영원토록 나와 함께 거할 것이다.

48 영원한 날과 삶의 괴로움

삶은 혹독하고 슬픔과 걱정으로 가득 차 있는 것처럼 보입니다. 그러나 이러한 삶은 짧고 유한합니다. 영원한 날은 멀지 않습니다. 오래지 않아서 우리는 천국의 찬양에 동참하게 될 것입니다.

1 제자 아, 하늘의 도성은 얼마나 복된가!(요한계시록 21:2)
아, 밤이 어둡게 하지 못하고 고귀한 진리께서 비추시는 영원한 날은 얼마나 밝은가!
아, 늘 즐겁고 늘 평안하며 결코 밤으로 바뀌지 않는 날이여!
아, 그날이 외부로 비춰면 이 세속의 모든 것은 종말을 맞이할 것입니다.
그날은 하늘의 모든 성도를 영원히 변치 않을 눈부신 광채로 비추고 있습니다. 그러나 아직 세상의 나그네요 방랑자들에게는(히브리서 11:13) 그날이 유리를 통해 보듯이(고린도전서 13:12) 아득히 멀리만 보입니다.

2 천국의 백성들은 그날이 얼마나 즐거운지 알고 있지만, 추방 당한 하와의 자녀들은 이날의 혹독함과 곤고함으로 통곡하고 있습니다.
이 세상의 날들은 짧고도(창세기 47:9) 불행하며 슬픔과 걱정으로 가득 차 있습니다(욥기 7장). 이 땅의 사람들은 많은 죄로 더럽혀지고, 많은 정욕의 덫에 걸리며, 두려움에 사로잡히고, 많은 걱정으로 짐을 지게 됩니다. 그들은 호기심으로 인해 곤비하고, 많은 허영에 얽매이며, 많은 실수로 둘러싸이고, 많은 노동으로 피곤하며, 시험에 억눌리고, 쾌락을 좇다가 약해지며, 궁핍으로 인해 고통을 당합니다.

3 아, 이 불행들이 언제쯤이면 끝이 납니까?
언제쯤 이 비참한 악의 노예 생활에서부터 벗어날 수 있습니까?(로마서 7:24)
주님, 언제쯤 오직 주님만을 생각할 수 있습니까?(시편 71:16)
언제쯤 주님 안에서 온전히 기뻐할 수 있습니까?
언제쯤 아무 방해 없이, 마음과 몸의 아무 불만 없이 참자유를 누릴 수 있습니까?
견고한 평안, 마음으로나 육체에 있어서나 흔들리지 않고 무너지지 않는, 모든 면에서 보장되는 평안을 언제쯤이나 누릴 수 있습니까?
오, 선하신 예수님이여, 언제쯤 주님 앞에 서서 주님을 뵈올 수 있습니까?
언제쯤이나 주님 나라의 영광을 볼 수 있습니까?
언제쯤이나 주님께서 저의 모든 것이 되실 수 있습니까?
아, 언제쯤이나 주님께서 영원 전부터 사랑하는 자들을 위해 준비하신 나라에서 주님과 함께 거할 수 있습니까?
저는 매일 전쟁과 크나큰 재난이 끊이지 않는 원수들의 땅에 버려진 가련한 유배자입니다.

4 저의 유배 생활에 위안을 주소서. 제 슬픔을 진정시켜 주소서. 저의 모든 소원은 주님을 따르는 것입니다. 이 세상이 저를 위로하고자 주는 모든 것은 저에게 부담이 될 뿐입니다. 주님을 깊이 즐거워하기를 바라지만 이를 이룰 수가 없습니다. 하늘의 것에 재빠르게 매달리기를 원하지만 세상적인 일들과 억제되지 않은 정욕이 저를 짓누르고 있습니다. 마음으로는 모든 것을 초월하고 싶지만 육신으로는 제 의지와는 다르게 세상 것들에 굴복하게 됩니다.

자신과 싸워야 하는 저는 참으로 불행한 인간입니다(로마서 7:24; 8:23). 제가 스스로에게 큰 부담이 됩니다(욥기 7:20). 제 영은 위로 올라가고 싶어 하지만 육은 아래로 가라앉으려고만 합니다.

5 아, 하늘의 것을 생각할 때나 기도할 때 수많은 세속적 공상들이 떠오르니, 제가 겪는 내적 고통이 어떠하겠습니까!

오, 나의 하나님, 나를 멀리 하지 마시고(시편 71:12), 진노하심으로 당신의 종에게서 돌아서지 마소서(시편 27:9). 주님의 번개를 던지시어 헛된 생각들을 쫓아 버리시고, 주님의 화살을 쏘셔서 원수의 환상들을 물리치소서(시편 144:6). 저의 감각을 끌어 모아 주님을 향하게 하시며, 세상적인 것들을 다 잊게 하소서. 모든 악한 환상을 곧 던져 버리고 경멸할 수 있는 은혜를 주소서.

하늘의 진리이신 하나님, 허영이 저를 움직이지 못하도록 도우소서. 하늘의 감미로움이신 하나님, 모든 부정한 것이 주님 앞에서 사라지게 하소서. 또한 기도하면서 주님 이외에 다른 것을 생각할 때도 저를 용서하시고 긍휼로 불쌍히 여기소서. 진실로 고백하오니, 저는 자주 수많은 혼란스러운 생각에 사로잡힙니다. 저는 매우 자주 육체적으로 서 있거나 앉아 있는 곳에 있지 않고 생각이 이끄는 곳에 가 있곤 합니다. 제 생각이 있는 곳에 제가 있으며, 제 애정이 있는 곳에 보통 제 생각이 있습니다. 본성적으로 즐거운 일들과 습관적으로 즐기는 일들이 너무 쉽게 제 마음에 떠오릅니다.

6 그러므로 진리이신 주님께서 이와 같이 분명히 말씀하셨습니다.

"네 보물 있는 그곳에는 네 마음도 있느니라"(마태복음 6:21).

만약 제가 하늘을 사랑하면 기꺼이 하늘의 일들을 생각할 것입니다.

만약 제가 세상을 사랑한다면 세상에서의 행복을 기뻐하며 세상에서의 역경을 슬퍼할 것입니다. 그리고 만약 제가 육신을 사랑하면 육감적인 것들을 자주 상상할 것이며, 제가 영을 사랑한다면 영적인 일들을 생각하며 기뻐할 것입니다. 제가 무엇을 사랑하든지 그 사랑하는 것에 대한 말을 하고 듣기를 기뻐할 것입니다.

주님, 주님을 위해 기꺼이 모든 피조물을 버리며, 본성을 억누르고, 영의 뜨거운 열정으로 육체의 정욕을 십자가에 못 박는 사람(갈라디아서 5:24)은 축복을 받은 자입니다(마태복음 19장). 그는 평안한 양심으로 주님께 정결한 기도를 드릴 수 있으며, 내적으로나 외적으로나 세상 모든 것을 떨쳐 버림으로써 천국의 찬양대에 들어갈 만한 자격을 얻게 될 것입니다.

영생에 대한 소원과 약속된 상급

영생의 소원은 고난과 많은 훈련을 암시합니다. 고통은 불가피함이 아니라 영생을 위한 우리의 선택입니다, 노력입니다. 약속된 상급은 이러한 역경을 헤쳐나온 사람들의 달콤한 열매입니다.

1 주님 내 아들아, 네가 위로부터 부어지는 영원한 복에 대한 열망을 느끼고, 이 육신의 장막에서 벗어나 곤경의 우려 없이 나의 영광을 보기를 간절히 바랄 때, 마음을 넓게 열고 모든 열망으로 거룩한 영감을 받아들이라.

너를 사려 깊게 대하시며 긍휼로 너를 찾으사, 너를 열심히 움직이게 하시고, 네 자신의 무거운 짐으로 인해 세상적인 것들로 주저앉지 않도록 강력히 떠받들어 주시는 하늘의 선하심에 가장 깊은 감사를 드리라.

네 생각이나 노력으로는 이를 얻을 수 없고, 오직 하나님의 은혜와 하늘의 은총으로만 얻을 수 있느니라. 이는 네가 덕에 있어서 더욱 큰 성장을 이루고, 더욱 더 겸손하며, 장래의 고난에 대해 스스로 준비하고, 네 마음의 애정을 다하여 내게 매달리기 위해 애쓰고, 뜨거운 의지를 가지고 나를 섬기게 하기 위한 것이 목적이다.

2 내 아들아, 불이 탈 때 불꽃이 연기 없이 타오르지 않는다.

이와 마찬가지로, 몇몇 사람의 열망은 하늘의 것을 향해 타오르지만, 아직 그들은 육적인 애정의 유혹으로부터 자유롭지 못하다.

그러므로 그들이 진심으로 하나님께 소원할 때, 그 기도가 모두 순전히 하나님의 영광을 위한 것만은 아니다. 열심인 것처럼 보이는 너의 소원도 역시 종종 그렇다. 자신의 이익이 섞인 기도는 순수하지도 완전하지도 않다.

3 그러므로 자신에게 즐겁고 편안한 것들을 구하지 말라. 오직 나에게 받아들여질 수 있는 것, 나의 영광을 위한 것들을 구하라. 네가 올바르게 판단한다면, 자기 자신의 소원이나 네가 무엇을 바라든지 나의 뜻을 택하고 따라야 할 것이다.

나는 너의 소원을 알고 있으며 너의 잦은 한숨을 들었노라. 너는 이미 하나님의 자녀가 누릴 영광의 자유에 머물기를 갈망하고 있으며(로마서 8:21), 영원한 거처, 곧 기쁨으로 충만한 하늘나라를 사모하고 있다.

그러나 그때는 아직 이르지 않았느니라. 아직은 다른 때가 남아 있으니, 이때는 전쟁의 때요, 수고와 시련의 때이라(욥기 7:1). 너는 가장 높은 선으로 충만하기를 원하지만 현재로서는 이를 성취할 수 없느니라.

내가 바로 그 최상의 선이니라. 하나님의 나라가 임할 때까지 나를 기다리라(누가복음 22:18).

4 너는 아직 이 땅에서 고난을 견뎌내야 하며 많은 훈련을 받아야 하느니라. 때로는 위안이 주어지기는 하겠지만 완전히 충만한 위로는 허락되지 않으리라. 그러므로 용기를 가지고 본성에 거스르는 것을 행하고, 견디는 데에도 강하게 하라(여호수아 1:7).

새 사람을 입으라. 너는 다른 사람으로 변화되어야 하느니라 (에베소서 4:24). 종종 하고 싶지 않은 일이라도 해야 하고, 하고 싶은 일이라도 금해야 한다. 다른 사람들이 기뻐하는 일은 성공하는데, 네가 기뻐하는 일은 그렇지 못할 것이다. 다른 사람들이 하는 말은 귀를 기울여 들으면서, 네가 하는 말은 아무 것도 아닌 것처럼 여겨질 것이다. 다른 사람들이 구하는 것은 얻지만, 네가 구하는 것은 받지 못하리라.

5 다른 사람들은 대중의 큰 명성을 얻고 위대해지지만, 너에 대해서는 아무런 언급도 없을 것이다. 다른 사람들에게는 이런저런 일들이 맡겨질 것이나, 너는 별로 쓸모없는 자로 여겨질 것이다.

이런 일을 당할 때 네 본성은 때때로 슬퍼하리니, 만약 침묵으로 이를 참으면 큰 유익이 되리라.

이와 같은 경우에 주님의 신실한 종들은 늘 그들이 얼마나 모든 일에 있어서 자신을 부인하고 깨뜨릴 수 있는지 시험을 받게 된다.

자신의 뜻에 거슬리는 것들을 보고 그것을 견뎌낼 때, 특히 자신에게 불편하고 쓸모없게 보이는 일을 행하도록 명령 받을 때만큼 자신을 버릴 필요가 있는 경우는 거의 없다.

네가 권위 아래 있어 감히 더 높은 권위에 저항하지 못하기 때문에, 또 다른 사람의 명령에 복종하는 것과 자신의 의견을 완전히 포기하는 것이 어려운 것처럼 보인다.

6 내 아들아, 이 수고의 열매와 끝이 얼마나 가까웠으며, 얼마나 큰 상급이 너를 기다리고 있는지 깊이 생각해 보라. 그러면 그로 인해 슬프지 않을 것이요, 네 인내는 가장 큰 위로를 받게 될 것이다.

지금 당장 작은 뜻을 포기하라. 그러면 하늘에서는 항상 너의 뜻을 가질 수 있으리라. 참으로 거기서는 네가 바라는 것은 모두 이루어지리니, 네가 바라는 모든 좋은 것들을 잃어버릴 염려 없이 소유할 수 있으리라. 거기서 너의 뜻은 나의 뜻과 영

원히 하나가 되리라. 너는 외적인 것이나 사적인 것, 그 무엇
도 바라지 않게 되리라. 거기서는 어느 누구도 너를 대적하거
나 너에 대해 불평하거나 훼방하지 않을 것이며, 어느 것도 네
길에서 대항하지 않을 것이라. 네가 원하는 모든 것이 거기 존
재하여 네 애정을 다시 채우리니, 가득 차도록 채울 것이다.
거기서는 여기서 당했던 비난의 대가로 네게 영광을 줄 것이
요, 괴로움의 대가로 칭찬의 의복(이사야 61:3)을 주며, 비천한
지위의 대가로 영원한 권능의 보좌를 주리라. 또 거기서는 영
광의 열매가 나타날 것이요, 회개의 수고가 즐거움으로 보상될
것이고, 겸손한 복종의 보답으로 영광의 면류관을 받게 되리라.

7 그러므로 모든 사람의 뜻에 겸손히 자신을 낮추고, 누가 어
떤 말을 하든 어떤 명령을 하든 관심을 두지 말라.
네 윗사람이든 아랫사람이든 혹은 동료이든 그들이 네게 무엇
을 요청하거나 넌지시 비치거든, 각별한 관심을 가져 이 가운데
선한 부분들을 택하여 그것을 이루기 위해 성실히 노력하라.
어떤 사람이 이 일 저 일을 구하는 데 신경 쓰지 말라. 어떤 사
람은 이 일을 자랑하고, 또 다른 이는 저것을 자랑하니 그들이
천 번이 넘도록 칭찬 받아도 마음 쓰지 말라.
너는 이 일 저 일로 즐거워하지 말고, 오직 자신을 부인하고 나
의 뜻과 영광을 구하라.
네가 살아서든 죽어서든 항상 하나님이 네 안에서 영광을 받
으시도록 하는 것이 너의 소원이 되어야 한다(빌립보서 1:20).

50 하나님의 손에 황폐한 자신을 맡기기

주님은 우리를 아시고 지켜보십니다. 우리를 향한 하나님의 원대한 계획을 이해한다면 우리에게 오는 모든 것이 우연하게 일어나지 않음도 알게 됩니다. 하나님께 온전히 맡기고 의뢰하는 것이 우리에게 요청되는 삶의 자세입니다.

1 제자 오, 주 나의 하나님, 거룩하신 아버지시여, 지금부터 영원토록 찬양을 받으소서. 주님의 뜻대로 모든 것이 이뤄지니, 이는 주님의 행하시는 것이 모두 선하기 때문입니다.

주님의 종이 스스로에게서나 다른 어떤 것에서가 아닌 오직 주님 안에서 즐거워하게 하소서. 이는 주님만이 참된 기쁨이시기 때문입니다.

주님은 저의 소망이자 면류관이시며 희락과 영광이십니다. 주님의 종은 아무런 공로도 없이 주님에게서 모든 것을 공급 받고 있습니다(고린도전서 4:7). 주님이 주신 것은 모두 주님의 것이며, 모두 주님이 만드신 것입니다.

저는 궁핍하여 어릴 때부터 노역을 해 왔습니다(시편 88:15). 때로는 제 영혼이 슬픔으로 눈물을 흘리며, 때로는 절박한 고통으로 인해 괴로워하기도 합니다.

2 저는 주님이 주시는 평안의 기쁨을 갈망합니다. 신령한 위로의 빛 안에서 주님께 양육되는 주님의 자녀들의 평안을 간

절히 구합니다.

주님이 평안을 주시고 거룩한 기쁨을 부어 주신다면 주님의 종의 영혼은 거룩한 노래로 가득 차 주님을 찬양하는 데 열심을 다할 것입니다.

그러나 주님이 제게서 물러가시면 제 영혼은 당신의 율법의 길을 따를 수 없을 것입니다. 그러면 저는 무릎 꿇고 가슴을 치리니, 이는 시험이 몰아칠 때 주님의 빛이 머리 위로 비추이지 않고(요엘 29:3) 주님의 날개 그늘에서 보호해(시편 17:8) 주시지 않기 때문입니다.

3 공의로우신 아버지시여, 영원토록 찬양 받으소서. 이제 주님의 종이 시험 받을 때가 되었습니다.

사랑하는 아버지시여, 이 시간에 주님의 종이 주님을 위하여 고난을 참고 견뎌야 함이 옳습니다.
아버지, 영원토록 영광 받으소서.
이제 영원 전부터 알고 계셨던 시간이 왔습니다.
주님의 종이 잠시 동안 외적인 압박을 당할 것이나 영적으로는 주님과 영원토록 함께 살 것입니다.
주님의 종이 잠시 동안 작고 천하게 여겨지고, 사람들이 보기에 실패한 것처럼 보이고 고통과 괴로움으로 괴롭힘 당하더라도 새 빛이 밝아 오는 새벽이 오면 주님과 함께 다시 일어나 천국에서 영광을 누릴 것입니다.
거룩하신 아버지, 주님께서 이 일을 정하셨으니 이를 이루시고 명령하신 바를 성취하소서.

4 주님의 성도들이 주님을 사랑함으로 인하여 이 세상에서 고난과 고통을 당하는 것은 은혜이오니, 고난이 얼마나 자주 또는 누구로 말미암아 오든지 즐거워하겠습니다.
주님의 계획과 섭리, 큰 목적 없이는 세상의 어떤 일도 우연히 일어나지 않습니다.
주님, 주님께서 저를 겸손케 하셔서 제가 주님의 공의로운 심판을 배우게 하시고, 마음의 모든 허세와 오만을 던져 버리게 하심이 제게는 유익입니다(시편 119:71).
수치가 얼굴을 덮어(시편 69:77) 저로 하여금 사람에게서가 아니라 주님에게서 위로를 구하게 하셨으니, 이것이 제게는 유익합니다.
또한 이를 통해 저는, 공평과 정의로 의인과 악인 위에 똑같이 내리는 주님의 헤아릴 수 없는 심판을 두려워해야 한다는 것을 배웠습니다.

5 저의 죄를 간과하지 않으시고, 제게 모진 불행과 슬픔을 주시어 안팎으로 걱정 근심에 쌓여 있게 하심에 감사를 드립니다.
주 나의 하나님, 하늘 아래에서 저를 위로할 수 있는 것은 주님 외에 아무 것도 없습니다.
하늘의 영혼 치유자시여, 주님은 상처를 내시고 치료해 주시며, 지옥에 던지셨다가 다시 올려 주시는 분이십니다(신명기 32:39 ; 시편 18:16).
주님의 막대기가 제 위에 있어 징계로써 저를 가르치십니다.

6 보소서, 사랑하는 아버지여, 저는 주님 손 안에 있사오니(시편 31:15) 주님의 정확한 징계 아래 스스로 엎드립니다. 제 등과 목을 치시어 저의 구부러짐을 바로잡으시고 주님의 뜻에 따르게 하소서. 지금까지 그러하셨듯이 저를 충성스럽고 겸손한 주님의 종이 되게 하셔서 주님의 모든 명령에 따르게 하소서. 이 세상에서 벌 받는 것이 죽은 뒤에 벌 받는 것보다 더 낫사옵니다. 저에게 있는 모든 것을 주께 의탁하오니 새롭게 바로잡아 주소서.
주님께선 모든 것을 예외 없이 아시오니(요한복음 16:30) 주님 앞에서 사람의 마음속에 감출 수 있는 것은 아무 것도 없습니다. 주님은 다가올 결과를 그 일이 일어나기도 전에 아시오니, 어느 누구도 땅 위에서 일어나는 일들에 대해 주님께 가르치거나 깨우쳐 드릴 필요가 없습니다.

주님은 무엇이 저의 영적 성장을 진척시키는지 아시며 죄악의 녹을 지워 버리기 위해 얼마나 큰 환난이 주어질지도 아십니다. 주님의 선하시고 기뻐하시는 뜻에 따라 저를 다루시고 저의 죄 많은 삶으로 인해 버리지 마소서. 주님만큼 저의 삶을 명확하게 잘 아시는 이는 아무도 없습니다.

7 주님, 저로 하여금 알아야 할 것을 알게 하시고, 주님께서 가장 기뻐하실 만한 것을 찬양하게 하소서. 주님께 가장 귀한 것들을 귀하게 여기며, 주님 보시기에 부정한 것들을 경멸하는 은혜를 주소서. 육체적인 시각에 따라 판단하게 하지 마시고, 무지한 사람의 귀로 듣는 것에 따라 판단을 내리지 않게 하소서(이사야 11:3). 오직 보이는 것과 영적인 것들 사이에서 올바른 판단으로 분별하게 하소서. 항상 무엇보다 주님의 선하시고 기뻐하시는 것을 구하게 하소서.

8 사람들의 감각은 종종 잘못된 판단을 내리며, 세상을 사랑하는 자들 또한 오직 보이는 것들을 사랑하기 때문에 그릇된 판단을 내리게 됩니다. 사람들에게 훌륭하게 여겨진다고 해서 그 사람이 어떻게 더 훌륭한 자가 될 수 있겠습니까?

사람들이 다른 사람을 칭찬하는 것은 속이는 자가 속이는 자에게 말하는 것이고, 헛된 자가 헛된 자를 칭찬하며, 눈먼 자가 눈먼 자를 안내하고, 약한 자가 약한 자를 돕는 것과 같습니다. 그러므로 하찮은 칭찬이 그들을 더욱 부끄럽게 합니다. 겸손한 성 프란시스(St. Francis)는 이렇게 말했습니다.
"하나님 앞에 있는 사람은 누구든지 그 자체일 뿐, 그 이상이 될 수 없다."

51 자신에게 주어진 일에 최선을 다하기

우리는 유배 생활과 영혼의 목마름과 같은 인생을 살아갑니다. 하지만 그런 와중에도 스스로를 새롭게 하고 주님의 재림을 확고히 하며 주어진 일에 최선을 다해야 합니다.

1 주님 내 아들아, 항상 뜨거운 열정으로 덕을 유지할 수는 없으며, 항상 높은 단계에 머무를 수는 없다. 원죄로 말미암아 너는 때때로 더 낮은 곳으로 내려가야 하며, 비록 내키지 않고 피곤한 일일지라도 이 부패한 짐을 견뎌내야 하느니라. 너는 언젠가 죽을 수밖에 없으므로, 마음이 피곤하여 무겁고 지침을 깨닫게 될 것이다. 그러므로 너는 육신 안에 거하는 한 끊임없이 스스로에게 영적인 훈련과 신앙적인 명상을 방해하며 육신의 짐을 애통해 하리라.

2 그런 경우에는 네가 외부의 일에 전념하면서 선행으로 스스로를 새롭게 하고 나의 재림을 확고한 믿음으로 기다리라. 네가 다시 하늘로부터의 나의 방문을 받고 모든 걱정으로부터 자유롭게 될 때까지 자신의 유배 생활과 영혼의 목마름을 인내로써 견디는 것이 유익하니라. 내가 다시 오면 너의 고통을 모두 잊게 할 것이요, 너로 하여금 영적 평안을 누리게 하리라. 내가 네 앞에 말씀의 광야라는 드넓은 벌판을 열어 주리니, 너

는 열린 가슴으로 내 계명의 길에서 변화하기 시작하리라(시편 119:32). 그리고 너는 이렇게 말하리라.

"현재의 고난은 장차 우리에게 나타날 영광과 비교할 수 없도다"(로마서 8:18).

52 자신을 마땅히 징계 받을 자로 여김

우리는 징계와 경멸과 죄인과 동급입니다. 따라서 반성과 겸손한 회개, 주님이 기뻐하시는 제사는 당연한 우리의 삶의 자세입니다.

1 제자 주님, 저는 주님의 위로나 영적 은총을 받을 만한 자격이 없는 자입니다. 그러므로 주님께서 저를 빈곤하고 외롭게 내버려두시는 것이 공정하게 저를 다루시는 것입니다.

제가 바다만큼 눈물을 흘린다 할지라도 아직 주님의 위로를 얻을 만한 자격이 없습니다. 종종 주님을 심히 화나게 하고 많은 일에서 큰 죄를 범하였으니 오직 형벌을 받아 마땅합니다. 공정히 생각해 볼 때, 저는 어떤 위로도 받을 가치가 없는 자입니다.

그러나 자비로우시고 은혜로우신 하나님! 자신의 역사가 멸망하여 사라지는 것을 원치 아니하십니다. 하나님께서는 긍휼을 베푸실 자들에게 주님의 풍성한 선하심을 보이시기 위해 인간의 모든 공로를 초월하여 인간의 한계 이상으로 위로를 해 주십니다. 주님의 위로는 세상 사람들의 어떠한 위로의 말과도 비교할 수가 없습니다.

2 주님, 제가 무엇을 했기에 제게 하늘의 위로를 베풀어 주시

는지요? 제 기억으로는 도무지 선한 일을 한 적이 없으며, 늘 죄를 짓는 데 민첩했고, 스스로를 바로잡는 것은 더뎠습니다. 이는 사실이며 부인할 수 없습니다. 만약 이를 부인한다면 주님께서 저를 대적하실 것이요, 그러면 저를 변호할 자가 아무도 없을 것입니다(욥기 9:2-3). 저의 죄에 대해 마땅히 받을 것은 지옥과 영원한 불 외에 무엇이 있겠습니까?

진실로 고백하오니, 저는 조롱과 경멸을 받아 마땅한 자요, 주님의 경건한 종들 가운데 한 사람으로 기억되는 일은 합당치 않습니다.

이런 말을 하기는 어렵지만, 그래도 진실을 밝히기 위해 자신을 거슬러 저의 죄를 진술하겠습니다. 이는 아무래도 주님의 자비를 구할 만할 가치를 좀 더 갖게 될 것 같기 때문입니다.

3 온통 혼란으로 가득하여 죄를 지었는데 제가 무슨 말을 할 수 있겠습니까? 제 입은 이 한 마디 외에는 아무 말도 할 수 없습니다.

"오, 주님, 제가 죄를 지었습니다. 저를 긍휼히 여기시고 용서하여 주소서"(시편 51편).

제가 죽음의 그림자로 덮여 있는 흑암의 나라에 가기 전에 저의 슬픔을 쏟아낼 수 있도록 잠시 고통을 허락하소서(욥기 10:20-21).

주님께서 간악하고 비참한 죄인에게 요구하는 것이 자신의 죄에 대한 참회와 겸손 이외에 무엇이 있겠습니까?

참된 후회와 마음의 겸손은 용서의 희망을 낳으니, 걱정스러운 양심이 하나님과 화해하고, 하나님의 은혜를 발견하며, 또한 장차 다가올 진노에서 건지심을 받으리니, 하나님과 회개한 영혼은 거룩한 입맞춤으로 만날 것입니다.

4 오, 주님, 죄에 대한 겸손한 회개는 주님께서 기뻐하실 만한 제사이며(시편 51:17), 유향의 향기보다 훨씬 더 감미롭습니다. 이는 또한 주님의 거룩하신 발에 부어질 기쁨의 기름이오니(누가복음 7:38), 주님께서는 회개하며 겸손한 심령을 결코 멸시하지 않으십니다(시편 51:17). 여기에서 원수들의 성난 낯을 피할 피난처가 있으며, 다른 곳에서 물든 모든 오염이 정화되고 고쳐집니다.

53 하나님의 은혜가 없는 세상에의 집착

세상적 가치와 이의 몰입적 추구는 하나님과의 관계를 어긋나게 만듭니다. 하나님의 은혜를 온전히 추구하면 악은 근절되고 큰 평안과 자유로움을 맛보게 될 것입니다.

1 주님 내 아들아, 나의 은혜는 귀한 것이니 외적인 사물이나 세상의 위로와는 함께 섞일 수 없느니라.
그러므로 네가 은혜를 받기 원한다면 이를 가로막는 모든 장애물을 다 내던져 버리라.
자신 안에 거하려고 하라. 자신과 함께 홀로 머물기를 사랑하라. 사람들과 대화하려고 하지 말라. 그보다는 오직 하나님께만 헌신의 기도를 부어 드리라. 그리하면 네 양심이 회개하고 마음이 순결해지리라.
모든 세상을 무가치한 것으로 여기라. 세상적인 일보다 하나님 섬기는 일을 더 사모하라. 네가 덧없는 세상 것들을 즐기면서 동시에 나 하나님을 섬길 수는 없기 때문이다.
너는 네 친지나 친한 친구에게서 떠나고 네 마음에서 모든 세상의 위안으로부터 자유롭게 하라(마태복음 19:29). 축복 받은 사도 베드로가 권면했듯이, 그리스도를 믿는 자들은 세상에서 자신들을 이방인이요 나그네로 여겨야 할 것이니라(베드로전서 2:11).

2 모든 애정에도 불구하고 세상에 매이지 않은 사람은 죽음의 때에 얼마나 큰 확신을 가질 수 있겠느냐!

그러나 쇠약한 심령을 가진 자는 세상 모든 것에서 마음을 비우는 것을 알지 못하며, 병든 심령의 사람은 영적인 사람의 자유를 깨닫지 못하느니라(고린도전서 2:14).

진정 영적인 사람이 되고 싶다면, 멀고 서먹한 사람들뿐 아니라 가까운 친구들까지도 모두 포기해야 하며, 자기 자신 이외에는 그 누구라도 경계해야 한다.

네가 만약 자신을 온전히 극복할 수 있다면 다른 모든 것도 더 쉽게 제어할 수 있으리라.

완전한 승리란 자신을 넘어 승리하는 것이다. 육신의 욕망을 이성에 복종시키고, 모든 일에 있어서 이성이 나 하나님에게 복종하게 하여 스스로를 유지하는 사람이야말로 자신에 대한 참정복자요 세상의 주인이기 때문인 것이다.

3 만약 네가 이러한 경지에까지 오르기를 원한다면 철저히 시작해야 한다. 일단 도끼를 뿌리 위에 올려놓고(마태복음 3:10) 자신이나 세상적인 것들에 대한 은밀하게 숨겨진 무절제한 사랑을 뽑아내어 부숴 버려야 한다. 자신을 너무 많이 사랑하는 죄로부터 거의 모든 악이 오나니, 이런 것들은 뿌리째 뽑아 버려야 한다.

악이 근절되고 진압되면 곧 크나큰 평안과 평온이 따르리라. 그러나 자신에 대해 온전히 죽고 철저하게 자아를 버리려는 사람은 드물기 때문에 계속해서 자신에게 얽매여 스스로를 뛰어넘지 못해 영적으로 높아지지를 못하는 것이다.

나와 함께 자유로이 걷기를 원하는 자는 모든 비천하고 무절제한 사랑을 극복하고, 이기적인 사랑에 집착하지 말 것이며, 어떤 피조물에게도 욕망을 갖지 말아야 한다.

54 본성과 은혜의 차이

인간의 본성은 세상의 탐욕, 이익, 유익, 즐거움입니다. 여기에서 인간은 항상 자유롭지 못합니다. 그에 비해 은혜는 초자연적이며 특별한 선물이며 영원한 구원의 약속입니다.

1 **주님** 내 아들아, 인간의 본성과 은혜의 모습을 주의 깊게 살펴보라. 그것들은 매우 상반되지만 아주 미묘한 방법으로 활동하나니, 영적으로 그리고 내적으로 깨우친 사람만이 기꺼이 분별할 수 있느니라.

사실상 모든 사람이 선한 일을 바라고 자기 말과 행동에 있어서 선한 것을 얻으려고 노력한다. 이런 이유로 인해 사람들이 그런 선한 겉모습에 속는다.

인간의 본성은 교활하여 많은 사람을 유혹하며, 함정에 빠뜨리고, 속이고, 항상 자신의 이익만 생각한다. 그러나 은혜는 우직함으로 행하고, 악의 모든 징조에서 피하며(데살로니가전서 5:22), 속임수를 쓰지 않고, 순전히 모든 일을 최후의 때에 쉼을 주시는 하나님을 위해 하느니라.

2 인간의 본성은 스스로 죽지 않는다. 넘어지지도 정복되지도 않고, 스스로 억제하지도 않으며, 굴복하지도 않는다. 그러나 은혜는 자신의 금욕을 위해 노력한다. 감각적인 것에 저항하고, 복종하려고 노력하며, 정복되기를 간절히 바라며, 자신의

자유를 누리기를 희망하지 않는다. 그리고 훈련 받기를 즐거워하며, 다른 사람을 지배하려 하지 않고, 그보다는 항상 하나님 아래 머물러 거하며, 하나님과 함께 살기를 바라고, 하나님을 위해 기꺼이 모든 사람에게 겸손히 복종한다(베드로전서 2:13).
인간의 본성은 자신의 유익을 위해 일하며, 다른 사람들에게서 무슨 이익을 얻어낼까를 기대한다. 그러나 은혜는 자신에게 무엇이 유용하고 유익할지 생각지 않고, 그보다는 많은 사람에게 무엇이 유익한지를 고찰한다(고린도전서 10:33).
인간의 본성은 영예와 존경을 받는 것을 좋아하지만, 은혜는 신실하게 모든 영예와 영광을 하나님께 돌린다(시편 29:2).

3 인간의 본성은 수치와 멸시를 두려워하지만, 은혜는 예수님의 이름을 위해 비난 받는 것을 즐거워한다.
인간의 본성은 안락과 육체적인 쉼을 사랑하지만, 은혜는 태만함을 참을 수 없어 하며 기쁜 마음으로 노동을 받아들인다.
인간의 본성은 희귀하고 아름다운 것들을 갖고 싶어 하지만 싸고 조잡한 것은 몹시 싫어한다. 그러나 은혜는 평범하고 검소한 것들을 좋아하고, 아름답게 손질되지 않은 것들을 멸시하지 않으며, 낡은 누더기라도 걸치기를 거부하지 않는다.
인간의 본성은 현세적 부를 중요시하고 세상의 이득에 즐거워하지만 손해를 입으면 슬퍼하고, 무시하고 상처를 주는 말에는 염증을 일으킨다. 그러나 은혜는 영원한 것들을 바라보고 세상 것들에 얽매이지 않으며, 손해를 입거나 험악한 말을 들어도 동요하지 않는다. 이는 그가 잃은 것이 아무 것도 없는 하늘에 자신의 보물과 기쁨을 두고 있기 때문이다(마태복음 6:20).

4 인간의 본성은 탐욕스러워서 주기보다는 받는 것을 더 좋아하고 자기 자신만의 사적인 것들을 갖고 싶어 한다. 그러나 은혜는 친절하고 너그러워 개인적 이익을 바라지 않는다. 그는 작은 것에 만족하며, 받는 것보다 주는 것이 더 복되다고 생각한다(사도행전 20:35).

인간의 본성은 피조물과 자기 육체와 허영과 자유롭게 뛰어다니는 데에 마음이 치우쳐 있다. 그러나 은혜는 사람을 하나님과 모든 덕에게로 인도하며, 피조물들을 버리고, 육신의 소욕을 미워하며, 자신의 방랑을 절제하고, 대중 앞에 나서기를 부끄러워한다.

인간의 본성은 감각적인 즐거움을 줄 수 있는 외적인 위안을 얻고 싶어 한다. 그러나 은혜는 오직 하나님 안에서만 위안을 찾고, 모든 보이는 것들을 초월하여 지극히 높으신 하나님 안에서만 기쁨을 누린다.

5 인간의 본성은 모든 일을 자신의 이득과 유익을 위해 한다. 그는 소위 보상 없는 선은 베풀 수 없으며, 어떤 친절을 베풀 때는 반드시 그에 상응하거나 그보다 더 큰 대가를 얻기 바라며 칭찬이나 사례라도 받고자 한다. 그리고 자신의 행위나 선물이 귀하게 여겨지기를 심히 갈망한다. 그러나 은혜는 세상

적인 일을 구하지 않으며, 하나님 한 분 외에는 어떤 상급도 바라지 않는다. 또한 영생을 얻는 데 도움이 되지 않는 것은 이 세상의 삶에서 바라지 않는다.

6 인간의 본성은 많은 친구와 친척들을 좋아하고 고귀한 지위와 가문을 자랑한다. 강한 자에게는 아첨하고 부자에게는 아양을 떨며 자기와 비슷한 자들에게는 박수를 보낸다. 그러나 은혜는 심지어 자신의 원수까지도 사랑하고, 많은 친구 갖기를 버거워하며, 그곳에 덕이 있지 않으면 자신의 지위나 가문에 대해 그다지 많이 생각하지 않는다.

은혜는 부자보다 가난한 자들에게 더 호의를 베풀고, 강한 자보다는 순수한 사람들에게 공감하며, 남을 속이는 자들보다는 진실한 자들과 함께 즐거워한다.

은혜는 선한 사람들에게 더 좋은 은사를 얻기 위해 힘쓰라고 권하며(고린도전서 12:31), 하나님의 아들 예수님처럼 되라고 권고한다.

인간의 본성은 궁핍과 고통이 올 때 금방 불평하지만, 은혜는 궁핍을 감당함으로 고통을 해소하고 완화시킨다.

7 인간의 본성은 모든 것을 자기에게로 돌리고, 자기 자신을 위하여 투쟁하고 고군분투한다. 그러나 은혜는 모든 것을 그 원천이신 하나님께만 돌리고, 거만하고 주제넘게 자신에게 선을 돌리지 않는다.

은혜는 언쟁을 좋아하지 않는다. 자신의 견해를 다른 사람의 견해보다 우월하게 여기지 않고, 감각과 이해에 대한 모든 문제에 있어서는 영원한 지혜와 하나님의 심판에 복종한다.

인간의 본성은 비밀을 알아내고 새로운 소식을 듣는 것에 흥미를 가진다. 그리고 넓은 곳으로 나아가서 감각적인 많은 경험을 하고 싶어 한다. 또한 다른 사람들에게 알려지기를 바라며, 사람들의 칭찬과 감탄을 얻는 일들을 하고자 한다. 그러나 은혜는 새로운 소식을 듣거나 신기한 일에 신경을 쓰지 않으니, 이는 그 모든 것이 다 인간의 오랜 타락에서 생겨났고, 땅 위에는 새로운 것이 아무 것도 없으며 영원한 것도 없기 때문이다.

그러므로 은혜는 감각적인 것들을 절제하고, 헛된 자기 만족과 과시를 피하며, 칭찬과 존경을 받을 만한 행동도 겸손히 숨기고, 모든 일과 지식에 있어서 항상 유익한 열매를 구하며 하나님께 찬송과 영광을 드리도록 가르친다.

은혜는 자신이나 자기가 가진 것들이 칭찬 받기를 원치 않으며, 단지 사랑 때문에 모든 것을 주시는 하나님께서 그의 은사들로 찬양 받으시기를 간절히 바란다.

8 이 은혜는 초자연적인 빛이요 하나님의 특별한 선물이며(에베소서 2:8), 택함을 받은 자의 고유의 표식이요 영원한 구원의 서약이다. 은혜는 사람으로 하여금 세상 것을 떠나 하늘의 것을 사랑하게 하며, 육신의 사람을 영적인 사람으로 만든다. 본

성을 억제하고 정복할수록 더 큰 은혜가 주어지며, 내적인 사람은 매일 하나님의 형상이 새롭게 임하심으로 그 심령이 변화하게 된다(골로새서 3:10).

55 본성의 부패와 하나님 은혜의 효험

인간의 본성은 타락과 부패로 얼룩져 있습니다. 비참함과 절망으로 나아가는 길목일 수밖에 없습니다. 하나님의 은혜는 심령의 부요, 영혼의 만족, 헌신의 원천이 됩니다.

1 제자 주 나의 하나님, 저를 하나님의 형상과 모양대로 창조하셨나이다(창세기 1:26). 주님께서 구원을 위해 그토록 위대하고 필요하다는 것을 보여 주신 이 은혜를 제게 허락하사 제가 죄와 멸망으로 이끄는 사악한 본성을 극복하게 하소서.

저의 지체 속에는 죄악의 법이 제 마음의 법과 싸워, 여러 가지 일에서 제가 감각의 포로가 되어 이끌려 가고 있다는 느낌이 듭니다(로마서 7:23). 만약 제 마음속에 뜨겁게 부어 주시는 주님의 거룩하신 은혜가 돕지 않으신다면 저는 저의 감각에 대한 열정에 저항할 수가 없습니다.

2 주님, 어려서부터 악의 유혹에 빠지기가 쉬웠던 인간의 본성을 정복하기 위해 주님의 은혜, 큰 은혜가 필요합니다(창세기 8:21).

첫 사람 아담을 통해 본성은 타락하고 죄로 얼룩졌으며, 이 죄의 형벌은 온 인류에게 계승되었습니다(로마서 5:12). 그리하여 본성 자체는 주님께서 선하고 올바르게 창조하셨지만, 이제는 본성이 악의 상징으로 여겨지고, 타락한 인간의 나약함을 나타내는 말이 되었습니다.

본성을 내버려두면 악과 비천한 것들을 향해 나아갈 수밖에 없습니다. 본성에 남아 있는 작은 힘은 마치 재 속에 숨겨져 있는 불씨와도 같습니다. 이성은 짙은 어두움에 둘러싸여 있지만 여전히 선과 악을 분별하는 힘을 가지고 있고, 참과 거짓 사이에서의 차이점을 발견하는 힘을 가지고 있습니다. 그럼에도 불구하고 이성은 자신이 옳다고 인정하는 것을 모두 실행으로 옮길 능력도 없고 진리의 충만한 빛이나 건전한 감정들을 누릴 수도 없습니다.

3 그러므로 나의 하나님이시여, 저의 속사람은 하나님의 법을 즐거워합니다(로마서 7:22). 저는 하나님의 법이 선하고 공명정대하며 거룩하다는 것을 알고 있습니다(로마서 7:12). 또한 제가 모든 악을 피해야 한다는 것을 압니다.

그러나 육체적으로 저는 이성보다는 오히려 육감에 복종해 죄의 법을 섬깁니다(로마서 7:25). 또한 제 안에 선한 일을 하고자 하는 의지는 있으나 그 일을 어떻게 성취해야 할지는 알지 못합니다. 종종 많은 선한 일을 계획하지만 저의 연약함을 도와줄 은혜가 없기 때문에 작은 저항에도 곧 뒤로 물러나 포기하고 맙니다. 저는 완전으로 나아가는 길을 알고 있으며 제가 어떻게 행해야 하는지도 명확하게 알고 있지만, 제 자신의 타락

의 무게에 억눌려 있기 때문에 완전한 일을 할 힘이 없습니다.

4 주님, 제가 어떤 선한 일을 시작하여 실행하고 성취해 내기 위해서는 주님의 은혜가 절실히 필요합니다. 주님의 은혜가 없이는 아무 것도 할 수 없습니다(요한복음 15:5). 그러나 주님의 은혜의 힘으로는 주님 안에서 모든 것을 할 수 있습니다(요한복음 15:5).

아, 참된 하늘의 은혜여! 은혜가 없이는 저희가 아무리 값진 일을 한다 해도 헛것이요, 타고난 재능들도 아무런 가치가 없습니다.

주님, 은혜가 없으면 예술이나 부귀, 아름다움이나 힘, 지혜나 지식 따위가 무슨 소용이 있으리까? 타고난 재능들은 선인과 악인에게 공통적으로 주어지지만 은혜와 사랑은 택함 받은 자들에게만 주어지는 특별한 은사이기 때문입니다. 이 은혜의 표지를 지닌 자들은 영생을 얻기에 합당한 자로 간주됩니다.

이처럼 은혜는 훌륭한 것이니, 은혜가 없으면 예언의 은사나 이적의 은사, 혹은 아무리 높은 경지의 명상이라도 별 가치가 없습니다. 심지어 믿음이나 소망, 그 외의 다른 덕도 사랑과 은혜가 없다면 주님께 받아들여질 수 없습니다(고린도전서 13:13).

5 아, 지극히 복된 은혜여! 은혜는 심령이 가난한 자를 덕으로써 부유하게 하고, 물질적으로 부유한 자는 마음을 겸손하게 만듭니다.

은혜를 제게 내려 주셔서 주님의 위로로 채워 주시고, 저의 영혼이 마음의 곤고함과 메마름으로 인해 무기력하지 않게 하소서.

주님, 간구하오니 저로 하여금 주님 앞에서 은혜를 발견하게 하소서(창세기 18:3). 비록 제 본성이 바라는 것들은 얻지 못할지라도 주님의 은혜만 있으면 제게 충분하기 때문입니다(고린도후서 12:9).

비록 제가 많은 환난을 통해 시험 당하고 괴로울지라도 주님의 은혜가 함께하는 동안 결코 악을 두려워하지 않을 것입니다(시편 23:4).

은혜만이 저의 힘이 됩니다. 은혜만이 제게 조언과 도움을 줍니다. 은혜는 모든 원수들보다 더 강하며 모든 지혜로운 사람들보다 더 지혜롭습니다.

6 은혜는 진리의 주인이요, 훈육하는 스승이요, 마음의 빛이요, 환난 중의 위로자요, 슬픔과 두려움의 추방자요, 헌신의 유모요, 눈물의 원천입니다. 은혜가 없으면 저는 메마른 가지요 쓸모없는 나뭇가지이니, 그저 버려질 존재가 아니고 무엇이겠습니까?

그러므로 주님, 주님의 은혜가 저를 앞장서고 뒤따르셔서, 제가 성자 예수 그리스도를 통하여 항상 선한 일들에 전념하게 하소서. 아멘.

56 자기 희생과 십자가를 지는 그리스도를 본받음

세상적인 자기를 포기하고 십자가를 감당함이 마음의 평안이요, 하나님과 연합하는 확실한 통로입니다.

1 주님 내 아들아, 스스로를 포기하는 만큼 내 안에 더 많이 들어올 수 있느니라. 세상 것들을 포기할 때 마음속의 평안을 얻을 것이요, 자신을 포기하면 하나님과 연합하게 될 것이다.

내가 너에게 모순이나 불평 없이 온전히 나의 뜻을 따르는 법을 가르치리라. "내가 곧 길이요 진리요 생명이니"(요한복음 14:6) 나를 따르라. 길이 없으면 갈 수 없으며, 진리가 없으면 알 수 없고, 생명이 없으면 살 수 없느니라.

나는 길이니 너는 나를 좇으라. 나는 진리이니 나를 신뢰하라. 나는 생명이니 나를 소망하라.

나는 거역할 수 없는 길이요, 확실한 진리요, 영원한 생명이라. 나는 곧은 길이며 최고의 진리요, 참되고 복된 생명이며, 창조되지 않은 생명이라.

만약 네가 내 길에 거하면 진리를 알 것이요, 그 진리가 너를 자유케 하리니(요한복음 8:32), 그리하면 네가 영원한 생명을 얻으리라.

2 네가 영생에 들어가기를 원하거든 나의 계명을 지키라(마태복음 19:17). 네가 진리를 알기 원하거든 나를 믿으라.
네가 온전해지기를 원하거든 모든 것을 다 팔아 버리라(마태복음 19:21).
네가 나의 제자가 되기를 원하거든 자신을 부인하라(누가복음 9:23).
네가 복된 삶을 소유하기 원하거든 현재의 삶을 멸시하라.
네가 하늘에서 높임 받기를 원하거든 이 세상에서 스스로를 겸손히 하라(요한복음 12:25).
네가 나와 함께 왕 노릇 하기를 원하거든 나와 함께 십자가를 지라(누가복음 14:27).
이는 오직 십자가의 종들만이 축복과 참된 빛의 삶을 발견할 수 있기 때문이다.

3 제자 주 예수님, 주님의 길은 좁고 세상에 의해 멸시 받았으니 저도 세상의 멸시를 받으며 주님을 따르게 하소서. 이는 종이 그 주인보다 크지 못하고 제자가 그의 선생보다 나을 수 없기 때문입니다(마태복음 10:24 ; 누가복음 6:40).
주님의 종으로 하여금 주님의 삶 안에서 훈련 받게 하소서. 제 구원과 진정한 거룩이 그곳에 있기 때문입니다. 주님을 본받는 것 외에 제가 읽고 듣는 것이 무엇이든지 간에 저를 완전히 새롭게 하지 못하고 기쁨을 주지도 못합니다.

4 주님 내 아들아, 이제 네가 이 모든 것을 읽고 알았으니, 이를 행하면 네게 복이 있으리라.

"나의 계명을 가지고 지키는 자라야 나를 사랑하는 자니 나를 사랑하는 자는 내 아버지께 사랑을 받을 것이요 나도 그를 사랑하여 그에게 나를 나타내리라"(요한복음 14:21). 그리고 내가 그를 내 아버지의 나라에서 나와 함께 앉게 하리라(요한계시록 3:21).

제자 주 예수님이시여, 주님께서 말씀하시고 약속하신 것이 다 이루어지게 하소서. 저로 하여금 이 은혜를 온전히 받을 수 있게 하소서. 제가 주님의 손으로부터 십자가를 받았사오니, 주께서 지우신 이 십자가를 죽기까지 지고 가리이다. 진실로, 선한 신앙인의 삶은 곧 십자가입니다. 그러나 이는 저를 낙원으로 인도합니다. 이제 시작하였으니 뒤로 물러서는 것은 합당하지 않고 그만두는 일 또한 있을 수 없습니다.

5 형제들아, 이제 용기를 가지고 함께 앞으로 나아가자. 예수님이 우리와 함께하실 것이다. 예수님을 위하여 우리가 이 십자가를 졌으니, 이를 견뎌내자. 예수님이 우리를 도와주시리니, 그분은 우리의 지도자시며 안내자시다.

보라, 우리의 왕이 우리 앞에 행진하사 우리를 위해 싸우시리라. 그를 담대히 따르고 어떤 공포에도 두려워하지 말자. 전쟁터에서 용감히 죽음을 맞이할 각오를 하자. 십자가를 피함으로 말미암아 우리의 영광이 모욕을 당하지 않도록 하자(마카베오상 9:10).

57 과오를 범했을 때 낙심하지 않기

실수와 이로 인한 비방은 우리를 낙심하게 만드는 주된 요인입니다. 주님은 우리에게 이러한 요인들에 낙심하지 말고 용기를 내어 앞으로 전진하라고 말씀하십니다.

1 주님 내 아들아, 네가 순탄할 때의 평안과 헌신보다 역경 가운데에서 인내와 겸손이 나를 더 기쁘게 하느니라.

너는 왜 사람들의 사소한 비방에 슬퍼하느냐? 훨씬 더 큰 비방을 받을지라도 슬퍼하지 말아야 한다. 이제는 그 말을 흘려들어라. 이런 일이 처음 있는 것도 아니요 새로운 것도 아니라. 네가 오래 살다 보면 다시 그러한 일을 만나게 되리라.

네게 역경과 환난이 닥치지 않는 한 너는 충분히 용감하게 헤쳐나갈 수 있다. 이럴 때에 네가 다른 사람에게 훌륭한 조언도 해 주고, 여러 가지 말로 그들을 격려하는 방법도 알고 있다. 그러나 예상치 못한 역경이 네 문 앞에 들이닥치면 조언의 말도 힘도 잃어버린다.

사소한 문제에서도 너무나 자주 경험했던 너의 연약함을 생각하라. 그러나 이와 같은 환난과 역경이 일어나는 것은 너의 구원의 유익을 위해 일어나는 것이다.

2 만약 역경이 너를 자극할지라도 용기를 잃지 말며, 오랫동안

혼란스러워하지 말라. 시험을 당해서 즐거운 마음으로 견딜 수 없다면 적어도 인내심을 가지고 참고 견디라. 마지못해 견디고 역경으로 인해 화가 나더라도 자신을 절제하고, 약한 자들이 모욕을 느낄 수 있는 격한 말을 네 입에 담지 말라. 흥분하여 마음에서 폭풍이 강하게 일어도 곧 잠잠해질 것이요, 은혜의 회복으로 인해 너의 내적 슬픔은 누그러지고 달콤해지리라.
나는 여전히 살아 있노라. 그러므로 네가 나를 신뢰하고 전심으로 나를 부르면 보다 많이 너를 돕고 위로할 준비가 되어 있느니라.

3 평온을 유지하고 더 큰 시련을 견딜 준비를 하라. 비록 네가 더욱 자주 고통을 받고 더욱 가혹한 시험을 당할지라도 모든 것을 잃은 것은 아니다.
너는 하나님이 아니라 인간이다. 너는 천사가 아니라 사람이다. 하늘의 천사도 타락하고 낙원의 첫 사람도 그러하였거늘 하물며 어떻게 네가 항상 한결같은 덕의 상태를 유지하기를 기대할 수 있겠느냐? (창세기 3장) 나는 고통 받는 자들을 구하는 자이며, 자신의 연약함을 아는 자들을 하나님께로 데려다 주는 자니라.

4 제자 오, 주님, 주님의 말씀은 복되니, 제 입에 꿀과 송이꿀보다 더 달콤합니다 (시편 19:10 ; 119:103). 주님께서 저를 그 거룩하신 말씀으로 위로해 주시지 않으면 제가 이렇게 큰 고난과 근

심 속에서 무엇을 할 수 있겠습니까?

구원의 안식처에 이를 수만 있다면 지금 당하는 환난이 어떤 것이든, 또 얼마나 크든 그것이 무슨 상관이겠습니까? 저에게 선한 종말을 맞이하도록 은혜를 주시고 이 세상을 떠날 때 행복하게 하소서. 나의 하나님이시여, 저를 기억하시고 하나님의 나라에 이르는 바른 길로 저를 인도하소서. 아멘!

58 하나님의 은밀한 심판에 대한 자세

인간은 하늘의 일들과 하나님의 은밀한 심판을 모두 다 알 수 없습니다. 주님은 우리에게 자신에게 주어진 일과 관련하여 충실하라고 권고하십니다.

1 주님 내 아들아, 너는 하나님의 은밀한 심판이나 하늘의 문제들에 대해 논쟁하지 말라. 왜 어떤 사람은 버림 받았고 어떤 사람에겐 왜 그렇게 큰 은혜가 베풀어졌는지, 어떤 사람은 그렇게 큰 고통을 당하고 어떤 사람은 왜 그렇게 크게 높임을 받는지에 대해 이야기하지 말라. 이러한 것들은 사람의 이해를 넘어서는 것이라. 논리나 토론을 통해서는 결코 하나님의 판단을 헤아려 알 수 없느니라.

그러므로 원수가 네 마음에 이러한 일을 하도록 유인하거나 어떤 호기심 많은 자들이 그것에 대해 질문을 제기하더라도 너는 선지자와 같이 대답하라(로마서 11:33).

"여호와여 주는 의로우시고 주의 판단은 옳으니이다"(시편 119:137).

그리고 이렇게 말하라.

"여호와를 경외하는 도는 정결하여 영원까지 이르고 여호와의 법도 진실하여 다 의로우니"(시편 19:9).

나의 판단은 너희가 두려워해야 할 것이지 토론할 것이 아니다. 왜냐하면, 그것은 사람의 이해력으로는 알 수가 없는 것이기 때문이니라.

2 이와 마찬가지로, 성도들의 공로에 대해서도 질문하거나 토론하지 말라. 그들 가운데 누가 더 거룩한가, 하늘나라에서 누가 가장 위대한가와 같은 질문은 하지 말라.
이러한 것들은 종종 분쟁과 쓸데없는 토론을 낳는다(디모데후서 2:14). 또 교만과 허영을 키울 뿐이며, 어떤 사람은 이 성도를 자랑스럽게 칭찬하려 하고 어떤 사람은 또 다른 성도를 내세우니, 이런 가운데서 시기와 분열이 일어나느니라.
그러한 것들을 캐는 일은 아무 열매도 맺지 못하며 성도들을 불쾌하게 한다. 왜냐하면, 나는 분열의 하나님이 아님이며, 자기를 높이기보다는 참된 겸손에 존재하는 평화의 하나님이기 때문이니라(고린도전서 14:33).

3 사람들은 이 성도에게, 다른 이들은 저 성도에게 더 큰 애정으로 사랑의 열정을 쏟으나, 이는 하나님의 사랑이 아니라 인간의 사랑일 뿐이라.
모든 성도를 만든 자는 나 하나님이니라. 내가 그들에게 은혜를 주었고 영광을 베풀었도다. 나는 그들 각자가 받을 상급에 대해 다 알고 있으며, 그들에게 선한 축복을 내려 주었노라(시편 21:3).
나는 세상이 시작되기 전부터 나의 사랑하는 자들을 알고 있었느니라(로마서 8:29). 그들이 나를 택한 것이 아니라 내가 그들을 세상에서 택했도다(요한복음 15:16). 내가 은혜로 그들을 부르고(갈라디아서 1:15), 자비로 그들을 이끌었으며, 갖가지 시험 가운데서 그들을 안전히 인도하였다. 내가 그들에게 영화로운 위로를 부어 주었고, 인내를 주었으며, 그들의 인내에 면류관을 씌워 주었노라.

4 나는 그들의 처음과 끝을 알고 있고, 헤아릴 수 없는 사랑으로 그들 모두를 품에 안았느니라.

나는 이전에 아무 공로가 없는 자들을 예정하여 매우 영광스럽게 높여 준 자이니, 모든 성도에게 찬양 받아야 하고, 무엇보다도 축복 받아야 하며, 모든 사람 안에서 영광 받아야 하느니라.

성도들 가운데 가장 작은 자 하나를 멸시하는 자는(마태복음 18:10) 가장 큰 자도 존경하지 않는 자이다(야고보서 2:1-5). 작은 자를 만든 것도 큰 자를 지은 것도 나이기 때문이니라(지혜서 6:7).

나의 성도들 가운데 어느 하나를 얕보는 자는 나 또한 얕보는 것이요, 하늘나라에 있는 모든 자를 얕보는 것이라. 이들은 모두 자비의 유대를 통하여 하나가 되었으니(요한복음 17:21), 같은 것을 생각하고, 같은 뜻을 가지고 있으며, 서로를 사랑하느니라.

5 그러나 그보다 훨씬 훌륭한 점은, 그들은 자기 자신보다, 자신의 어떠한 공로보다도 나를 더욱 사랑한 것이라. 그들은 자기에게 몰입하고 자기 사랑에 빠지는 대신 나를 사랑하는 일에 전적으로 열중하며 내 안에서 안식한다. 그들을 내게서 떼어 버릴 수 있는 것은 아무 것도 없으며 어느 것도 그들을 억압하지 못할 것이다. 이는 그들이 막을 수 없는 사랑의 불로 타오르는 영원한 진리로 충만하기 때문이라.

그러므로 이기적인 기쁨을 사랑하는 방법 외에는 생각할 줄 모르는 세속적이고 육감적인 사람들이 하나님의 성도의 형편에 대해 논쟁하는 것을 그만두게 하라. 그런 사람들은 자신의 성향에 따라 더하기도 빼기도 하는데, 그것은 영원한 진리이신 하나님을 기쁘게 하지 않느니라.

6 깨우침을 거의 받지 못한 경우에는 매우 무지해서 누구도 온전한 영적 사랑을 할 수 없느니라.

그런 사람들은 본성과 인간의 우정에 의해 이 사람 저 사람에게 강하게 이끌려 다니며 땅에 속한 일을 행하고 있다. 또한 하늘의 것에 대해서도 이 세상에서의 자신들의 행동과 같이 성도들도 그렇게 행동하는 줄로 알고 있다.

그러나 그들의 불완전한 상상과, 깨우침 받은 자들이 위로부터 온 계시를 통해 예측할 수 있는 것들 사이에는 비교할 수 없는 크나큰 차이가 있느니라.

7 내 아들아, 그러므로 네 지식을 뛰어넘는 일을 헛된 호기심으로 다루는 것을 조심하라(집회서 3:21). 그보다는 하나님의 나라에서 가장 낮은 자리라도 얻기 위해 모든 노력을 기울이라. 하늘나라에서 누가 다른 사람보다 더 거룩한지 알고 또 누가 더 큰 자인지 안다고 해도, 그것을 능가해 내 앞에서 겸손하지 않고 내 이름을 더 큰 찬양으로 높이지 않는다면, 그에게 이런 지식이 무슨 가치가 있겠느냐?

누가 더 크고 누가 더 작은 자인지에 대해 논쟁하는 사람보다는 자신의 죄가 얼마나 크고 자신의 덕이 얼마나 부족한지 생각하고, 자기 자신이 성도들의 온전함으로부터 얼마나 멀리 떨어져 있는가에 대해 생각하는 사람이 하나님을 훨씬 더 기쁘시게 하느니라.

경건한 기도와 눈물로써, 그리고 겸손한 마음으로 그 훌륭한 성도들에게 도움을 청하는 것이, 헛된 호기심으로 그들의 비밀을 캐내는 것보다 더 나으니라.

8 훌륭한 성도, 스스로 만족할 줄 아는 성도는 쓸데없는 토론을 삼가느니라. 내가 그들에게 무한한 사랑으로 모든 것을 주었기 때문에 그들은 모든 선을 스스로에게 돌리지 않고 나 하나님에게 돌리기 위해 자신의 공로를 자랑하지 않았다.

그들은 하나님의 사랑과 넘치는 기쁨으로 충만하기 때문에 그들의 영광과 행복은 부족함이 없다.

성도들은 스스로 겸손할 때 더 높은 영광을 누리고, 나에게 더욱 가까워지며, 더 큰 사랑을 받느니라.

그러므로 성경에 이렇게 기록되었느니라.

"이십사 장로들이 보좌에 앉으신 이 앞에 엎드려 세세토록 살아 계시는 이에게 경배하고 자기의 관을 보좌 앞에 드리며 이르되 우리 주 하나님이여 영광과 존귀와 권능을 받으시는 것이 합당하오니 주께서 만물을 지으신지라 만물이 주의 뜻대로 있었고 또 지으심을 받았나이다"(요한계시록 4:10).

많은 사람이, 자신이 하늘나라의 가장 작은 무리 가운데 속해 있음을 알지 못하고, 하나님의 나라에서 누가 가장 큰 자인지를 물어본다(마태복음 18:1). 그러나 아무도 대답하지 못한다.

9 모두가 훌륭한 하늘나라에서 가장 작은 자라도 될 수 있다면 이는 대단한 은총이 아닐 수 없다. 왜냐하면, 거기에서는 모두 하나님의 자녀로 칭함을 받게 될 것이고(요한일서 3:1), 실제로 하나님의 자녀가 될 것이기 때문이다.

"그 작은 자가 천 명을 이루겠고"(이사야 60:22), "백 세가 못 되어 죽는 자는 저주 받은 자이리라"(이사야 65:20).

제자들이 주님께, "천국에서는 누가 가장 크나이까?"라고 질문했을 때 제자들은 다음과 같은 대답을 들었다.

"너희가 돌이켜 어린아이들과 같이 되지 아니하면 결단코 천국에 들어가지 못하리라 그러므로 누구든지 이 어린아이와 같이 자기를 낮추는 사람이 천국에서 큰 자니라"(마태복음 18:3-4).

10 그러므로 어린아이들처럼 기꺼이 스스로 겸손해지기를 싫어하는 자들에게는 화가 있으리라! 천국 문은 매우 좁기 때문에 그들이 들어오는 것을 허락하지 않을 것이다(마태복음 7:14).

이 땅에서 위로를 얻고 있는 부자들에게도 화가 있으리니(누가복음 6:24), 가난한 자들이 하나님 나라에 들어갈 때에 그들은 바깥에서 슬퍼하며 서 있으리라.

너희 겸손한 자여, 기뻐하라. 가난한 자여, 크게 즐거워하라(마태복음 5:3). 너희가 진리에 따라 행한다면(이사야 38:3 ; 요한이서 4 ; 요한삼서 3~4) 하나님 나라가 너희 것이기 때문이니라(누가복음 6:20).

59 하나님만 의지하는 소망과 믿음

 세상의 가치와 재물과 명예는 우리의 보증이 되지 못하며 옳다고 세워 주지 못합니다. 이것이 우리가 하나님만 의지해야 하는 이유입니다. 하나님은 우리의 모든 생사의 보증이며 희망과 기쁨의 원천입니다.

1 제자 주님! 제가 이 세상에서 무엇을 신뢰할 수 있습니까? 하늘 아래 모든 것 가운데서 무엇이 제게 가장 큰 위로를 줄 수 있겠습니까?

오, 주 나의 하나님! 주님은 헤아릴 수 없이 많은 자비를 갖고 계신 분이 아니십니까? 주님 없이 제가 평안했던 적이 어디에 있었습니까? 또한 주님이 저와 함께하실 때 제가 불행했던 적이 언제였습니까?

주님 없이 부요하게 지내느니 차라리 주님을 위해 가난하게 지내겠습니다. 주님 없이 하늘을 소유하느니 차라리 주님과 함께 이 땅에서 나그네로 지내겠습니다. 주님 계신 곳이 곧 천국이요, 주님이 안 계신 곳은 곧 죽음이며 지옥입니다.

주님은 저의 열망이시오니, 저는 주께 부르짖으며 한탄하고 기도할 수밖에 없습니다. 제게는 궁핍할 때에 온전히 도움을 맡길 자가 아무도 없으니, 나의 하나님 오직 당신밖에 없습니다. 주님은 저의 신뢰이시요 확신이시며 위로자이시니, 모든 필요에 있어서 가장 신실하신 분이십니다.

2 사람들은 모두 자신의 유익만을 구합니다(빌립보서 2:21). 그러나 주님은 저의 구원과 행복을 먼저 목적으로 삼으시고 모든 것을 선하게 이뤄 주십니다(로마서 8:28).
주님이 저를 여러 가지 시험과 역경에 빠지게 하실지라도, 이 모두가 수많은 방식으로 주님께서 저의 유익을 위하여 사랑받는 자들을 철저히 연단하십니다. 그러므로 저는 기쁨으로 찬양합니다. 이는 주께서 하늘의 위로와 평안을 채워 주실 때나 저를 환난과 역경으로 시험하실 때에도 변함이 없나이다.

3 그러므로 주 하나님이여! 주님 안에 저의 온 소망을 두고 주님을 저의 피난처로 삼습니다. 또한 주님에게 저의 모든 환난과 고통을 털어놓나니, 이는 제가 가지고 있는 것 가운데 주님 이외에는 무엇이든지 약하고 불안정하다는 사실을 알고 있기 때문입니다.
주님이 친히 저희를 도와주시고 힘주시고 위로하시고 가르치시고 보호해 주시지 않는다면, 아무리 많은 친구를 갖고 있다 해도 아무런 소용이 없습니다. 강한 조력자들도 저를 돕지 못하고, 신중한 조언자들도 유용한 답변을 주지 못하며, 박식한 자들의 책이 위로를 주지 못하고, 아무리 귀한 것들도 자유를 주지 못하며, 아무리 비밀스럽고 아름다운 곳이라도 저를 숨겨 주지 못합니다.

4 우리에게 평안과 행복을 가져다줄 것처럼 보이는 것도 주님

이 없으면 아무 것도 아닙니다. 진실로 주님은 모든 선의 근원이시며, 생명의 극치이시며, 모든 지혜의 절정이십니다. 그러므로 다른 어떤 것보다 주님을 신뢰하는 것이 주님의 종들에게 가장 강력한 위로가 됩니다(히브리서 6:18).

자비의 아버지이신 나의 하나님(고린도후서 1:31), 주님에게 눈을 돌리며(시편 141:8) 주님을 신뢰합니다(시편 25:2). 저의 영혼이 주님의 거룩한 처소가 되고 영원한 영광의 보좌가 되도록 하늘의 기도로써 제 영혼을 축복하시고 거룩하게 하소서. 또한 주님의 위엄이 머무시는 이 성전 안에 주님의 권위에 거스르는 것이 하나도 발견되지 않게 하소서.

주님의 크나큰 선하심과 많은 자비로써(시편 51:1) 저를 굽어 보시사, 사망의 그림자로 뒤덮여 있는 땅에서 주님을 떠나 방황하는 이 불쌍한 종의 기도를 들어 주소서(다니엘 9:17). 이 패역한 삶의 수많은 위험 가운데 있는 주님의 불쌍한 종의 영혼을 보호하시고 지켜 주시사, 주님의 은혜로써 제 영혼이 영원한 빛의 하나님 나라에 이르기까지 평화의 길로 인도하소서. 아멘!

제4부
성찬으로의 초대

제4부에서는 성도의 경건한 신앙 생활을 강조하고, 그 경건한 신앙 생활의 불가결한 요소의 하나로 성례전을 들고 있다. 성례전의 영적, 정신적 의미를 살펴 볼 때 하나님과 인간이 신비적으로 연합되는 계기가 곧 성례전이라는 것이다. 이를 통해 그리스도의 인격 속에 구현된 생활 모형, 즉 순종과 겸손, 그리고 회개를 모방하자는 인생의 참된 목적을 제시해 주고 있다.

주님의 말씀

"수고하고 무거운 짐 진 자들아 다 내게로 오라 내가 너희를 쉬게 하리라" (마태복음 11:28).
"내가 줄 떡은 곧 세상의 생명을 위한 내 살이니라" (요한복음 6:51).
"받아서 먹으라 이것은 내 몸이니라" (마태복음 26:26).
"이것을 행하여 나를 기념하라" (고린도전서 11:24).
"내 살을 먹고 내 피를 마시는 자는 내 안에 거하고 나도 그의 안에 거하나니" (요한복음 6:56).
"내가 너희에게 이른 말은 영이요 생명이라" (요한복음 6:63).

1 그리스도의 초대

 그리스도는 노아, 모세, 솔로몬, 다윗보다도 앞서 계셨습니다. 세상의 성물과 유품들도 관심을 끌고 있는데 하물며 그리스도야말로 무슨 말로 표현할 수 있겠습니까? 그리스도는 우리를 창조하셨습니다.

1 제자 영원한 진리이신 그리스도여, 이 말씀은 한 순간에 말씀하신 것도 아니고 한 장소에서 기록된 것도 아니지만 모두가 주님의 말씀입니다. 이 말씀은 모두 주님께서 하신 진리의 말씀이기 때문에 믿음과 감사함으로 받아들여야 합니다.

이 말씀은 모두 주님께서 말씀하셨으므로 주님의 것입니다. 또한 저의 것이기도 합니다. 왜냐하면, 저의 구원을 위해 하신 말씀이기 때문입니다.

제가 주님의 입에서 나오는 말씀을 기쁨으로 받아들이오니 제 마음속에 더욱 깊이 감동을 심어 주옵소서.

감미로움과 사랑으로 충만한 그 부드러운 말씀들은 제게 용기를 북돋아 주지만, 저의 죄가 저를 두렵게 하고, 부정한 제 양심은 그 위대한 신비가 다가올 때 저를 공격합니다.

주님 말씀의 감미로움은 저를 이끄시지만, 수많은 저의 악덕이 저를 억누릅니다.

2 주님은 저에게, 만일 제가 주님과 함께하기를 원하거든 주님께로 담대히 나아오라고 명령하십니다. 또한 영생과 영광을

얻기 원하거든 불멸의 음식을 받아 먹으라고 권고하십니다.
주님은 "수고하고 무거운 짐 진 자들아 다 내게로 오라 내가 너희를 쉬게 하리라"(마태복음 11:28)고 말씀하셨습니다.
나의 주 하나님이여, 주님께서 이 궁핍하고 초라한 자들을 초대하시어 주님의 지극히 거룩한 몸에 동참하게 하시니 죄인의 귀에 이 얼마나 감미롭고 사랑스럽게 들리는 말씀인지요!
그러나 주님, 제가 무엇이건대 감히 주님께로 나아갈 수 있겠습니까? 보소서, 하늘의 하늘도 주님을 모시기에 부족할진대 주님께서는 "너희는 모두 나에게 오라"고 말씀하십니다.

3 이 자비로우신 영예는 무엇을 의미하고, 그렇게 친근한 초청은 또 무엇을 의미합니까? 감히 초청을 받을 만한 선한 것이 제게 없사온데 제가 어찌 감히 주님께로 나아갈 수 있겠습니까? 너무나도 자주 주님의 지극히 자비로우신 낯을 흐려 놓았는데 어찌 감히 제가 주님을 저의 집에 모실 수 있겠습니까? 천사와 천사장도 주님을 경배하고 거룩한 이와 의로운 이도 주님을 두려워하는데 주님께서는 "너희는 모두 나에게 오라"고 말씀하십니다.
주님, 주님께서 친히 이 말씀을 하지 않으셨다면 누가 이 말씀을 진짜라고 믿겠습니까? 또, 만일 주님께서 이같이 명하지 않으셨다면 누가 감히 주님께 나아가려고 하겠습니까?
보소서, 노아는 의인이었음에도 불구하고 단지 몇 사람을 구하기 위해 100여 년 동안이나 방주를 만드는 일을 했는데(창세.

기 6:3), 어떻게 제가 세상을 창조하신 분을 경외함으로 영접할 준비를 단 한 시간 만에 할 수 있겠습니까?

4 주님의 위대한 종이요 특별한 친구인 모세는 썩지 않는 나무로 법궤를 짜서 정금으로 감싸고, 그 안에 율법 판을 넣어 두었건만(출애굽기 25:10-16), 썩어 없어질 피조물인 제가 어찌 감히 율법의 제정자이며 생명을 주신 주님을 쉽게 대할 수가 있겠습니까?

이스라엘의 가장 지혜로운 왕인 솔로몬은 주님의 이름을 찬양할 웅장한 성전을 7년에 걸쳐서 건축했습니다(열왕기상 6:38). 그는 또한 8일 동안이나 성전 봉헌 축제를 벌였으며, 화목제로 일천 번제를 드렸고, 화목제에 여호와께 드린 소가 이만이천이요, 양이 십이만이었습니다. 언약궤를 나팔 소리와 환호로 예배한 장소에 엄숙하게 언약궤를 모셨습니다(열왕기상 8장).

그런데 사람들 중에서도 가장 비천하고 가난한 제가 반시간도 채 경건하게 지내지 못하면서 어떻게 감히 주님을 저의 집에 모실 수 있겠습니까? 30분의 기도로 주님께 헌신을 하였다고 말할 수 있겠습니까? 그나마 반시간이라도 제가 해야 할 의무를 다하는 데 쓸 수 있다면 얼마나 좋겠습니까?

5 오, 나의 하나님이여, 신앙의 위인들은 주님을 기쁘게 해 드리기 위해 얼마나 열심히 노력했습니까? 그에 비해 제가 한 일은 얼마나 보잘것없는지요! 주님을 기리며 성찬식을 준비하는

시간은 얼마나 짧은지요! 저는 마음을 온전히 묵상한 적이 거의 없으며, 모든 번민으로부터 자유로워진 적도 거의 없습니다. 생명을 주시는 하나님 앞에서는 부당한 생각을 해서는 절대로 안 되고, 어떠한 피조물도 제 마음을 차지하고 있으면 부당한 줄 압니다. 저는 지금 천사를 대접하려는 것이 아니라 천사들의 주인이신 주님을 대접하려는 것이기 때문입니다.

6 성물(聖物)을 담고 있는 언약궤와, 말로 형용할 수 없는 은혜를 담고 계신 주님의 지극히 정결한 몸 사이에는 크나큰 차이가 있습니다. 장차 올 예시의 상징인 구약 시대 모세의 율법적 제사와 모든 옛 제사의 완성이신 주님의 십자가의 희생으로

드려진 참제사 사이 역시 큰 차이가 있사옵니다.
그런데 저는 왜 존경할 만한 주님의 임재하심을 위해 더 열심을 내지 않는 것일까요? 왕뿐만 아니라 저 거룩한 옛 선조들과 선지자들까지도 모든 백성과 함께 하나님께 경배하기 위한 예배에 크나큰 애정을 보였습니다. 그런데도 왜 저는 주님의 거룩하신 은사를 받기 위해 지극한 관심을 가지고 스스로를 준비하지 않는 것일까요?

7 지극히 경건한 왕 다윗은 과거에 하나님께서 선조들에게 베푸신 모든 은혜를 상기하면서 하나님의 언약궤 앞에서 춤을 추었습니다(사무엘하 6:14). 그는 여러 종류의 악기를 만들었고 시를 지어 사람들로 하여금 기쁨으로 노래하는 법을 가르쳤습니다. 성령의 은총에 감화되어 수금을 들고 연주하기도 했습니다. 그는 또 이스라엘 백성들에게 전심으로 하나님을 찬양하도록 가르쳤으며, 화음에 맞추어 날마다 하나님을 찬송하고 찬미하기 위해 목소리를 높였습니다.
언약궤 앞에서도 그렇게 큰 헌신이 드려졌고 그렇게 환호에 찬 찬송이 드려졌다면, 이제 그보다 더욱 귀한 그리스도의 몸을 받는 성찬식에 참석하는 저와 모든 그리스도인은 얼마나 큰 헌신과 어떤 경배를 드려야 마땅한지요!

8 세상을 떠난 성도들의 유품을 기리기 위해 수많은 사람이 몰려와서는 그들의 훌륭한 행적과 그들을 모신 교회당의 웅장

함을 보고 놀랍니다. 그들은 그 유해들을 뚫어지게 쳐다보고는 비단과 금으로 싸인 그들의 성스러운 유골에 입을 맞추곤 합니다.

그러나 보소서. 성자 중의 성자시며 인류의 창조자시고 천사들의 주재자이신 나의 하나님께서 여기 친히 제 앞의 제단에 임재하고 계십니다.

그런 것들을 보러 다니는 성지순례자들은 흔히 호기심 때문에 온 사람이거나 처음 보는 것에 대한 새로운 경험으로 여기므로, 성지순례자들은 진정한 죄를 뉘우치지 못하고 경박하게 이리저리로 다니며 시간만 허비하고 집으로 돌아가곤 합니다. 그러나 여기 이 거룩한 성찬식에는 나의 하나님, 인자 예수 그리스도께서 온전히 임재하고 계시오니, 이 성찬을 귀하고 경건하게 받는 사람들에게 영원한 구원의 깨달음이 풍성히 주어집니다.

참으로 이 성찬식에는 사람들이 경박함이나 기이함이나 육감적인 것에 이끌리지 않고, 오직 견고한 믿음과 경건한 소망과 신실한 사랑만이 있을 뿐입니다.

9 우리 눈으로 보이지는 않으나 세상을 창조하신 하나님이시여, 주님이 저희를 다루심이 어찌 그리 놀라우신지요! 주님은 주님의 택하신 자들에게 어찌 그리 다정하고 자비롭게 모든 것을 허락해 주시는지요! 주님은 성찬을 통해 주님 자신을 저희에게 내어 주십니다.

이는 인간의 모든 이해를 초월하는 것입니다. 이 성찬식은 특별한 방법으로 경건한 자들의 마음을 이끌고 그들의 사랑에 불을 붙입니다.

자신의 모든 삶을 개선하는 데 바친 참으로 신실한 주님의 종들도 종종 이 지극히 귀한 성찬식에서 많은 헌신의 은혜와 사랑의 덕을 받습니다.

10 아, 놀랍고 은밀한 성찬의 은총이여! 이는 오직 그리스도를 신실히 믿는 자들만 알 수 있습니다. 믿지 않는 자들과 죄의 종이 된 자들은 이를 경험할 수 없습니다. 성찬에서 영적 은혜가 주어지며, 잃었던 영혼의 힘이 소생되고, 죄로 일그러졌던 아름다움을 다시 되찾습니다. 온전한 헌신의 충만함을 통해 우러나는 이 은혜는 마음뿐 아니라 죄로 인하여 연약해진 육신까지도 더 큰 힘으로 채워짐을 느끼게 됩니다.

11 그럼에도 불구하고 우리가 모든 구원 받을 자의 소망과 공로가 있는 유일한 그리스도를 영접하기 위해 더 큰 애정을 쏟지 않았으니, 저희의 게으름과 냉랭함을 통탄해 하고 애석해 하지 않을 수 없습니다.

그리스도는 저희의 성화이며 구속이시고, 저희의 삶 속에 위로가 되시며, 하늘에서 축복 받는 자들의 영원한 기쁨이십니다. 그럼에도 불구하고 사람들이 기쁨으로 하늘을 채우지 않고, 또 전 우주를 보존하시는 이 구원의 신비에 거의 관심을 갖지 않는다는 사실은 통탄할 만한 일입니다.
말할 수 없이 크고도 큰 이 성찬의 은사를 별로 중요하게 여기지 않고 일상적인 행사로 성찬에 참석하는 자의 마음은 이 얼마나 무지하고 완악한지요!

12 만약 이 지극히 거룩한 성찬식이 세상의 단 한 곳에서 오직 한 명의 성직자에 의해서만 거행된다면, 사람들이 하나님의 신비한 의식이 거행되는 모습을 구경하기 위해 그 장소와 하나님의 성직자를 얼마나 간절히 보고 싶어 하고 또 사모하겠습니까!
그러나 지금은 많은 성직자가 있어 많은 장소에서 의식이 드려지고 있으니, 이는 진실로 하나님의 은총과 사랑이 얼마나 큰가를 더욱 명확하게 나타내며, 이 신성한 하나님과의 교제가 전 세계에 널리 퍼져 있음을 나타냅니다.
영원한 목자이신 예수님, 주님은 비천한 상태에 있는 가련한 자들을 주님의 귀한 피와 살로 먹이시고, 친히 주님의 입술로, "수고하고 무거운 짐 진 자들아 다 내게로 오라 내가 너희를 쉬게 하리라"고 말씀하시며 저희를 이 신성한 성찬식에 초대하심을 감사드립니다.

2 성찬에서 나타난 하나님의 사랑

성찬은 우리를 향한 사랑이요 주님의 선함이고 기쁨입니다. 주님은 우리를 받으시고 자신을 주셨습니다. 성찬의 깊은 의미를 되새기어 우리의 진정한 삶을 찾아야 합니다.

1 제자 주님! 제가 주님의 선하심과 크신 긍휼을 의지합니다. 마치 병든 자가 치료자에게로, 굶주리고 목마른 자가 생명의 샘으로, 궁핍한 자가 하늘의 왕께로, 종이 주인에게로, 피조물이 창조주께로, 외로운 영혼이 자상하신 위로자에게 나아가듯이 저도 주께 나아갑니다.

제가 무엇이기에 주께서 저를 찾으십니까?(누가복음 1:43) 주님을 저에게 주려 하시나이까? 죄인이 어찌 감히 주님 앞에 나설 수 있으며, 주님은 어찌하여 죄인에게 오시고자 자신을 낮추시나이까?

주님은 이 종을 잘 아십니다. 제게 선한 것이 아무 것도 없음을 잘 아시는 주님께서 어찌하여 저에게 이러한 은혜를 주시나이까?

그러므로 주께 저의 무가치함을 고백합니다. 주님의 선하심을 인정합니다. 주님의 자비를 찬양하고 무한한 사랑에 감사를 드립니다.

주님이 이 일을 행하심은 저의 공로로 인함이 아니요 오직 주님께서 뜻하신 바를 위하여 하신 것이니, 이로 인하여 주님의 선하심을 저에게 더욱 알게 하시고, 저로 하여금 더 큰 사랑을 일으키기 위함이며, 제 안에 온전한 겸손을 지니게 하기 위함입니다. 이것이 바로 주님을 기쁘게 해 드리는 것이며, 주님이 직접 명하신 것입니다. 주님이 제게로 오심이 제게는 큰 기쁨이 됩니다. 아! 저의 죄악으로 말미암아 주님과의 관계가 틀어지지 않고 깨어지지 않도록 역사하소서!

2 아! 지극히 다정하시고 자비로우신 예수님, 주님의 거룩한 몸을 저희에게 주셨사오니 주님은 크나큰 경배와 감사와 영원한 찬양을 받으심이 마땅하옵니다. 주님의 고귀하심을 인간이 어찌 다 말로 표현할 수 있겠습니까?

나의 주님께 나아가는 이 성찬에서 제가 무슨 생각을 해야 할까요? 제가 주님께 만족하게 경배 드릴 수는 없지만, 그럼에도 저는 주님 모시기를 간절히 바랍니다.

3 주님의 임재 앞에서 완전히 제 자신을 겸손히 하며 주님의 무한하신 선하심을 높이는 것보다 더 유익하고 선한 생각이 어디 있겠습니까?

나의 하나님, 제가 당신을 영원히 찬양하고 높이리이다. 주님 앞에서 저는 자신을 멸시하며 무가치한 존재로 경멸하며 심연 속에 던져 버리겠나이다.

보소서! 주님은 거룩한 자 중에서도 가장 거룩하신 분이시며 저는 죄인 중의 괴수입니다.

보소서! 주님은 주님을 바라볼 자격도 없는 저를 굽어 보셨습니다.

보소서! 주님은 저를 찾아오셨으며, 주님의 뜻에 따라 저와 함께하시고, 저를 주님의 잔치에 초대하셨습니다.

주님은 하늘의 음식과 천사의 떡을 주셨나이다(시편 78:25). 이 음식은 다름 아닌 하늘에서 내려와 세상에 생명을 주시는 살아 있는 떡, 바로 주님이 아니십니까!(요한복음 6:33, 51)

4 저를 향한 눈부신 사랑은 어디에서 나오는 것입니까? 주님의 겸손이 얼마나 찬란히 빛나는지요! 이 은사에 대해 제가 얼마나 큰 감사와 찬양을 드릴 수 있으리까!

아! 주님께서 성찬을 제정하심이 얼마나 선하고 유익한지요! 주님께서 저희에게 스스로를 양식으로 주실 때 그 잔치가 얼마나 감미롭고 즐거운지요!

주님, 주님의 업적은 참으로 감탄스러우며, 권세는 참으로 위대하십니다! 주님의 진리는 참으로 의심의 여지가 없습니다!

이는 주님께서 말씀하심으로 만물이 창조되었고(창세기 1장 ; 시편 148:5), 주님께서 명하신 대로 모든 일이 이루어졌기 때문입니다.

5 참하나님이시며 참인간이신 주 나의 하나님, 주님은 작은 떡과 포도주로서 자신을 온전히 저희에게 내어주시사 먹게 하심은 놀라운 일입니다. 주님을 받아들인 이가 먹어도 없어지지 않음이 놀랍고, 온전히 믿을 만하며, 인간의 이해를 초월하는 일입니다.

만물의 주인이시며 아무 부족함이 없으신 주님(마카베오하 14:35)께서 이 성찬식을 통해 저희 안에 거하시기를 기뻐하셨습니다 (시편 16:2).

제 마음과 몸을 흠 없이 지켜 주셔서 저로 하여금 기쁨과 정결한 양심으로 주님의 영광을 찬양하게 하소서. 그리고 영원히 기념하기 위해 특별히 명하시고 제정하신 그 신비의 성찬에 자주 참예하게 하시어 영원한 구원을 누리도록 허락하소서.

6 기뻐하라, 내 영혼아! 이 눈물 골짜기에서 네게 그렇게 고귀한 선물과 특별한 위로를 주시는 하나님께 감사할지어다! 네가 그 신비를 회복하고 그리스도의 몸을 영접할수록 네 몸에서 구원의 역사가 이루어질 것이며, 그리스도의 모든 공로에 동참하는 자가 되리라.

그리스도의 사랑은 결코 쇠함이 없으며, 풍부하신 그의 대속도 결코 고갈되지 않도다. 그러므로 너는 마음을 끊임없이 새롭게 함으로써 성찬에 대한 준비를 하며, 위대한 구원의 신비를 깊이 상고하라. 네가 이 거룩한 신비에 참예하고 경청할수록, 마치 그리스도께서 처음 동정녀의 모태에서 인간으로 오셨다가 인류의 구원을 위해 십자가에 달리시며 고통 당하고 죽으신 것처럼, 성찬식이 네게 위대하고 새롭고 기쁘게 여겨지리라.

3 성찬을 자주 행함으로써 얻는 유익

 성찬은 주님의 임재이며 사랑이요 영접입니다. 그러므로 성찬을 자주 행함으로써 우리는 주님의 긍휼을 맛보고 영적인 즐거움을 만끽할 수 있습니다.

1 제자 보소서, 주님! 제가 주님께로 왔습니다. 주님의 선물로 저를 번영하게 하시고, 불쌍한 자들을 위해 주님의 아름다움으로 준비하신 거룩한 잔치에서 기쁘게 하소서(시편 68:10).

보소서, 주님 안에는 제가 소망할 수 있고, 또 소망하는 모든 것이 있습니다. 주님은 저의 구원이요 구속이시며, 저의 소망이요 힘이시며, 저의 영예요 영광이십니다.

주 예수님, 주님께 저의 마음을 바쳐 올리오니 지금 이 순간 종의 영혼을 기쁘게 하소서(시편 86:4).

제가 경건함과 경외심으로 주님 영접하기를 간절히 원합니다. 삭개오와 같이 주님을 저의 집으로 모시어 아브라함의 가운데 주님의 축복을 받을 만한 사람이 되기를 갈망합니다. 제 영혼이 주님의 몸을 열망하며 제 마음이 주님과 연합되기를 간절히 바라나이다.

2 주님을 제게 임하게 하소서. 저는 그걸로 충분하나이다. 주님 없이는 어떠한 위로도 소용이 없습니다. 주님 없이는 제가 존재할 수 없으며, 주님께서 찾아오지 않으시면 저는 살아갈

수 없습니다. 그러므로 하늘 양식을 빼앗김으로써 도중에 쓰러지지 않도록 자주 주님에게 나아가 구원의 힘을 받아야만 합니다.

지극히 자비로우신 예수님, 주님은 사람들에게 말씀을 전파하시고 많은 병든 자를 고치시면서 이렇게 말씀하셨나이다. "그들이 길에서 기진할까 하여 굶겨 보내지 못하겠노라" (마태복음 15:32 ; 마가복음 8:3).

그러므로 믿는 자들을 위로하시기 위해 성찬에 자신을 남겨두신 주님, 이제 저도 그들과 같이 먹이시어 치료해 주소서.

주님은 영혼의 감미로운 양식이시니, 주님을 합당하게 받아먹는 자는 영원한 영광에 참여하고 영원한 영광의 후계자가 될 것입니다.

저는 종종 죄와 오류에 빠지며 곧잘 게을러지고 낙심하기 쉬운 자입니다. 잦은 기도와 고백과 주님의 거룩한 몸을 받음으로써 새로워지고 정결해지며 불붙을 필요가 있습니다. 만일 제가 너무 오랫동안 주님의 몸을 받지 못하면 거룩한 목표로부터 벗어나게 될 것입니다.

3 인간의 감정은 어려서부터 악으로 치닫는 경향이 있으니(창세기 8:21), 하나님의 어떠한 치유책이 그를 강하게 하지 않으면 인간은 곧 더 깊이 악에 빠지게 됩니다.

거룩한 성찬은 사람을 악에서 끌어내며, 선한 일에 있어서 그를 강하게 합니다.

만일 제가 성찬식을 거행할 때 종종 소홀하고 해이하게 한다면, 그리고 주님의 치유책을 받지 않고 주의 도우심을 찾지 않는다면 제가 어떻게 되겠습니까?

제가 매일 성찬을 거행하기에 적절한 기질을 가지고 있지 못하지만, 적절한 때에 하나님의 신비를 온전히 받고, 크신 은혜를 공유하도록 최선을 다할 것입니다.

이는 참으로, 죽을 몸을 지니고 주님께로부터 떨어져 살아도 (고린도후서 5:6) 하나님을 잊지 않고 경건한 마음으로 사랑하는 주님을 받아들이는 것이야말로 신실한 영혼들에게 있어 최고의 위로가 되기 때문입니다.

4 저희를 향해 내려 주시는 주님의 자상하신 긍휼은 얼마나 놀라운 자비이신지요! 주 하나님, 모든 영혼의 창조주시오 생명을 불어넣으시는 주 하나님이여, 주님께서는 이 가련하고 불쌍한 영혼에게 몸소 내려오셔서 주님의 온전한 신성과 인성으로 저의 부족함을 채워 주사 충족시켜 주십니다!

주 하나님이신 주님을 영접할 만한 가치가 있는 축복 받은 믿음의 심령은 항상 영적 즐거움으로 충만합니다!

그가 대접하는 분은 참으로 위대하신 주님이시며, 그가 모시는 분은 매우 사랑스러우신 귀한 손님이십니다!

그가 영접하는 분은 참으로 친절한 동반자이시며, 그가 받아들인 분은 참으로 신실하신 친구이십니다!

그가 맞이하는 배우자는 참으로 아름답고 고결한 동반자이시니, 그분은 그 무엇보다 더 사랑 받고 열망해야 할 분이십니다. 하늘과 땅과 거기에 있는 모든 보물은(창세기 2:1), 지극히 아름답고 가장 사랑하는 주님 앞에서 모두 다 잠잠하게 하소서(하박국 2:20). 그들이 가지고 있는 영예와 아름다움은 모두 주님께서 너그러이 내려 주신 선물입니다. 그럼에도 모든 지혜가 한량없으신 주님 이름의 아름다움과 비교할 수는 없습니다(시편 147:5).

4 경건히 성찬에 임하는 자에게 주는 은혜

성찬은 순수하고 선하고 굳은 믿음으로 나아가게 하십니다. 또한 우리 영혼을 보호하시고 강건하게 하시며 내적 평안함에 거하게 하시고 마르지 않는 샘물을 맛보게 하십니다.

1 제자 주 나의 하나님, 이 종에게 주님의 감미로운 축복들을 은혜로 베푸시어 저로 하여금 주님의 영광스러운 성찬식에 당당하고 경건하게 나아가게 하소서(시편 21:3). 제 마음을 주님께 들어 올리셔서 이 나른한 게으름에서 벗어나게 하소서. 구원의 은혜로 저를 찾아오시어(시편 106:4) 깊은 샘에 있는 물과 같이 이 성찬식 안에 숨겨져 있는 주님의 감미로움을 영적으로 맛볼 수 있게 하소서.

제 눈을 밝게 하사(시편 13:3) 이 고귀한 성찬을 보게 하시고, 저에게 힘을 주사 확고한 믿음으로 이를 믿게 하소서. 이 성찬은 인간의 능력이 아니라 주님의 역사요, 인간의 발명품이 아니라 주님의 신성한 의식이기 때문입니다.

이러한 일은 인간이 스스로 이해하거나 깨달을 수 없으며, 심지어는 날카로운 통찰력을 가진 천사들까지도 초월합니다.

이와 같이 지극히 높고 신성한 성찬을, 저처럼 먼지와 티끌에 불과한 하찮은 죄인이 어떻게 헤아릴 수 있으며 깨달을 수 있겠습니까?

2 주님, 순수한 마음과 선하고 굳은 믿음으로 주님의 명령에 따라 소망과 경외하는 마음을 품고 주님께로 나아갑니다. 주님께서 이 성찬식에서 하나님과 인간으로서 임재하고 계심을 진실로 믿습니다.

제가 주님을 받아들이고 사랑 안에서 주님과 연합하는 것이야말로 주님의 뜻인 줄 압니다. 그러므로 주님께 자비와 특별한 은혜를 구하며, 제가 주님 안에서 온전히 녹아 주님의 사랑으로 가득 차기를 구합니다. 이는 제가 더 이상 세상적인 위로에 관심을 갖지 않도록 하기 위함입니다.

이 지극히 높고 귀한 성찬은 영혼과 육체의 활력이며 모든 나약한 영혼의 치료제입니다. 이를 통해 우리의 결함이 치유되고, 정욕이 억제되며, 시험이 극복되거나 경감됩니다. 또한 크나큰 은혜가 주입되고, 덕이 자라나며, 믿음이 확증되고, 소망이 강해지며, 사랑이 불붙어 퍼져 나갑니다.

3 영혼을 보호하시고, 인간의 연약함을 강건케 하시고, 모든 내적 평안을 주시는 나의 하나님이여, 주님은 경건하게 성찬을 받는, 주님께서 사랑하시는 자들에게 성찬을 통해 많은 은혜를 주셨고, 지금도 여전히 많은 은혜를 주고 계십니다.

주님은 많은 환난 중에 있는 자들에게 큰 평안을 내려 주십니다. 그들을 깊은 절망의 골짜기에서 끌어올려 주님의 보호하심 안에 소망을 두게 하십니다.

또한 주님은 새로운 은혜들로 그들을 거듭나게 하시고 깨우치십니다. 그리하여 성찬을 받기 이전에는 애정도 없고 불안함으로 가득 차 있던 저들의 삶을 하늘의 음식과 음료를 먹고 마신 후에는 더 나은 삶으로 변화시켜 주십니다.

이처럼 주님은 사람들이 그들 자신이 얼마나 연약한지, 주님으로부터 받은 선과 은혜가 무엇인지를 진실로 깨닫고 분명히 경험하여 알도록 주님의 택하신 자들을 다루십니다. 이는 그들이 본래 냉정하고 완고하며 신앙심이 없는 자들임에도 불구하고 주님을 통하여 열렬하고 활기차며 헌신적인 자들이 되기 때문입니다.

참으로 감미로움의 샘에 겸손히 나아오는 자라면 최소한 조금이나마 그 감미로움을 얻어 가지 않겠습니까? 아니면, 강렬하게 타는 불 앞에 서서 조금이라도 그 열기를 받아 가지 않겠습니까?

주님은 항상 충만함으로 넘치는 샘물이시며, 결코 약해지지 않고 항상 활활 타오르는 불이십니다 (이사야 12:3 ; 레위기 6:13).

4 그런 까닭에 넘치는 샘물을 다 써 버리거나 또 배부르게 마실 수는 없을지라도 이 하늘의 샘물에 제 입술을 대고 적어도 몇 모금이나마 받아 마셔 제 갈증을 해소함으로써 소생케 하사 시들어 죽지 않게 하소서.

비록 제가 하늘의 사람이 될 수 없고 스랍과 그룹들처럼 열정으로 가득할 수는 없을지라도, 생명을 주시는 이 성찬을 겸손히 받음으로써 신성한 불의 작은 불씨나마 얻을 수 있도록 더욱 헌신하며 마음을 준비하는 데 노력하겠습니다.
선하시고 지극히 거룩하신 구세주 예수님, 주님께서는 제가 성찬을 받기에 부족한 것이 무엇이든지 간에 당신의 자비와 은혜로써 채워 주십니다.
저희를 주님에게로 부르시기를 기뻐하시는 주님께서 이렇게 말씀하셨습니다.
"수고하고 무거운 짐 진 자들아 다 내게로 오라 내가 너희를 쉬게 하리라"(마태복음 11:28).

5 참으로 저는 이마에 땀이 흐르도록 수고하고(창세기 3:19), 마음의 슬픔으로 괴로워하며, 죄의 짐에 허덕이고, 시험에 고통스러워하며, 여러 가지 악한 열정에 얽매이고 억압 당합니다. 저를 도와줄 사람은 아무도 없으니, 주 하나님 외에는 저를 인도하고 구해 줄 자가 없습니다.
나의 주 하나님이시며 구세주이신 당신께 저 자신과 제게 있는 모든 것을 의탁하오니 주께서 보호하시고 영생으로 이끄소서. 주님께서 저를 위해 주님의 몸과 피를 저의 양식과 마실 것으로 주셨으니, 주님 이름의 존귀와 영광을 위하여 저를 받아 주소서.
오, 주 나의 하나님 구세주여, 주님의 성찬에 자주 참여함으로써 제 신앙과 영성과 헌신의 열의가 더욱 팽창하게 하소서.

5 성찬식의 위엄과 성직자의 역할

성찬을 집례하는 성직자는 거룩하고 경건한 자세를 유지하고 하나님의 명령과 지시에 신실하게 응답하도록 해야 합니다.

1 주님 설사 네가 천사와 같이 정결하고(마태복음 18:10) 세례 요한과 같이 고결함을 가졌다 할지라도 이 성찬을 받거나 집행할 만한 자격이 있는 것은 아니다. 사람이 그리스도의 성찬식을 봉헌하고 집행하는 것과 천사의 떡을 양식으로 받는 것이 결코 인간의 공로로 말미암은 것이 아니기 때문이다(시편 78:25).

성찬은 참으로 위대하며, 천사들도 받지 못한 일을 부여받은 성직자들의 위엄이 크도다. 왜냐하면, 교회에서 올바르게 임명된 성직자만이 그리스도의 몸을 봉헌하고 성찬식을 집행할 권세를 가지고 있기 때문이다.

실로 성직자는 하나님의 명령과 지시에 따라 하나님의 말씀을 사용하는 하나님의 사역자이다.

그러나 성찬에서 최고의 주권자는 하나님이시다. 하나님은 그가 바라는 대로 복종하고 그가 명령하는 대로 순종하는 모든 이에게 보이지 않는 가운데 역사하시는 분이시니라(로마서 9:20).

2 그러므로 이 거룩하고 경건한 성찬식에서는 네 감각이나 눈

에 보이는 표징보다 하나님을 신뢰해야 할지니라. 그리고 두려움과 경외함으로 이 역사에 접근해야 하느니라.

네 자신을 주의 깊게 살피고(디모데전서 4:16) 성직자의 안수함을 통해 네게 주어진 성직자의 직무가 무엇인지 파악하라.

보라, 너는 성직자가 되었고, 성찬식을 집행하기 위해 임명되었노라. 네가 적절한 시기에 하나님께 신실하고 경건하게 제사를 드리는지, 스스로 책망 받지 않도록 지휘하는지 살피라.

너의 짐이 더 가벼워진 것이 아니다. 오히려 너는 더 엄격한 훈련에 묶였으며 더 온전한 신성을 유지해야 한다. 성직자는 모든 덕으로 아름답게 장식되어야 하며, 다른 사람들에게 선한 삶의 본을 보여야 한다. 성직자의 행동은 세속적인 일반 사람들의 습관과 같아서는 절대로 안 되며, 하늘의 천사들이나 땅의 온전한 사람들과 같아야 하느니라(빌립보서 3:20).

3 예복을 입은 성직자는 그리스도의 신분으로 행동하며, 자신과 온 백성을 위해 간청하는 겸손한 자세로 하나님께 기도해야 한다(히브리서 5:3).

성직자는 그의 앞뒤로 주님의 십자가의 표시를 달고, 항상 그리스도의 수난을 기억해야 한다.

앞에 있는 십자가는 그리스도의 발자취를 열심히 따르려고 애써야 하는 것을 의미한다. 뒤에 있는 십자가는 주님을 위해 다른 사람으로 말미암은 어떠한 고난도 기꺼이 감당해야 하는 것을 의미한다.

성직자는 자신의 죄를 애통해 해야 할 뿐만 아니라 다른 사람의 죄에 대해서도 동정하고 슬퍼해야 한다. 자신이 하나님과 죄인 사이에 서 있는 자임을 명심하고, 은혜와 긍휼을 얻을 때까지 기도하는 자가 되고, 거룩한 제물이 되는 데 지치지 않아야 하느니라.

성직자가 성찬식을 거행할 때 성직자는 하나님을 영화롭게 하며, 천사들을 즐겁게 하고, 교회를 강하게 하며, 산 자들을 돕고, 죽은 자들을 기리며, 스스로는 모든 선한 일에 참예하는 자가 되어야 하느니라.

6 성찬식을 위한 영적 준비

성찬은 경건하고 신실하게 준비해야 합니다. 또한 영혼을 위한 유익은 무엇인지 진지하게 묵상하는 자세가 필요합니다.

1 제자 오, 주님, 제가 주님의 위대하심과 저의 비천함을 생각할 때 심히 두렵고 혼란스럽습니다. 만약 제가 주님의 성찬을 받아들이지 않으면 곧 생명으로부터 달아나는 것이 됩니다. 만약 부적절한 상태로 성찬에 참여하면 주님의 노여움을 일으킬 것입니다. 그러므로 저의 도움이시며 조언자이신 하나님, 제가 궁핍함 가운데서 무엇을 해야 하오리까?

2 저에게 올바른 길을 가르치시고, 이 거룩한 성찬식에 합당한 몇 가지 간단한 준비 사항을 제 앞에 마련해 주소서. 실로 위대하고 신성한 성찬식을 거행하려면 주님을 위해 어떤 자세로 마음을 경건하고 신실하게 준비해야 하는지, 그리고 제 영혼의 유익을 위해 주님의 성찬을 어떤 자세로 받아들여야 하는지를 아는 것이 중요하기 때문입니다.

7 양심을 살피고 변화하려는 결심

죄악이 있다면 참된 회개와 고백이 성찬 전에 행해져야 합니다. 그리스도의 몸과 피를 마시는 신비적 연합의 거룩한 예식은 삼가는 마음이 전제되어야 합니다.

1 주님 하나님의 사역을 맡은 성직자는 무엇보다도 먼저 깊은 겸손과 간절한 존경심으로 성찬식을 집행하고 참예해야 한다. 그러기 위해서는 온전한 믿음으로 하나님께 영광을 돌리고자 하는 경건한 의지를 가지고 나아가야 한다.

네 양심을 주의 깊게 살피고 참된 회개와 겸손한 고백으로 정결케 하는 데 최선을 다하라. 짐이 되는 일이나 양심의 가책을 일으키는 일이 없도록 하여 은혜의 보좌에 자유롭게 나아갈 수 있게 하라.

너의 죄를 기억하고 슬퍼하며, 특히 매일의 잘못에 대해 슬퍼하고 통곡하라. 시간이 허락되면 너의 열정이 저지른 모든 감정의 가증한 상태를 네 마음속의 깊고 은밀한 곳에서 하나님께 고백하라.

2 네가 아직 매우 세속적이며, 육신적이고, 성미가 급하고, 절제하지 못해 방탕하는 정욕으로 가득 차 있는 것을 슬퍼하고 애통해 하라.

외적인 감각에 대한 경계를 게을리 하고 수많은 공상에 얽매이며,

외적인 일에만 관심을 기울이고 내적인 일에는 무관심하며,

무절제하게 웃으며 방탕하는 데는 쉽게 동화되지만, 슬퍼하며 눈물 흘리는 것은 싫어하며,

육신의 편안함과 즐거움을 좇는 데는 빠르지만, 엄격한 생활과 열심을 추구하는 데는 냉담하며,

새로운 소식을 듣는 일과 아름다운 것을 보는 일에는 호기심이 많지만, 겸손하고 우울한 일에는 지루해 하며,

탐욕스럽고 주는 데는 인색하고 지키는 데는 집요하며,

말할 때 경솔하고 침묵을 꺼려하며,

품성은 미숙하고 행동은 혼란스러우며,

음식에는 욕심이 많지만 하나님의 말씀에는 귀가 멀고,

쉴 때는 빠르지만 일할 때는 느리며,

쓸데없는 대화에는 정신이 번쩍하지만, 신성한 철야 기도를 할 때는 꾸벅꾸벅 졸며,

기도가 끝나기를 간절히 바라지만, 관심 가는 세상일에는 이리저리 헤매며,

맡은 바 임무에는 소홀하고, 성찬식을 거행할 때는 열의가 없고, 성찬을 받을 때는 무심하며,

빨리 낙심하고, 온전히 명상하는 일은 거의 없으며,

갑자기 화를 내고, 다른 사람에게 화내기 쉬우며,

남을 판단하는 경향이 있고, 모질게 비난하며,

번창할 때는 기뻐하지만, 역경에서는 연약하며,
선한 결심은 자주 하지만, 그것을 행동으로 옮기는 일은 거의 없느니라.

3 너의 약점으로 인한 이런저런 잘못들을 큰 슬픔으로 고백하고 뉘우칠 때, 항상 자신의 삶을 날마다 선으로 개선해 나가리라는 확고한 결심을 하라. 그러고 나서 내 이름을 높이기 위해 세상 것들을 완전히 단념하고, 온 뜻을 다해 자신을 네 마음의 제단에서 영원한 번제로 자신을 드리며, 믿음으로 몸과 영혼을 내게 맡기라. 그리하면 너는 하나님께 나아가 이 제물을 드릴 만한 가치가 있는 자로 여겨질 것이요, 내 몸의 성찬을 받기에 합당한 자가 될 것이다.

4 그리스도의 몸과 피를 먹고 마시는 거룩한 성찬에서 자신을 하나님께 정결하고 온전하게 바치는 것보다 더 가치 있는 제물은 없으며, 죄를 씻는 더 좋은 방법이 없느니라.
사람이 내게 와서 용서와 은혜를 구할 때마다 자신에게 주어진 일을 열심히 행하며 진정으로 참회한다면 나는 그에게 이렇게 말할 것이다(에스겔 33:11 ; 18:22 ; 이사야 43:25). 죄인의 죽음을 원치 않고 오히려 그가 돌이켜 사는 것을 원하나니, 내가 그의 죄를 더 이상 기억하지 아니하며 다 용서하리라(에스겔 18:22-23).

8 그리스도에게 드리는 자기 희생

온전한 은혜와 자유를 성찬 전에 맛보고자 한다면 자신의 모든 행위를 그리스도에게 제물로 드려야만 합니다. 그것이 그리스도를 진정으로 영접하고 깨닫고 아는 자세입니다.

1 주님 나는 네 죄를 위하여 기꺼이 내 자신을 하나님 아버지께 제물로 바쳤다(이사야 53:5 ; 히브리서 9:28). 나는 벌거벗겨진 몸으로 십자가에 두 손을 뻗쳐 못 박혔고, 하나님의 진노를 풀기 위해 나의 모든 것을 온전히 제물로 바쳤느니라.

이와 같이 너도 매일 거룩한 성찬에 기꺼이 자신을 정결하고 거룩한 제물로 내게 바쳐야 하리니, 네가 할 수 있는 모든 능력과 애정으로 해야 하느니라.

네가 자신을 전적으로 내게 맡긴다면 더 이상 무엇을 요구하겠느냐? 너를 내게 주는 것 이외의 다른 것에는 관심이 없으니, 내가 원하는 것은 네가 바치는 선물이 아니라 바로 너 자신이니라(잠언 23:26).

2 나를 가지지 않는다면 세상 모든 것을 가져도 만족할 수 없듯이, 내게 너 자신을 맡기지 않는다면 어떠한 것도 나를 기쁘게 할 수 없느니라.

너 자신을 내게 맡기고 하나님께 온전히 자신을 제물로 바치라. 그리하면 네 제물을 받으시리라.

보라, 나는 너를 위하여 내 자신을 온전히 아버지께 제물로 드렸으며 나의 살과 피를 모두 양식으로 주었으니, 이는 내가 너의 모든 것이 되고 너는 영원히 나의 것이 되게 하려 함이니라.

그러나 만약 네가 스스로를 의지하고 너의 자유의지를 기꺼이 나에게 바치지 않는다면, 너의 제물은 불완전하며 너와 나의 연합도 완전하지 못하리라.

그러므로 은혜와 자유를 얻기 원한다면, 모든 행위에 앞서 먼저 네 자신을 하나님의 손에 제물로 드려야 할지니라.

이와 같이 내적으로 자유롭고 깨우침을 받은 사람이 매우 적은 이유는 자신을 전적으로 부인하는 법을 모르기 때문이니라. 나의 판결은 분명하니, "사람이 모든 것을 버리지 아니하면 능히 내 제자가 되지 못하리라" (누가복음 14:33). 그러므로 네가 나의 제자가 되기를 원한다면, 네 마음을 다하여 자신을 내게 제물로 바치라.

9 성찬의 참여와 중보기도

주님은 세상 만민을 위하여 오셨습니다. 그러므로 우리는 자기의 것이 주님께로부터 나왔다는 사실을 깊게 인식하고 만민을 위해서 기도하는 자세를 가져야 합니다.

1 제자 오, 주님, 하늘과 땅에 있는 모든 것이 주님의 것입니다 (역대상 29:11; 시편 24:1). 주님께 제 자신을 자원하는 제물로서 드리고 영원토록 주님의 소유로 남기를 간절히 원합니다.

주님, 저는 오늘 전심으로 주님의 변함없는 도우심에, 그리고 주님의 경외에 영원한 찬송의 제물로 제 자신을 드립니다. 오늘 보이지 않게 저를 돕고 있는 천사들 앞에서, 주님이 귀한 몸으로 드리신 제사와 함께 제 자신을 드리오니 받아 주시고, 이 제사가 저와 모든 백성의 구원을 위해 유익이 되게 하소서.

2 오, 주님, 제가 처음으로 죄를 지은 이후 지금까지 주님과 거룩한 천사들 앞에서 지었던 모든 죄와 허물을 속죄의 제단 위에 바칩니다. 부디 그것들을 주님의 사랑의 불로 모두 태우시어 없애 주소서. 죄악의 때를 모두 씻기시고, 잘못에 대한 양심을 정결케 하소서(히브리서 9:14). 모든 것을 온전히 용서함으로써 죄로 인해 잃어버렸던 주님의 은혜를 회복시키시고, 자비로운 화평의 입맞춤을 허락하소서.

3 이 죄인이 겸손하게 죄를 고백하고 애통해 하면서 끊임없이 주님의 자비를 구하는 것 외에 무엇을 할 수 있으리까?(시편 32:5) 나의 하나님, 제가 주님 앞에 설 때에 자비로 저의 말을 들어 주소서.

저의 모든 죄가 저를 불쾌하게 합니다. 바라옵건대, 다시는 제가 죄를 범하지 않게 하소서. 제가 사는 날까지 그 죄로 인해 슬퍼할 것입니다. 이를 회개하옵고 제 힘이 닿는 데까지 최선을 다해 고치도록 노력하겠습니다.

오, 하나님, 저를 용서하소서. 주님의 거룩하신 이름을 위하여 저의 죄를 용서하시고, 주님의 지극히 값진 보혈로써 속죄하신 저의 영혼을 구원하소서.

보소서, 주님의 자비에 저를 의탁합니다. 주님의 손에 제 자신을 맡깁니다. 저의 사악함과 불의에 보응하지 마시고 주님의 선하심에 따라 저를 대해 주소서.

4 비록 매우 적고 불완전하오나 저에게 있는 모든 선한 것을 주님께 바치옵니다. 이를 정결케 하시고 거룩하게 하사, 주님이 기뻐하시고 받으실 만한 것으로 만들어 주시고, 항상 더욱 더 완전해질 수 있도록 저를 이끄소서. 그래서 게으르고 무익한 불쌍한 피조물인 제게도 선하고 복된 최후를 맞이할 수 있게 하소서.

5 이제 제가 주님의 경건한 종들의 모든 거룩한 소원, 즉 부모,

친구, 형제, 자매, 제가 사랑하는 모든 사람, 그리고 주님을 위해 저와 다른 사람들에게 선을 베풀었던 모든 사람의 간구를 아룁니다. 그리고 아직 살아 있든지 이미 세상을 떠났든지, 제게 기도를 부탁했던 모든 사람을 위해 제가 주님께 간구합니다.
그들이 모두 주님 은혜의 도우심과 위로의 힘과 위험으로부터 보호해 주심을 경험하게 하시고, 장차 찾아오게 될 징계로부터 구원 받게 하소서. 또한 저들이 모든 악에서 벗어나 즐거운 마음으로 주님께 풍성한 감사를 돌려드리게 하소서.

6 특히 제게 상처를 주고, 저를 슬프게 하며, 저를 비방하고, 손해를 입히고 고통을 주었던 자들을 위해 기도와 속죄물을 드립니다.
그리고 어느 때나 고의든 모르고 했든, 말과 행동으로 저를 슬프게 하고 화나게 하고 속였던 모든 자를 위해 기도 드리오니, 부디 서로에게 행한 모든 죄와 허물을 기꺼이 용서하여 주옵소서.
오, 주님, 저희의 마음에서 모든 의심과 분노, 조급함과 분쟁을 없애 주시고, 자비를 훼손하고 형제애를 감소시키는 것은 무엇이든지 물러가게 하소서.
오, 주님, 자비를 베푸소서. 주님의 자비를 바라는 자들에게 자비를 베푸시고, 은혜를 필요로 하는 자들에게 은혜를 내리시어, 저희로 하여금 주님의 은혜를 누리며 영생을 얻는 데 부족함이 없게 하소서.

10   거룩한 성찬을 기쁘게 여겨야 함

 성찬을 기분이 내킬 때마다 참석하는 것으로 생각하지 마십시오. 오랫동안 성찬에 참석하지 않는다면 그리스도와의 영적 관계가 미약해지고 결국 아무런 관계가 없는 상태가 될 것입니다.

1 주님 만약 정욕과 죄로부터 자유롭기를 바라고 모든 유혹과 악의 속임수에 대항해 더욱 강해지고 신중하기를 갈망한다면 모든 은혜와 신성한 자비의 원천과, 선과 온전한 정결함의 원천으로 자주 돌아와야 하느니라.

거룩한 성찬식의 크나큰 유익과 치유의 힘을 알고 있는 원수는 이를 방해하기 위해 수단과 방법을 가리지 않고, 신실하고 경건한 자들이 성찬에 가까이 하지 못하도록 하느니라.

2 그뿐 아니라 거룩한 성찬식을 마련하기 위해 자신을 준비할 때에 사탄의 가장 악독한 공격으로 인해 고통을 받는 사람들도 있느니라.

저 사악한 영은 능숙한 수법으로 하나님의 자녀들을 괴롭히기 위해 그들 가운데 나아와 (욥기 1:6) 극심한 두려움과 혼란을 심어 주기도 한다. 이는 하나님의 자녀들의 헌신을 감소시키거나 그들의 믿음을 파괴하여 성찬식을 포기하게 하거나 열의 없이 성찬을 받게 하고자 함이니라.

이러한 마귀의 교활한 술수에 절대 관심을 기울이지 말라. 비천하고 지독한 생각은 무엇이든지 모두 마귀의 머리로 되돌아가게 해야 하느니라.

그 비열한 마귀를 멸시하고 조롱하라. 그리고 그의 공격과 그가 자극하는 혼란으로 인해 거룩한 성찬식에 절대로 빠지는 일이 없도록 하라.

3 때로는 신앙에 대한 지나친 열망과 자기 죄의 고백에 대한 걱정이 성찬식에 나아가는 것을 방해하기도 하느니라.

너는 지혜로운 자의 훈계를 따라 (잠언 13장) 모든 걱정과 양심의 가책을 떨쳐 버리라. 이러한 것들은 하나님의 은혜를 방해하며 마음의 경건을 무너뜨리기 때문이다.

사소한 근심이나 고민 때문에 성찬식에 빠지는 일이 없도록 하고, 즉시 자신의 죄를 고백하고 다른 사람들이 너를 화나게 했던 모든 것을 기쁜 마음으로 용서하라. 그리고 혹시 네가 다른 사람에게 잘못을 했거든 겸손히 용서를 구하라. 그리하면 하나님께서 기꺼이 너를 용서하시리라 (마태복음 6:14).

4 오랫동안 죄의 고백을 미루는 것이 무슨 유익이 있으며, 거룩한 성찬식에 빠지는 것이 무슨 유익이 있겠느냐?

즉시 자신을 정결하게 하고 빨리 독을 토해 내라. 그리고 속히 치료제인 성찬을 받으라. 그리하면 네가 오랫동안 성찬식을 미뤄 왔을 때보다 더 나아짐을 깨달을 것이다.

네가 만약 오늘 어떤 한 가지 이유로 성찬식에 빠진다면 어쩌면 내일은 더 큰일이 일어날지도 모른다. 그러다 보면 오랫동안 성찬식에 참예하지 못하게 되고 점점 더 합당치 못한 자가 될 것이다.

네가 할 수 있는 한 빨리 모든 낙담과 게으름을 떨쳐 버리라. 많은 근심과 오랜 시간 고통을 견디는 것, 일상의 방해 요소 때문에 스스로를 성찬을 받지 못하게 하는 것은 아무런 유익이 없기 때문이니라.

성찬을 오래 미루는 것은 매우 해롭나니, 보통 그것은 나태한 영적 수면 상태를 초래하기 때문이니라.

방탕하고 해이한 사람들은 스스로를 더 엄하게 경계하는 것을 강요 받지 않으려고 죄의 고백을 미루고 성찬식도 미루기를 바라는데, 이는 참으로 슬픈 일이 아닐 수 없다.

5 거룩한 성찬에 쉽게 빠지는 자들의 사랑과 헌신은 얼마나 미약한가! 반면에 자신의 삶을 잘 정돈하고 양심을 깨끗하게 지켜서 가능하다면 매일이라도 성찬을 받을 준비를 잘 갖추고 다른 사람들의 눈총을 받지 않을 수 있는 자는 얼마나 복되며, 하나님께서 얼마나 기쁘게 그를 받으시겠는가!

만약 누군가 겸손하게 혹은 합당한 이유로 성찬 받기를 삼간다면, 그의 경건한 태도는 칭찬 받을 만하니라. 그러나 영적 나태함으로 인해 참석하지 못했다면 그 나태함을 떨쳐 버리고 자신을 일깨워 그의 능력 안에서 성찬에 참예해야 하느니라.

그리하면 하나님께서 그의 소원을 빠르게 이루게 하시리니, 하나님께서 특별하게 보시는 것은 선한 의지이기 때문이니라.

6 만일 부득이한 이유 때문에 성찬식에 참석하지 못한다면, 그는 항상 하나님과의 교제에 대한 선한 뜻과 경건한 의지를 가지고 있으므로 성찬의 열매를 잃지는 않을 것이다.
경건한 자는 누구든지 매일 매시간 영적 교제를 통하여 유익하고 아무 거리낌 없이 나아가 그리스도를 얻을 수 있느니라. 그러할지라도 약속된 특정한 날과 시간에 성찬식에서 사랑이 넘치는 경외심으로 구세주의 몸을 받고, 자기 자신의 평안보다는 하나님께 찬양과 영광을 드릴 필요가 있다(고린도전서 11:23-29).

성찬식을 통해 그리스도 성육신의 신비와 수난을 경건하게 마음에 떠올리고 그리스도에 대한 사랑으로 불탈 때마다 그는 하나님과 신비한 교제를 나누게 되고 보이지 않게 회복될 것이다.

7 성찬식이 다가오거나 관례에 따라 거행할 때만 스스로를 준비하는 자는 준비성이 없는 사람이다.
거룩한 성찬식을 집행하거나 받을 때마다 자신을 주님께 온전한 번제물로 바치는 자는 복이 있느니라.
성찬식을 너무 느리게 또는 너무 빠르게 집행하지 말고, 너와 함께 참여하는 자들이 잘 알고 있는 관례에 따라 행하라.
너는 다른 사람들을 불편하게 해서도 안 되고 괴롭게 해서도 안 되나니, 선배들이 정한 규율에 따라 성찬식을 집행하고, 자신의 경건이나 감정보다는 다른 사람들의 유익을 살펴야 하느니라.

11   신실한 영혼에게 꼭 필요한 두 가지

그리스도와 하나님의 말씀은 우리의 등대입니다. 이것을 간과하거나 잊어버릴 때 우리는 표류하고 방황하게 됩니다.

1 제자 가장 다정하신 주 예수님, 마음의 모든 소원 중에서도 가장 갈망하는, 다른 음식이 아니라 오직 사랑하는 주님을 먹는 주님의 잔치에 참여하는 경건한 영혼은 얼마나 큰 복이 있는지요!

눈물로 주님의 발을 씻어 드렸던 경건한 막달라 마리아처럼 저 또한 주님과 함께 한 자리에서 깊은 사랑에서 나오는 눈물을 흘릴 수 있다면 진실로 복된 일이 아닐 수 없습니다(누가복음 7:38).

그러나 지금 그러한 헌신이 어디 있겠습니까? 그처럼 풍성하고 거룩한 눈물을 흘리는 일이 어디 있겠습니까?

비록 주님이 다른 형상 아래 감춰져 있기는 하나 성찬식에서 실제로 제게 나타나시니, 저는 반드시 주님과 주님의 거룩한 천사들 앞에서 온 마음을 불태우며 기쁨의 눈물을 흘려야 마땅하지 않겠습니까?

2 제 눈은 신성한 빛 가운데 계신 주님을 직접 보는 것을 감당

하지 못하며, 온 세상 또한 주님의 위엄 있는 영광스런 광채를 감당할 수 없을 것입니다.

그렇기에 주님께서는 저의 연약함을 배려하시어 성찬식에서 자신을 감추셨나이다.

하늘에서 천사들이 경배하고 있는 주님을 저 또한 성찬식을 통해 주님의 영적 임재를 소유하며 경배합니다. 천사들은 숨겨지지 않은 주님의 모습을 마주 대하지만, 저는 아직은 믿음으로 주님을 뵙습니다. 영원한 빛이 밝아 와 모든 상징의 그림자가 사라질 때까지 참된 믿음의 빛으로 만족하며, 이로 말미암아 인도를 받을 수밖에 없습니다.

그러나 하늘의 영광 속에서 사는 복된 자들은 성찬의 치유가 필요하지 않기 때문에 완성의 때가 이르면 성찬의 용도가 끝이 날 것입니다(고린도전서 13:10).

그들은 하나님의 임재하심 안에서 영원토록 즐거워하며 그의 영광을 마주 볼 것입니다. 그들은 자신들이 가지고 있는 본래의 빛에서 측량할 수 없는 하나님의 광채로 변화되고, 그는 태초부터 계셨고 이후에도 영원토록 존재하시는 하나님의 말씀, 육신이 되셨던 하나님의 말씀을 직접 볼 것입니다(요한복음 1:14 ; 베드로전서 1:25 ; 요한일서 1:1).

3 이 놀라운 일들을 마음속으로 생각할 때, 모든 신령한 위로가 제게는 진부한 것이 되고 맙니다. 영광 중에 계신 주님을 제가 직접 뵙기까지 제가 이 세상에서 보고 듣는 모든 것은 아무런 의미가 없게 느껴지기 때문입니다.

오, 하나님이시여, 주님은 저의 증인이십니다. 주님이 아니면 그 무엇도 평안을 줄 수 없고 어떤 피조물도 안식을 줄 수 없으니, 제가 주님을 영원토록 묵상하기를 원하나이다.

그러나 제가 이 죽을 수밖에 없는 육신에 거하고 있는 동안은 그 일이 불가능합니다. 그러므로 저는 매우 인내하고 모든 열의를 다 해 자신을 주님께 복종시켜야만 합니다.

오, 주님, 지금 천국에서 주님과 함께 기쁨을 누리고 있는 성도들도 살아 있을 동안에는 믿음과 크나큰 인내로 주님의 영광이 임하기를 기다렸습니다(히브리서 10:35-36 ; 11장). 그들이 믿은 바를 저도 믿으며 그들이 소망하던 바를 저도 소망하오니,

그들이 이른 곳에 저 또한 주님의 은혜로 이르게 될 줄 믿습니다. 그곳에 이를 때까지 저는 옛 성도들의 모범을 힘입어 믿음으로 행하겠습니다.
저에게는 삶의 위안과 지침이 되는 거룩한 성경이 있으며, 무엇보다도 특별한 피난처요 은신처가 되시는 주님의 지극히 거룩하신 몸이 있습니다.

4 이 세상에서 특히 필요한 것 두 가지가 있으니, 그것들이 없으면 저는 이 비참한 삶을 견딜 수가 없을 것입니다. 이 육체의 감옥에 갇혀 있는 동안 반드시 필요한 두 가지는 빛과 양식입니다.
그렇기에 주님은 연약한 제게 주님의 신성한 몸을 주시어 제 영혼과 육체를 새롭게 하시고(요한복음 6:51), 주님의 말씀을 주시어 제 발을 인도하는 빛이 되게 하셨습니다(시편 119:105).
이 두 가지가 없으면 저는 바르게 살아갈 수 없으리니, 하나님의 말씀은 제 영혼의 빛이요 주님의 성찬은 생명의 떡이기 때문입니다.
이 두 가지는 거룩한 교회의 보물 창고 안의 양측에 놓인 두 개의 탁자라고 할 수 있습니다(시편 23:5 ; 히브리서 8:10 ; 9:2). 한쪽 탁자는 거룩한 떡, 곧 그리스도의 귀하신 몸이신 거룩한 빵이 있는 신성한 제단입니다. 다른 하나는 하나님의 법이 놓여 있는 탁자이니, 거룩한 교훈을 담고 있는 이 법은 참된 믿음을 가르치며 저희를 지성소가 있는 휘장 안으로 견고하게 이끌어 줍니다.

영원한 빛 중의 빛이신 주 예수님, 주님의 종인 선지자, 사도, 다른 교사를 통해 저희를 위해 준비하신 주님의 거룩한 교리의 식탁을 인하여 감사드립니다.

5 인류의 창조주이시며 구속자이시여, 주님이 온 세상에 사랑을 나타내 밝히시기 위해 훌륭한 만찬을 준비하심을 감사드립니다(누가복음 14:16). 거기서 주님은 저희 앞에 어린 양이 아니라 자신의 가장 귀하신 살과 피를 차려 두셨나이다(요한복음 6:53-56). 모든 성도가 이 신성한 잔치를 즐기게 하시고 천국의 모든 희락이 담긴 구원의 잔을 마시게 하사 기쁨이 충만케 하십니다(시편 23:5). 이 잔치에 거룩한 천사들도 저희와 함께 참예하겠지만, 아마도 저희의 행복과 감미로움이 더 클 것입니다.

4 아, 성직자의 임무는 얼마나 위대하고 영예로운지요! 그들에게는 거룩한 말씀과 함께 영광스러운 주님의 성찬식을 집행할 수 있는 특권이 주어져 있으니, 그들의 입술로 축복하고, 손으로 성찬을 잡으며, 입으로 받아 먹고, 또한 그것을 다른 사람들에게도 나누어 줍니다.

아, 그들의 손은 얼마나 정결해야 하며, 입은 얼마나 순전해야 하고, 몸은 얼마나 신성해야 하며, 정결의 주재이신 주님께서 자주 드나드시는 그들의 마음은 또 얼마나 순결해야 하는지요!

그리스도의 성찬을 자주 받는 성직자의 입술에서는 오직 거룩하고 선하고 유익한 말만 흘러나와야 합니다.

7 그리스도의 몸을 자주 보는 성직자의 눈은 성실하고 겸손해야 하며, 천지를 창조하신 하나님을 만지는 손은 순결하고 하늘로 향해야 합니다.

성직자에게 특별히 율법에, "나 여호와 너희 하나님이 거룩하니 너희도 거룩하라" (레위기 19:2 ; 20:26)고 하셨습니다.

8 전능하신 하나님, 주님의 은혜로 저희를 도우사, 성직자의 직분을 맡은 저희가 온전히 정결한 가운데 선한 양심으로 가치 있고 경건하게 주님을 섬기게 하소서.

아무 죄도 허물도 없이 살아야 하지만, 만일 그렇지 못할 때에는 적어도 자기 잘못에 대한 충분한 탄식이 있게 하시고, 이후에는 겸손한 영혼과 선한 목적을 가지고 더욱 열심히 주님을 섬기게 하소서.

12 정성스럽게 준비해야 하는 성찬

그리스도인은 마음의 처소를 항상 청결하게 유지해야 합니다. 마음을 세심히 관리할 때에 성찬에서 하나님의 은혜와 깊은 사랑을 경험하게 됩니다.

1 주님 나는 순결을 사랑하는 자이며 모든 거룩함을 주는 자니라. 나는 순결한 마음을 찾나니 그곳이 나의 쉴 곳이라(시편 24:4 ; 마태복음 5:8).

나를 위하여 베풀 큰 다락방을 준비하라. 그리하면 내가 제자들과 함께 유월절을 지키리라(마가복음 14:14-15 ; 누가복음 22:11-12). 만약 내가 너에게로 가서 함께 유하기를 원하거든 묵은 누룩을 내버리고(고린도전서 5:7) 네 마음의 처소를 깨끗하게 하라.

온 세상의 모든 죄악의 소음을 막아 버리라(출애굽기 24:18). 마치 지붕 위에 홀로 앉은 참새처럼(시편 102:7) 조용히 앉아 영혼의 비통함 가운데 너의 죄를 반성하라.

모든 자는 사랑하는 사람을 위해 가장 좋고 아름다운 방을 마련하나니, 이로써 사랑하는 자를 받아들인 사람의 애정이 나타나기 때문이니라.

2 그러나 설사 네가 일 년 내내 공로를 세우느라 다른 어떤 것도 생각하지 않고 보냈을지라도 네 자신의 공로만으로는 충분

한 준비를 할 수 없음을 깨달으라.

네가 나의 식탁에 나올 수 있도록 허락 받은 것은 순전히 나의 선함과 은혜로 인함이라. 이는 마치 거지가 부자의 만찬에 초대 받은 것과 같으며, 거지는 부자의 호의에 대해 보답할 것이 전혀 없으니 다만 겸손히 감사할 뿐이니라.

정성들여 성찬식을 준비하라. 습관이나 필요에 의해 성찬식을 준비하지 말고 네게로 와 주시는 너의 사랑하는 주 하나님의 몸을 두려움과 경외심과 애정을 가지고 받으라.

내가 너를 불렀노라. 내가 이를 행하도록 명하였으니 네게 부족한 것을 내가 채우리라. 너는 내게 나와 나를 받으라.

3 내가 헌신의 은혜를 베풀 때 하나님께 감사하라. 이는 네가 받을 만한 자격이 있어 주어진 것이 아니라, 내가 너를 긍휼히 여겨 주었기 때문이다.

만약 네가 은혜를 받지 못하고 여전히 쓸쓸함을 느낀다면 계속해서 기도하고 슬퍼하며 문을 두드리라. 그리고 구원의 은혜의 작은 조각이라도 얻기 전에는 포기하지 말라.
네가 나를 필요로 하는 것이지 내가 너를 필요로 하는 것이 아니니라.
네가 내 죄를 씻기 위해 온 것이 아니라 내가 네 죄를 씻고 보다 나은 인간으로 만들기 위해 왔느니라.
네가 온 것은 나를 통해 죄를 씻음 받고 나와 연합하여 새로운 은혜를 받고 새로이 자극 받아 삶을 개선하기 위함이니라.
이 은혜를 소홀히 여기지 말고 모든 관심을 다하여 네 마음을 준비하고 네 마음속에 사랑하는 분을 영접하라.

4 성찬식 전에만 자신의 경건을 잘 준비해야 하는 것이 아니다. 성찬식 후에도 전심으로 스스로를 주의 깊게 유지해야 하느니라. 성찬 전에 하는 경건한 준비 못지않게 성찬 후에도 자신에 대한 세심한 관리가 필요하다. 신중한 사후 관리는 더 큰 은혜를 얻기 위한 최선의 준비가 되기 때문이다.
사람이 세상적인 위로에 마음을 빼앗긴다면 큰 은혜를 얻지 못하게 된다. 많은 말을 삼가고 (잠언 10:19) 은밀한 장소에 들어가 하나님을 기뻐하라. 그분이 너와 함께 계시므로 온 세상도 그분을 네게서 빼앗아 갈 수 없느니라. 네 자신을 온전히 나에게 맡기라. 그리고 이제부터는 네 자신을 따라 살지 말고 내 안에서 모든 근심을 떨치고 살지니라.

13 그리스도와 하나로 연합되는 성찬

경건한 그리스도인은 성찬을 통하여 그리스도와의 연합을 간절하게 구합니다. 그래서 말로 표현할 수 없는 놀라운 은총을 깊이 맛보게 됩니다.

1 제자 오, 그리스도시여, 오직 주님만을 찾게 하시고, 저의 마음을 주님에게 전부 열게 하시며, 제 영혼이 주님을 즐거워하기를 갈망하게 하시고, 다른 사람들로부터 괴롭힘을 당하지 않게 하시며, 다른 피조물이 제 마음을 혼란하게 하거나 괴롭히지 않도록 하시고, 마치 사랑하는 자가 자기 애인에게 말하듯이, 그리고 친구가 자신의 친근한 친구에게 말하듯이 오직 주님께서만 제게 말씀하시며, 저 또한 그렇게 주님에게만 말씀드리게 하소서(출애굽기 33:1 ; 아가서 8:2).

간구하고 또 간구하오니, 제가 온전히 주님과 연합하여 세상의 모든 피조물을 마음속에서 떨쳐 버리고 거룩한 성찬식에 자주 참여함으로써 영원한 하늘 양식을 맛볼 수 있도록 하소서.

아, 주 하나님, 언제쯤에나 제가 주님과 온전히 연합할 수 있사오며, 언제쯤에나 주님께 흡수되어 저 자신을 완전히 잊어버릴 수 있겠습니까?

"네가 내 안에 내가 네 안에 있으리라"(요한복음 15:4) 하신 말씀대로 주님과 제가 하나 되어 영원히 함께 머무르게 하옵소서.

2 진실로 주님은 저의 사랑이시며 만민 중에 뛰어난 분이십니다(아가서 5:10). 평생 제 영혼이 주님 안에 거하기를 원하나이다. 진실로 주님은 제게 평안을 보증해 주시는 분이십니다. 주님 안에 있으면 제가 크나큰 평안과 참 안식을 누릴 수 있습니다. 주님이 안 계시면 저는 수고와 슬픔과 한없는 고통을 겪을 수밖에 없습니다.

진실로 주님은 자신을 숨기는 하나님입니다(이사야 14:15). 주님은 자신의 권고를 악한 자들에게는 드러내지 아니하시고 오직 마음이 겸손하고 성실한 자들에게만 드러내십니다(잠언 3:34). 오, 주님, 주님의 심령은 얼마나 친절하신지요! 주님은 자신의 감미로움을 자녀들에게 나타내시기 위해, 달콤함으로 가득한 하늘의 떡으로 그들을 먹이십니다.

우리 주 하나님께서는 어느 곳에서나 신실한 자들에게 임재하사, 그들을 먹이시고, 날마다 그들이 안락을 누릴 수 있도록 자신을 주시며, 그들의 마음을 하늘로 향해 올려 주시니, 주님처럼 그렇게 신(神)이 백성들의 가까이에 있음으로써 행복함을 얻은 민족은 없습니다(신명기 4:7).

3 진실로, 주님의 백성같이 드높은 명성을 얻은 백성이 어디 있겠습니까? 하나님께서 임하셔서 주님의 영광스러운 몸을 먹이신 경건한 영혼처럼 그렇게 사랑 받는 피조물이 하늘 아래 어디 있겠습니까?

아, 말로 다할 수 없는 은총이여! 아, 놀랄 만한 겸손함이여!

아, 특별히 인간에게 내려 주신 측량 못 할 사랑이여! 이 끝없는 사랑과 은혜에 대해 제가 어떻게 주님께 보답할 수 있으리까?(시편 116:12)

나의 주 하나님께 저의 온 마음을 드려 주님과 가까이 연합하는 것보다 더 큰 기쁨을 드릴 것이 없나이다. 제 영혼이 하나님과 완전한 연합을 이룰 때 저의 속사람은 기쁨에 넘칠 것입니다.

그때에 주님께서 제게 말씀하실 것입니다.

"네가 나와 함께한다면 나도 너와 함께하리라."

그러면 제가 대답하리니, "주님, 제가 주님과 함께 거하기를 기꺼이 원하오니 부디 저와 함께 거하소서. 제 마음이 주님과 연합하는 것, 바로 그것이 단 한 가지 저의 소원입니다."

14 성찬에 대한 경건한 자들의 열망

주님은 성찬을 통하여 강력하게 임재하십니다. 헌신과 사랑은 성찬에 참예하는 자들의 당연한 자세인데, 그 열망이 자신이 소망하는 바람을 이루게 만드는 것입니다.

1 제자 오, 주님, 주를 경외하는 자를 위하여 베푸신 사랑이 어찌 그리 풍성하신지요!(시편 31:19)

주님, 지극히 큰 헌신과 사랑을 가지고 주님의 성찬식에 나아오는 경건한 자들을 생각할 때 저는 자주 부끄럽고 혼란스럽기만 합니다. 저는 정성어린 애정이 없이 아주 메마르고 냉랭하고 무관심하게 주님의 제단과 성찬식 테이블 앞에 나아갑니다. 나의 하나님, 저는 그들처럼 주님의 임재하심 안에서 완전히 불타 오르지도 않으며 열심히 빠져들지도 않습니다. 그들은 성찬에 대해 불 같은 열망과 뜨거운 애정을 지니고 있어서 성찬을 대할 때 눈물을 억제하지 못합니다. 그들은 육체뿐만 아니라 영혼 깊은 곳에서 생명의 원천이신 하나님 맞이하기를 간절히 원합니다. 모든 기쁨과 영적 열망으로 주님의 몸을 받는 것 외에 다른 어떤 것으로도 그들의 허기를 달래거나 가라앉힐 수 없습니다.

2 그들의 참되고 열렬한 믿음은 주님의 거룩한 임재하심에 대

한 설득력 있는 증거가 됩니다.

예수님께서 떡을 떼실 때(누가복음 24:3-35) 그들은 주님을 알아보고, 주님이 그들과 동행하며 말씀하실 때 그들의 마음은 뜨겁게 불타 오릅니다. 그들의 그런 애정과 헌신, 위대한 사랑과 열정은 종종 저와는 너무도 거리가 멉니다.

감미롭고 선하시며 자비로우신 예수님, 이 불쌍한 자에게 은혜를 내려 주사, 거룩한 성찬식에서 제가 적게나마 주님의 따뜻한 사랑을 느끼게 하시어 주님의 선하심 안에서 저의 믿음이 더욱 강해지게 하시고, 저의 소망이 더욱 성장하게 하시며, 하늘의 만나를 맛봄으로 제 안에 온전한 사랑의 불이 붙었을 때 다시는 소멸되지 않게 하옵소서.

3 주님의 자비는 제가 소망하는 은혜를 허락하실 수 있고, 주님께서는 기뻐하시는 때에 저에게 영혼의 열정이 임하게 하실 수 있습니다.

제가 비록 주님께 특별히 헌신적이던 사람들만큼 그렇게 큰 열정으로 불탈 수는 없을지라도, 주님의 은혜로 그와 같은 열정을 간절히 소망합니다. 저도 주님을 열렬히 사랑하는 사람들과 연합되고 그 거룩한 무리 사이에 들게 하옵소서.

15 겸손과 자기 부인으로 얻는 경건한 은혜

자기 부인과 자기 이익은 대치됩니다. 성찬은 자기 부인을 필요로 합니다. 자기를 부인하고 하나님을 구할 때 그는 깨달음과 감사함으로 충만하게 됩니다.

1 주님 너는 진심으로 경건한 은혜를 구하라. 열심히 이를 간구하고, 인내와 소망으로 이를 기다리며, 감사함으로 이를 받고, 겸손히 이를 지키며, 부지런히 그 은혜와 합력하라. 그리고 하나님께서 찾아 주실 때까지 하늘의 은혜가 임하는 시기와 방법을 모두 하나님께 맡기라.

마음속에 경건이 부족하거나 없다고 느낄 때에는 지나치게 낙심하거나 무분별하게 슬퍼하지 말고 특별히 스스로를 굴복시켜야 한다. 때때로 하나님은 오랫동안 주시지 않던 것을 한 순간에 주시기도 하고, 처음에 네가 기도를 시작할 때는 거절하시던 것을 기도가 끝날 무렵에야 주시기도 하느니라.

2 만약 구하는 즉시 항상 은혜가 주어진다면 연약한 사람은 이를 잘 감당할 수 없을 것이다.

그러므로 경건한 은혜는 선한 소망과 겸손한 인내로 참고 기다려야 한다. 그 은혜가 네게 주어지지 않거나 주어진 은혜가 어떤 알 수 없는 이유로 사라져 버릴 때, 너는 이를 자신과 자신의 죄 탓으로 돌려야 하리라.

그렇게 은혜를 방해하거나 가리는 것은 사소한 일이다. 즉 위대한 선을 가로막는 것은 때때로 큰 것보다는 아주 작은 문제가 하나님의 은혜를 막거나 숨긴다. 작든 크든 그 장애를 제거하고 완전히 극복한다면 너는 소원하는 바를 얻을 수 있으리라.

3 자신의 즐거움이나 목적을 위해 이것저것 구하지 않고 전심으로 자신을 하나님께 바치고 그 안에 온전히 거하라. 그리하면 하나님과 연합하여 평안을 발견하게 되니, 이는 하나님의 뜻을 행하는 것만큼 너에게 감미로움과 즐거움을 주는 것은 아무 것도 없기 때문이다.

그러므로 오로지 하나님께만 뜻을 두고, 피조물들에 대한 모든 무절제한 사랑과 혐오로부터 자유로운 사람은 경건한 은혜를 받기에 지극히 합당한 자가 될 것이다.

주님은 빈 그릇에 그의 축복을 담아 주시느니라. 따라서 사람이 세상의 것을 온전히 버리면 버릴수록, 그리고 스스로를 경멸함으로써 자신을 온전히 죽이면 죽일수록 큰 은혜가 더 빨리 더 풍성히 임해 그 빈 마음이 채워지고 더 높이 올려지느니라.

4 그때에 그는 깨닫고 감사함으로 충만하며 그의 마음이 놀라고 넓어지리니 (이사야 55:5), 이는 주의 손이 그와 함께하시고 영

원토록 그를 하나님의 손 안에 거하게 할 것이기 때문이다. 보라, 이처럼 하나님을 전심으로 찾고 자신의 영을 헛되이 여기지 않는 자가 복이 있도다. 이런 자는 거룩한 성찬을 받을 때 하나님과 연합되는 은혜를 얻게 되나니, 이는 그가 자신의 생각과 평안을 향하지 않고 무엇보다 하나님의 영예와 영광을 구하기 때문이니라.

16 우리의 필요와 은혜의 간구

 주님은 우리를 아십니다. 자신을 굳이 감추려고 시도하지 말고 그리스도께 고백하십시오. 주님께 은혜를 구하면 그가 들어 주실 것입니다.

1 _{제자} 지극히 친절하시고 사랑이 많으신 주님, 제가 지금 헌신을 다해 주님 영접하기를 원합니다. 주님은 제가 겪는 연약함과 궁핍함을 아시며, 제가 얼마나 많은 죄악에 빠져 있으며, 얼마나 자주 낙심하고, 시험 당하고, 순결을 잃고, 괴로움을 당하는지 잘 아십니다.

제가 주님께 도움을 받고자, 그리고 위로와 구제를 구하고자 주님 앞에 나아와 기도드립니다. 모든 일을 아시고 저의 내면에 있는 모든 것을 밝히 보시는 주님께, 그리고 저에게 온전한 위로와 도움을 주실 수 있는 유일한 주님께 기도드립니다.

주님은 어떤 선(善)이 가장 부족한지 아시며, 덕이 얼마나 모자라는지도 아십니다.

2 보소서, 제가 주님 앞에 초라하게 벌거벗고 서서 주님의 은혜와 자비를 구하나이다.

이 굶주린 가난뱅이를 먹이시고, 저의 차가운 마음을 주님의 사랑으로 불붙게 하시며, 저의 먼 눈을 주님이 임재하실 때의 빛으로 밝혀 주소서.
저로 하여금 모든 세상 것은 쓰디쓴 것으로 여기게 하시고, 모든 불만과 역경을 인내하게 하시며, 모든 비천한 피조물을 경멸하고 잊게 하소서.
제 마음을 하늘에 계신 주님께로 들어올려 주시어 저로 하여금 땅 위에서 방황하지 않게 하소서.
지금부터 영원토록 오직 주님만이 저의 감미로움이 되시리니, 이는 주님만이 저의 양식이시요, 음료이시며, 사랑과 희락이시며, 감미로움과 모든 선이 되시기 때문입니다.

3 아, 주님의 임재하심으로 저를 온전히 불태우시사 주님 안에서 변화하게 하소서.
내적 연합의 은혜와 저를 녹이시는 주님의 뜨거운 사랑으로 주님과 제가 한 영이 되게 하소서(고린도전서 6:17).
저로 하여금 굶주리고 목마른 채로 주님에게서 물러나게 하지 마시고, 주님께서 매우 훌륭하게 옛 성도를 다루셨듯이 저를 그렇게 자비로 다뤄 주소서.
만약 주님이 저를 죽이시기 위해서 완전히 불태우신다면 이 얼마나 경이로운 일인지요! 왜냐하면, 주님은 항상 타오르며 결코 꺼지지 않는 불이시요, 마음을 정결케 하고 깨닫게 하시는 사랑이시기 때문입니다.

17 사랑과 열망을 통한 그리스도 영접

그리스도는 우리의 기쁨을 충만케 하십니다. 오직 열렬한 사랑으로 그리스도를 영접하고 헌신과 찬양을 드리십시오. 주님의 은총과 자비를 발견할 것입니다.

1 제자 오, 주님, 많은 성자와 경건한 사람의 거룩한 삶과 헌신에 대한 지극한 열심이 주님을 기쁘게 해 드렸습니다. 그들은 거룩한 성찬식에 참예할 때 주님을 간절히 원했습니다. 이와 같이 저 또한 깊은 헌신과 열렬한 사랑으로, 모든 애정과 마음의 열성으로 주님 영접하기를 원합니다.
영원한 사랑이시고 저의 마지막 선이시며 끝이 없는 행복이신 나의 하나님, 옛 성도들이 느꼈던 것과 같은 뜨거운 사랑과 합당한 경외심을 가지고 주님 영접하기를 원합니다.

2 비록 제가 모든 경건한 뜻을 소유할 만한 자격은 없을지라도 주님에 대해 가장 큰 기쁨과 뜨거운 갈망을 가지고 있는 유일한 자인 것처럼 주님께 제 마음속에 있는 모든 사랑을 바칩니다. 하나님을 경외하는 마음이 품고 바랄 수 있는 모든 것을 크나큰 존경과 내적 사랑으로 주님께 바칩니다. 제 자신을 위해서는 아무 것도 남기지 않고 기쁜 마음으로 값없이 제 자신과 제가 가진 모든 것을 주님께 바치기 원합니다.

나의 창조주시며 구속자이신 주 하나님, 성육신의 신비를 알려준 천사에게 겸손하고 경건하게, "주의 여종이오니 말씀대로 내게 이루어지이다"(누가복음 1:38)라고 대답했던 주님의 지극히 거룩한 어머니이신 영광스러운 동정녀 마리아처럼, 오늘날 존경과 찬양과 영예로, 감사와 고귀함과 사랑으로, 믿음과 소망과 순결로 주님 영접하기를 원합니다.

3 주님의 복된 선지자요, 성자들 가운데 가장 큰 자인 세례 요한은 이미 모태 안에 있는 동안 성령 안에서 주님의 오심을 알고 기뻐 뛰놀았으며(누가복음 1:44), 후에 예수님이 사람들 가운

데 활동하심을 보고 경건한 애정으로 겸손히 이렇게 선포했습니다.

"신부를 취하는 자는 신랑이나 서서 신랑의 음성을 듣는 친구가 크게 기뻐하나니 나는 이러한 기쁨으로 충만하였노라"(요한복음 3:29).

이와 같이 저도 크고 거룩한 열망으로 불타기를 간절히 바라오며, 온 마음으로 제 자신을 주님께 바치기 원합니다.

또한 제 자신과 제게 기도를 의탁한 모든 사람을 위시하여, 주님께 모든 경건한 마음의 기쁨과 그들의 뜨거운 사랑, 정신적인 환희, 그리고 초자연적인 깨달음과 하늘의 환상을, 하늘과 땅의 모든 피조물이 드려 왔고 또 앞으로도 드려야 할 모든 찬미와 찬양과 함께 드립니다. 이 모든 것을 통하여 찬양 받으시고 영원토록 영광 받으소서.

4 오, 주 나의 하나님! 말로 표현할 수 없는 은혜와 주님의 광대하심으로 인해 제가 주님께 드림이 지극히 온당하므로, 신앙고백적인 찬양과 간절한 기도를 드리고자 하는 제 약속과 소원을 받아 주소서.

제가 기쁨과 감격의 찬양을 주님께 드리오며, 앞으로도 매일 매순간 찬양 드리기를 원합니다. 또한 하늘에 있는 모든 천사와 주님의 신실한 모든 백성이 저와 함께 주님을 향해 찬양과 감사를 돌리도록 초청하고 동참할 수 있도록 권면하게 하소서.

5 모든 백성과 모든 민족, 모든 언어가 크나큰 기쁨과 열렬한 헌신으로 주님을 찬양하고(시편 117편) 주님의 감미롭고 거룩한 이름을 찬미하게 하소서.

주님의 지극히 고귀한 성찬식을 경건하게 거행하고 충만한 믿음으로 이를 받는 자들에게 주님의 은총과 자비를 발견하게 하시고, 그들로 하여금 이 죄인을 위하여 겸손히 기도하게 하소서.

그리고 그들이 원하던 경건과, 주님과 연합하는 기쁨을 받아 충분히 위로 받게 하시고 놀랄 만큼 새롭게 하셔서 주님의 거룩한 천국의 식탁을 떠날 때 부디 저들로 하여금 저의 불쌍한 영혼을 기억하게 하소서.

18 그리스도를 본받음과, 계명을 따라 사는 것이 복

 성찬은 단순한 호기심으로 이해할 수 없습니다. 신실하고 단호한 믿음으로 참여를 요구하는 것입니다. 하나님은 이러한 것을 우리가 아는 은밀한 방법으로 깨우치십니다.

1 주님 네가 깊은 의심의 구렁텅이에 빠지지 않기를 바란다면, 지극히 심오한 성찬식에 대해 호기심을 품지 말고 헛된 시험을 하지 않도록 주의하라.

나의 위엄에 대해 호기심을 갖고 면밀히 파헤쳐 알아보려는 자는 나의 영광에 의해 패망하리라(잠언 25:27). 하나님은 인간이 이해할 수 있는 것 이상을 행하실 수 있느니라.

교부들의 분별 있는 가르침에 따라 배우고 행하기를 힘쓰며, 진리에 대한 충실하고 겸손한 탐구는 허용되느니라.

2 여러 가지 논쟁이 있는 난해한 길을 피해 오직 하나님의 계명이 있는 확고한 길을 향해 나아가는 것이 복되도다.

많은 사람이 그들의 능력을 넘어서는 일들을 캐내려고 하다가 경건함을 잃곤 하느니라.

네게 요구되는 것은 고상한 지식도 아니요, 하나님의 신비를 탐구하는 것도 아니며, 믿음과 신실한 삶이니라.

네 아래에 있는 것들도 제대로 알고 이해하지 못하면서 어찌 네 위에 있는 것들을 이해할 수 있겠느냐?

자신을 하나님께 복종시키고, 헛된 생각을 믿음에 굴복시키라. 그리하면 네게 유익하고 필요한 만큼 지식의 빛이 너에게 주어지리라.

3 어떤 이들은 믿음과 거룩한 성찬에 관련된 중대한 시험을 당하곤 하는데, 이 시험은 자신에게서 나온 것이 아니라 원수 마귀에게서 나온 것이니라.

그런 시험에 동요하지 말라. 네 생각에 대해 논쟁하지 말고, 마귀가 심어 준 의심에 답변하지 말라. 너는 오직 하나님의 말씀을 믿고 그의 성도들과 선지자들의 말을 믿으라. 그리하면 악한 마귀는 너에게서 달아날 것이다.

하나님의 종들에게 있어서 종종 이러한 일들을 감당하는 것은 매우 유익하니라. 사탄은 이미 자기가 확보하고 있는 불신자와 죄인은 시험하지 않고 오직 믿음 있는 종에게만 여러 가지 방법으로 시험과 고통을 주기 때문이다.

4 그러므로 너는 신실하고 단호한 믿음으로 나아가 겸손한 경외심을 가지고 성찬식에 임하라. 그리고 네가 이해할 수 없는 모든 것은 전능하신 하나님께 온전히 맡기라.

하나님은 너를 속이지 않으신다. 하지만 자신을 지나치게 신뢰하는 자는 속임을 당하리라.

하나님은 신실한 자와 함께 행하신다(시편 19:7 ; 119:130 ; 마태복음

11:29). 겸손한 자에게 자신을 드러내시며, 순수한 마음에 깨달음을 주시고, 세상의 호기심을 가진 자와 교만한 자에게는 은혜를 숨기시느니라.
인간의 이성은 연약하여 미혹되기 쉬우나 참된 믿음은 속지 않느니라.

5 모든 이성과 자연적 탐구는 믿음에 반하거나 그 앞에 나설 수 없고 항상 믿음의 뒤를 따라야 하느니라.
이 지극히 거룩하고 가장 뛰어난 성찬식에서는 믿음과 사랑이 가장 중요하고 우선되며, 이는 이 믿음과 사랑이 은밀한 방법으로 역사하기 때문이다.
영원하시고 이해할 수 없으시고 전능하신 하나님께서는 하늘과 땅에서 인간이 측량할 수 없는 위대한 일들을 행하시나니, 그분의 놀라운 역사를 탐구할 자가 아무도 없느니라(욥기 5:9).
만약 하나님의 모든 역사가 인간의 이성으로 쉽게 이해할 수 있는 것이라면, 결코 경이롭다거나 형언할 수 없는 일이라고 말하지 못할 것이다.